Baedeker
Allianz Reiseführer

Venedig

VERLAG KARL BAEDEKER

Hinweise zur Benutzung

Sternchen (Asterisken) als typographisches Mittel zur Hervorhebung bedeutender Bau- und Kunstwerke, Naturschönheiten und Aussichten, aber auch guter Unterkunfts- und Gaststätten hat Karl Baedeker im Jahre 1844 eingeführt; sie werden auch in diesem Reiseführer verwendet: Besonders Beachtenswertes ist durch * einen vorangestellten 'Baedeker-Stern', einzigartige Reiseziele sind durch ** zwei Sternchen gekennzeichnet.
Zur raschen Lokalisierung der Sehenswürdigkeiten von A bis Z auf dem beigegebenen Stadtplan sind die entsprechenden Koordinaten der Kartennetzmaschen jeweils neben der Überschrift in Rotdruck hervorgehoben: Basilica di San Marco **K/L 5**

Farbige Streifen an den rechten Seitenrändern erleichtern das Auffinden der Großkapitel des vorliegenden Reiseführers: Die Farbe Blau steht für die Einleitung (Natur, Kultur, Geschichte), die Farbe Rot für die Sehenswürdigkeiten, und die Farbe Gelb markiert die praktischen Informationen.

Wenn aus der Fülle von Unterkunfts-, Gast- und Einkaufsstätten nur eine wohlüberlegte Auswahl getroffen ist, so sei damit gegen andere Häuser kein Vorurteil erweckt.

Da die Angaben eines solchen Reiseführers in der heute so schnellebigen Zeit fast ständig Veränderungen unterworfen sind, kann der Verlag weder Gewähr für die absolute Richtigkeit leisten noch die Haftung oder Verantwortung für eventuelle inhaltliche Fehler übernehmen. Auch lehrt die Erfahrung, daß sich Irrtümer kaum gänzlich vermeiden lassen.

Baedeker ist ständig bemüht, die Qualität seiner Reiseführer noch zu steigern und ihren Inhalt weiter zu vervollkommnen. Hierbei können ganz besonders die Erfahrungen und Urteile aus dem Benutzerkreis als wertvolle Hilfe gar nicht hoch genug eingeschätzt werden. Vor allem **Ihre Kritik, Berichtigungen und Verbesserungsvorschläge sind uns stets willkommen.** Sie helfen damit, die nächste Auflage noch aktueller zu gestalten. Bitte schreiben Sie in jedem Falle an die

Baedeker-Redaktion
Karl Baedeker GmbH
Marco-Polo-Zentrum
Postfach 31 62
D-73751 Ostfildern.

Der Verlag dankt Ihnen im voraus bestens für Ihre Mitteilungen. Jede Einsenderin und jeder Einsender nimmt an einer jeweils zum Jahresende unter Ausschluß des Rechtsweges stattfindenden Verlosung von drei JRO-Leuchtgloben teil. Falls Sie gewonnen haben, werden Sie benachrichtigt. Ihre Zuschrift sollte also neben der Angabe des Buchtitels und der Auflage, auf welche Sie sich beziehen, auch Ihren Namen und Ihre Anschrift enthalten. Die Informationen werden selbstredend vertraulich behandelt und die persönlichen Daten nicht gespeichert.

Titelbild: Canal Grande mit Blick zur Santa Maria della Salute

◀ *Narrenzauber im Karneval – ein Höhepunkt und fester Bestandteil des venezianischen Lebens*

Vorwort

Dieser Reiseführer gehört zur neuen Baedeker-Generation. In Zusammenarbeit mit der Allianz Versicherungs-AG erscheinen bei Baedeker durchgehend farbig illustrierte Reiseführer in handlichem Format. Die Gestaltung entspricht den Gewohnheiten modernen Reisens: Nützliche Hinweise werden in der Randspalte neben den Beschreibungen herausgestellt. Diese Anordnung gestattet eine einfache und rasche Handhabung. Der vorliegende Band hat die Lagunenstadt Venedig zum Thema, einstige Seerepublik und 'durchlauchteste' Kunststadt auf Pfählen. Der Reiseführer gliedert sich in drei Hauptteile: Im ersten Teil wird über Venedig im allgemeinen, die Lagune, Wirtschaft, Verkehr, Stadtgeschichte, die Regierung des Stadtstaates zur Zeit der Dogen, berühmte Persönlichkeiten, Kunstgeschichte, Karneval, den frühen Buchdruck und die Lagunenstadt im Film berichtet. Eine Sammlung von Literaturzitaten und Vorschläge zur Stadtbesichtigung leiten über zum zweiten Teil, in dem die Sehenswürdigkeiten beschrieben werden. Daran schließt ein dritter Teil mit reichhaltigen praktischen Informationen, die dem Besucher das Zurechtfinden vor Ort wesentlich erleichtern. Sowohl die Sehenswürdigkeiten als auch die Informationen sind in sich alphabetisch geordnet. Baedeker Allianz Reiseführer zeichnen sich durch Konzentration auf das Wesentliche sowie Benutzerfreundlichkeit aus. Sie enthalten eine Vielzahl eigens entwickelter Pläne und farbiger Abbildungen.

Illustre Wahrzeichen der Lagunenstadt: schwarzlackierte Gondeln und der prachtvolle Canal Grande

Zu diesem Reiseführer gehört als integrierender Bestandteil ein ausführlicher Stadtplan, auf dem die im Text behandelten Sehenswürdigkeiten anhand der jeweils angegebenen Kartenkoordinaten leicht zu lokalisieren sind. Wir wünschen Ihnen mit dem Baedeker Allianz Reiseführer viel Freude und einen erlebnisreichen Aufenthalt in Venedig!

Baedeker
Verlag Karl Baedeker

Inhalt

Natur, Kultur Geschichte

Seite 8 – 51

Sehenswürdigkeiten von A bis Z

Seite 52 – 171

Praktische Informationen von A bis Z

Seite 172 – 215

Baedeker Specials

Venezia –

"Venedig! Gibt es in den Sprachen der Menschheit einen Namen der so viele Träume ausgelöst hätte wie dieser? Gibt es eine Stadt, die mehr bewundert und gerühmt, von Dichtern begeisterter besungen, von Verliebten heißer ersehnt, die mehr besucht und besser bekannt wäre?" Was Guy de Maupassant Ende des 19. Jh.s in seinen "Irrfahrten" erfaßte, besitzt auch heute noch Gültigkeit: selbst wer zum ersten Mal nach Venedig kommt, betrachtet die berühmte Lagunenstadt unweigerlich mit wohlvorbereiteten Augen, die tausendundein poetisches Bild von der mächtigen Seerepublik im Geiste zitieren. Nähert man sich Venedig auf dem Seeweg durch das Becken von San Marco, scheinen die letzten 500 Jahre an der einstigen 'Königin der Meere' fast spurlos vorübergegangen zu sein. Die zu Stein gewordene Geschichte der stolzen Serenissima, der 'Durchlauchtesten', stets vor Augen, schlendert man über die weite Piazza San Marco – laut Napoleon Europas schönster Salon, für den alleine der Himmel würdig sei als Decke zu dienen. Wenn das warme Licht der Abenddämmerung die fünf imposanten Kuppeln der Markusbasilika in goldenem Glanz erstrahlen läßt, gleicht die prunkvolle Kirche der Dogen fast einer Fata Morgana. Nicht minder eindrucksvoll symbolisiert der majestätische Dogenpalast die glorreiche Vergangenheit der einstigen Seerepublik. Gegenüber in den Bogengängen der alt-

Die Pferde

von San Marco, Symbole venezianischer Freiheit

Canal Grande

Historische Regatta auf der Prachtstraße Venedigs

Karneval

Das Fest der Masken gehört zu den Höhepunkten des Jahres.

La Serenissima

ehrwürdigen Prokuratien treffen sich derweil Besucher wie Venezianer, um zwischen den Orchestern der historischen Cafés plaudernd zu flanieren, zu sehen und gesehen zu werden. Beim Spaziergang durch die engen Gassen der Lagunenstadt, "halb Märchen, halb Fremdenfalle", wie Thomas Mann sie in seinem "Tod in Venedig" beschrieb, spürt man die seltsam faszinierende Morbidität der sinkenden Amphibienstadt. Dabei fällt es schwer, an Hochwasser, erdrükkende Touristenmassen und den Ausverkauf an internationale Hochfinanz zu denken, wenn man den prachtvollen Canal Grande hinaufschippert oder durch die schmalen Seitenkanäle gondelt und das Zauberlicht die bröckelnden Fassaden der Patrizierpaläste zu einer märchenhaften Komposition verwandelt.

Anfangs irritiert das Labyrinth aus verwinkelten Gäßchen, treppauf, treppab über Brücken und Stege. Aber schon bald erliegt man dem besonderen Reiz, bei vermeintlichen Abkürzungen unversehens auf einem kleinen Campo oder vor einem verträumten Kanal zu stehen, scheinbar Welten entfernt von den vielbesuchten Hauptattraktionen. Venezianern unter sich begegnet man in den 'Bacari', nach Weingott Bacchus benannte Schenken, wo man Landweine 'schattenweise' aus dem Ombra-Gläschen trinkt und dazu wunderbare Häppchen der heimischen Küche verspeist. Wer sich den Sinn für Romantik bewahrt hat, sollte eine Gondelfahrt bei Mondschein unternehmen, um beim Klang der Barcarole den Zauber venezianischer Sommernächte zu erleben. Lassen Sie sich betören von der zeitlos schönsten Verkörperung einer durchlauchten Kunststadt, der faszinierenden Kulisse aus Traum und Wirklichkeit.

Romantik

verspricht eine Bootspartie auf den Kanälen der Lagune.

Piazza San Marco

Die Cafés um den Markusplatz verwöhnen im Dreivierteltakt.

Gondeln

Seepferdchen als Bootsschmuck

Natur, Kultur
Geschichte

Zahlen und Fakten

Wappen der Stadt Venedig

Allgemeines

Venezia Città

Am Nordende der Adria, knapp 4 km vom Festland und 2 km vom offenen Meer entfernt, liegt auf einem Archipel kleiner Inseln die zauberhafte Lagunenstadt Venedig, Hauptstadt der gleichnamigen, insgesamt 43 Ortschaften umfassenden Provinz sowie der norditalienischen Region Venetien. Das insulare Venedig ist wenig größer als 7 km², einschließlich der Inseln San Giorgio und Giudecca. Das Gebiet der heutigen Stadtgemeinde Groß-Venedig umfaßt derweil auch die Inseln Burano, Murano und Torcello in der Lagune, den Lido und Pellestrina am Meer sowie Malcontenta, Dese, Tessera, Mestre und Marghera, Zelarino, Carpenedo, Asseggiano, Trivignano, Favaro und Chirignago auf dem nahen Festland.

Venedig • Venezia

Lage : 41°25' nördlicher Breite und 12°02' östliche Länge

Fläche der Lagunenstadt : 7,06 km²

Einwohnerzahl: 65 000

Einwohner

Die historische Inselstadt im Zentrum der Lagune mißt an ihrer breitesten Stelle 4,3 km, an ihrer schmalsten 1,4 km. In diesem eigentlichen Venedig leben heute von den rund 300 000 Einwohnern der Großgemeinde noch etwa 75 000 Menschen, was ungefähr einem Drittel der Einwohnerzahl der Stadt während ihrer Glanzzeit im 15. Jh. entspricht. Und die Zahl sinkt weiter aufgrund akuter Wohungsnot und mangelnder Arbeitsplätze, da erschwinglicher Platz für neue Unternehmen kaum geschaffen werden kann.

◂ *Monumentale Staatskirche mit prächtigem Dekor: die Markusbasilika an der Piazza San Marco*

Stadtbezirke

Seit Jahrhunderten ist die Lagunenstadt in sechs Quartiere (Sestieri) aufgeteilt: San Marco, Castello, Cannaregio, Santa Croce, San Polo und Dorsoduro (wozu auch Giudecca und San Giorgio zählen). Die Häuser eines jeden Quartiers sind fortlaufend numeriert, weshalb die Hausnummern bis zu 5000 und weiter reichen – ein System, das für einen Nichtvenezianer praktisch nicht zu durchschauen ist.

Verwaltung

Venedig schuf mit einem großen Verfassungswerk im 11. und 12. Jh. die erste abendländische Republik. Mit dem Großen und dem Kleinen Rat wurden dem gewählten Dogen Kontrollgremien an die Seite gestellt. Diese Adels-Republik verstand es, ihren Status bis zur Eroberung Venedigs durch Napoleon 1797 zu bewahren und den Aufstieg der Stadt zu einem Welthandelszentrum zu ermöglichen. Heute wird Groß-Venedig, wie jede andere italienische Großstadt, vom Magistrat (Giunta Municipale) verwaltet, dem der Bürgermeister (Sindaco) vorsteht. Alle fünf Jahre finden Kommunalwahlen statt.

Lagunenstadt Venedig

Lagune

Venedig liegt in der Mitte eines flachen Binnenmeeres von etwa 40 km Länge und maximal 15 km Breite – einer sogenannten Lagune. Entstanden ist die 55000 ha große, von Natur aus fruchtbare Landschaft in vorgeschichtlicher Zeit dadurch, daß die hier ins Mittelmeer mündenden Flüsse – vor allem Brenta, Sile und Piave – ihre mitgebrachten Sand- und Geröllmassen in Küstennähe ablagerten. Dort wurden sie durch die Meeresströmungen etwa 20 km vor der eigentlichen Küstenlinie zu langgestreckten Sandbänken geformt, den 'Litorali'. Um der fortschreitenden Versandung Einhalt zu gebieten, begann man bereits im 14. Jh. die größten Flüsse umzuleiten. Heute besitzt die Lagune nur noch drei große Durchlässe (Bocche): den 900 m breiten Porto di Lido, den 470 m breiten Porto di Malamocco und den knapp 500 m breiten Porto di Chioggia.

Inselstadt auf Pfählen

Auf den Bodenerhebungen, die aus dem Lagunenwasser als Inseln ragen, entstanden zunächst mehrere Siedlungen, aus denen sich nach und nach schließlich Venedig bildete. Die absolute Insellage der Stadt blieb bis 1846 erhalten, als der 3,6 km lange Eisenbahndamm zum Festland eröffnet wurde. Venedig besteht aus 118 eng beieinanderliegenden flachen Inseln, deren schlammig-weiche Oberfläche zunächst als Baugrund ungeeignet war. Deshalb behalfen sich die Siedler, indem sie durch die Schlickschicht bis zu 20 m lange Eichen- und Lärchenstämme in den festen Mergelboden darunter trieben, einen dicht neben den anderen. Darauf legten sie waagrecht zwei weitere Schichten von Stämmen – und erst auf dem so gewonnenen Fundament konnten sie ihre Bauwerke ausführen. Nahezu alle der gut 20000 Gebäude Venedigs sind so erbaut.

Gefährdung Venedigs

Venedig und seine Lagune sind gefährdet. Zwar besteht seit 1884 eine Wasserleitung vom Festland her – bis dahin bezog man das Wasser aus Zisternenbrunnen innerhalb der Stadt, aber die Industrieabwässer von Mestre und Porto Marghera zernagen die Pfähle, auf denen alles gebaut ist, und die Abgase in der Luft zerfressen das Mauerwerk der Gebäude. Während der Senkungsbetrag der Stadt früher unter 200 mm in 100 Jahren blieb, steigerte sich die Absenkung seit Mitte der dreißiger Jahre bis heute auf 4–6 mm pro Jahr. Die küstennahe Terraferma und der Nehrungswall verzeichnen jährlich einen Meeresspiegelanstieg von 2–3 mm.
Die Entnahme fossilen Grundwassers (Pumpbrunnen) für die Wasserversorgung im Raum Porto Marghera hatte seit 1930 zu Absenkungen in der Lagune geführt, die erst 1970 mit dem Bau einer Fernwasserleitung zum Stillstand kamen. Auch der Abbau von Methan im südlichen Polesine hatte Sackungen der Lagunensedimente verursacht, bis die Erdgasförderung 1961 weiter nach Süden verlegt wurde.

Gefährdung Venedigs (Fortsetzung)

Die Hochwasserfluten (acque alte), die sich auf die Zeit zwischen September und März konzentrieren, haben in den letzten Jahren ebenfalls zugenommen. Zwischen 1970 und 1990 überstieg die Flut fast sechzigmal die 1,10-m-Marke. Seit der Ausbaggerung der Lidopforten und dem Bau des Malamocco-Marghera-Schiffkanals wurde außerdem eine Veränderung der Gezeitenhochstände und der Strömungsverhältnisse festgestellt. Die Zunahme von Strömungsintensität und Salzgehalt beeinträchtigt erheblich das Ziegelmauerwerk der venezianischen Gebäude. Weitere Gründe für den baulichen Verfall sind die aggressiven Chemieabwässer (v.a. Stickstoff- und Phosphatverbindungen) in der Lagune, die das Algenwachstum in den Kanälen zu einem Problem haben werden lassen, ganz zu schweigen von den Schadstoffemissionen in der Luft, den vielen, von Mikroorganismen befallenen Holzpfählen im Stadtfundament, Schimmelpilzbildung in den alten, ständig feuchten Gebäuden sowie den Exkrementen der zahllosen Tauben. Internationale Organisationen wie die UNESCO – Venedig steht auf der Liste des Weltkulturerbes – bemühen sich um Abhilfe dieser Entwicklung, fast alle europäischen Länder samt den USA und Australien haben für besonders wichtige Bauten Patenschaften übernommen.
Seit der Hochwasserkatastrophe von 1966 wurden zahlreiche Überlegungen angestellt, wie man die Stadt künftig vor Flutwellen schützen könne. Mitte der achtziger Jahre entschied man sich für das Projekt MOSE (modulo sperimentale elettromeccanico), das vorsah, an den drei Eingängen der Lagune etwa 80 mobile Deiche und Sperrwerke aus tankartigen Zylindern zu installieren, die je nach Wasserstand gesenkt oder gehoben werden können. Da die stark verschmutzte Lagune jedoch auf die reinigende Wirkung der Gezeiten angewiesen ist, ohne die der lebensnotwendige Wasseraustausch in den Kanälen gefährdet wird – Venedig besitzt bis heute keine Kanalisation! –, können die Schleusentore nur bei Sturmfluten über 1,20 m eingesetzt werden. Bei niedrigeren Pegelständen bliebe die Lagune jedoch ungeschützt, so daß man sich 1990 endgültig gegen MOSE entschied. Neue Lösungsvorschläge fordern eine Naturalisierung (Verflachung und Mäandrierung) der drei großen Fahrrinnen zwischen den Lagunenöffnungen und eine Vertiefung der kleineren Kanäle und Flüsse zur schnelleren Verteilung der Wassermassen. Zudem muß die Kanalisation

verbessert und Großtankern wie Kreuzfahrtschiffen die Durchfahrt untersagt werden. Unumgänglich sind auch drastische Auflagen für die Industrie, deren Standorte zum Teil ins Hinterland verlagert werden sollen.

Begehrter venezianischer Luxusartikel: die seit Generationen auf Burano hergestellte Spitze, die nicht geklöppelt, sondern gestickt wird.

Wirtschaft

Wirtschaftszentrum

Das heutige Venedig gilt als Wirtschaftszentrum der Region. Vor allem in den Industrie- und Arbeitervororten Mestre und Marghera befinden sich neben den Verarbeitungsstätten von Agrarprodukten gewaltige Raffinerien und eine leistungsfähige metallverarbeitende Industrie. Diese seit 1926 zu Venedig gehörende Industriezone wurde seit den zwanziger Jahren im aufgeschütteten Überschwemmungsgebiet am Festlandufer errichtet, um Arbeitsplätze für die Einwohner der Lagunenstadt zu schaffen.

Handwerkliche Produkte

Auf der Insel Murano befindet sich das Zentrum der Glas- und Schmuckwarenerzeugung. Das berühmte 'Murano-Glas' geht nicht nur mit dem Export in alle Welt, sondern zieht auch viele Touristen an (s. Baedeker Special, S. 122). Auf der Insel Burano wird seit Generationen die Spitzenstickerei gepflegt, auf dem Litorale, in Chioggia und Pellestrina wird außerdem Klöppelspitze gefertigt. Seit den siebziger Jahren hat man die Herstellung von marmoriertem Papier wiederentdeckt, das heute in allen erdenklichen Farbkreationen angeboten wird. Eine formschöne Besonderheit sind auch die Metallgußarbeiten, die in Venedig ihre große Blütezeit während der Renaissance erfuhren und heute noch an vielen alten Haustüren zu bewundern sind. Schließlich seien die kleinen Kunsthandwerk-, Schmuck- und Textilbetriebe der historischen Lagunenstadt erwähnt, ganz zu schweigen von den zahllosen Maskenateliers, selbst wenn die meisten Masken, die man heute in Venedig kaufen kann, längst in Billiglohnländern hergestellt werden.

Dienstleistungen

Hauptarbeitgeber der Lagunenstadt ist zweifellos der Fremdenverkehr. Darüber hinaus ist die Inselstadt Sitz von Banken, Versicherungen und der Verwaltung, so daß der tertiäre Sektor mehr als 80 % einnimmt.

Verkehr

Aeroporto Marco Polo

Venedigs internationaler Flughafen Marco Polo, der per Linienbus und Bootstaxi von Venedig aus erreichbar ist, liegt am Nordrand der Lagune bei Tessera.

Eisenbahn und Straßenverkehr

Seit 1846 ist die Inselstadt durch eine Eisenbahnbrücke zum Festland mit der Endstation 'Santa Lucia' an das internationale Eisenbahnnetz angeschlossen. Direkte Schnellverbindungen bestehen nach fast allen europäischen Zentren. Die 3,6 km lange Brücke für den Kraftfahrzeugverkehr wurde 1933 eröffnet. Über die Trasse Mailand – Triest ist Venedig damit auch an die europäischen Autobahnen angeschlossen. Spätestens auf dem Tronchetto-Parkplatz oder im Parkhaus an der Piazzale Roma am Ende der Straßenbrücke muß der Wagen freilich abgestellt werden. Von dort ist die Fortbewegung nur noch zu Fuß oder per Schiff möglich.

Schiffsverkehr

Der Containerhafen von Marghera ist mit einem Jahresgüterumschlag von rund 30 Mio. t einer der bedeutendsten Industriehäfen Italiens. Als Ölhafen ist die Bedeutung von Marghera jedoch vergleichsweise gering. Obwohl der Lagunenkanal ausgebaggert wurde, können im Hafen wegen der geringen Wassertiefe in diesem Bereich des Mittelmeers keine Öltanker mit mehr als 80 000 bis 90 000 t gelöscht werden.
Als Hafen für Passagierschiffe dient der schräg gegenüber dem Dogenpalast gelegene Canale di San Marco. Verbindungen bestehen zu allen wichtigen Adriahäfen, auch nach Rhodos und Piräus (Griechenland); außerdem ist Venedig beliebter Ausgangspunkt für Kreuzfahrten – bevorzugte Anlegeplätze sind Zattere und Riva degli Schiavoni.
Da die 118 Inseln, die Venedig bilden, sehr nah beieinander liegen und bis zum äußersten Rand bebaut sind, jedoch die Wasserstraßen zwischen den einzelnen Inseln freigehalten wurden, ergab sich ein Netz von über 170

Hauptverkehrsader Venedigs: der Canal Grande

An der stets belebten Riva degli Schiavoni legen die Schiffe zu den anderen Inseln der Lagune ab.

Schiffsverkehr (Fortsetzung)

meist schmalen Kanälen, die die Funktion von Straßen haben. Als Beförderungsmittel dienen heute vor allem Motorboote verschiedener Größe, doch auch die traditionellen Gondeln erfüllen noch diese Aufgabe (s. Baedeker Special, S. 82). Personenschiffsverkehr im Sinne einer Straßenbahn gibt es nur auf dem Canal Grande, der sich wie ein umgekehrtes 'S' vom Bahnhof Santa Lucia bis zum San-Marco-Becken durch die Stadt windet und sie so in zwei Hälften teilt. Weitere Schiffsverbindungen bestehen nach San Giorgio, Giudecca, zum Lido, zum Flughafen Marco Polo und zu den Laguneninseln Murano, Burano und Torcello. Alle übrigen Distanzen müssen zu Fuß bewältigt werden – es sei denn, man mietet sich als Taxi eben eine Gondel oder ein Motorboot.

Straßen, Plätze und Brücken

Außer von den Kanälen ist Venedig von rund 3000 Straßen durchzogen. Die Hauptstraßen, die 'Salizade', d.h. die ersten mit richtigem Pflaster, sind in ihrer Anzahl begrenzt. 'Calle' heißen die engeren Straßen und 'Fondamenta' oder 'Riva' die Uferstraße längs der Kanäle. 'Ruga' oder 'Rugetta' bezeichnen Seitengassen, 'Ramo' ist eine Sackgasse, 'Lista' verweist auf einen früheren Sitz ausländischer Diplomaten, 'Rio terrà' auf einen zugeschütteten Kanal und 'Mercerie' sind Geschäftsstraßen. 'Piazza' gibt es nur eine, nämlich die von San Marco, die daran grenzenden kleineren Plätze heißen 'Piazzetta' (vor dem Dogenpalast) und 'Piazzetta dei Leoncini' (neben der Markuskirche). Alle übrigen Plätze in der Stadt werden 'Campo' oder, wenn sie allzu klein sind, 'Campiello' genannt.
Fast 400 Brücken verbinden die verschiedenen Gegenden der Stadt und führen die verwinkelten Gassen und Straßen über die Kanäle, drei davon auch über den Canal Grande: Die hölzerne Akademiebrücke, die berühmte Rialtobrücke und die Barfüßerbrücke beim Bahnhof.

Stadtgeschichte

Die Anfänge
Völkerwanderung
4.–6. Jh. n. Chr.

Nach dem endgültigen Zusammenbruch des Weströmischen Reiches (offizielles Ende 476) erreichten die Wirren der Großen Völkerwanderung bald auch Venetien. Zahlreiche Festland-Veneter suchten im 5., 6. und 7. Jh. auf den Inseln der Lagune Schutz vor den plündernden Hunnen- und Germanenstämmen. Flüchtlinge aus Spina, Aquileja, Adria, Altinum und Padua siedelten sich auf den Inseln der Lagune an, und die immer größer werdende Lagunen-Gemeinschaft begann sich langsam zu ordnen. Während die Goten und anschließend die Langobarden ganz Norditalien in Besitz nahmen, stellte sich das kleine Lagunenvolk unter die Schutzherrschaft des Byzantinischen Reiches, das aus dem Oströmischen Imperium hervorgegangen war.

Politische Unabhängigkeit
7./8. Jh.

Im Jahre 697 wurde der erste Doge (von lat. 'dux'=Führer), Paoluccio Anafesto, vom byzantinischen Exarchen von Ravenna ernannt und machte die Insel Heraclea zum ersten Regierungssitz. Seine Nachfolger residierten in der zweiten Hälfte des 8. Jh.s bereits auf der untergegangenen Insel Malamocco, an die heute nur noch eine kleine Ortschaft am Lido erinnert. Das erste Jahrhundert der Dogenherrschaft war von pro- und antibyzantinischen Auseinandersetzungen geprägt. Kaum ein Doge (bis zum Jahre 804 waren es neun) starb eines natürlichen Todes. Einflußreiche Adelsfamilien mit Besitztümern auf dem Festland stritten um die Rechte der gewinnbringenden Salinenwirtschaft. Erst als das Frankenreich unter Karl dem Großen und Sohn Pippin die Lagune massiv belagerte (809), besannen sich die Insulaner auf ihre gemeinsamen Kräfte und verbarrikadierten sich auf dem 'Rivus Altus', der Keimzelle der schnell wachsenden Stadt, die zunächst 'civitas Venetiarum' hieß und schließlich nur noch 'Venetia'.

Aufstieg zur Herrscherin der Adria
9.–11. Jh.

Mit wachsendem Selbstbewußtsein überschritten die Veneter jetzt ihr lagunares Territorium – halb aus Wasser, halb aus Land bestehend – zwecks militärischer und wirtschaftlicher Expansion. Als talentierte Schiffbauer, geschickte Fährleute, mutige Seefahrer (mit überliefertem Hang zur Piraterie) und gewiefte Kaufleute eroberten sie sich die See- und Handelswege durch die Adria nach Osten. Sklaven und Ruderer rekrutierten sie aus dem benachbarten Dalmatien. Das ferne Byzanz, das seine Vormachtstellung im Mittelmeerraum langsam zu verlieren begann, gewährte den verbündeten Venetern den Status eines Freistaates und öffnete ihnen großzügig alle Häfen und Handelsrouten des Orients. Der Aufstieg einer neuen See- und Handelsgroßmacht nahm Konturen an.
Im Jahre 828 entführten venetische Kaufleute die Gebeine des Evangelisten Markus aus Alexandria nach Rialto, womit der Lagunenstaat seinen unentbehrlichen Heiligen hatte; denn der Reliquienkult hatte im Mittelalter eine heute kaum begreifbare Bedeutung für das Ansehen einer Stadt. Rund um den Dogenpalast und die neue Kirche für den heiligen Markus wuchs das politisch-religiöse Zentrum und zeigte bald ein eigenes Profil. Der Bevölkerungszustrom aus nahen und fernen Landen sorgte für eine sprunghafte Entwicklung. Im Gegensatz zu den üblichen feudalen Machtstrukturen der Zeit dominierten zahlreiche einflußreiche Kaufmannsfamilien das wirtschaftliche, politische und soziale Geschehen. Vor allem hiel-

Aufstieg zur Herrscherin der Adria (Forts.)

ten sie die Dogenmacht gezielt unter Kontrolle, um eine offene republikanische Herrschaftsstruktur zu sichern und die Herausbildung einer Dynastie zu verhindern.

Kreuzzüge 12./13. Jh.

Nach eigennütziger Zurückhaltung bei den ersten drei Kreuzzügen ins Heilige Land ergriff Venedig beim vierten Kreuzzug (1202–1204) die Gelegenheit, um der einstigen Schutzmacht Byzanz hinterhältig in den Rücken zu fallen. Unter der Führung des greisen und halbblinden Dogen Enrico Dandolo (1192–1205) übernahm Venedig den Schiffstransport des 30000 Mann starken Kreuzfahrerheeres (Kostenaufwand: ca. 85000 Silberdukaten). Als Oberbefehlshaber brachte der 92jährige Doge die Kreuzfahrer dazu, statt nach Palästina nach Konstantinopel (Byzanz) zu steuern, um das alte Oströmische Reich zu erobern. Als Rechtfertigung für diese folgenschwere Kriegstat diente die scheinheilige Absicht der Wiederherstellung der Einheit des Christentums. Mit unvorstellbarer Grausamkeit wird Konstantinopel zerstört und geplündert. Fast die Hälfte des ehemaligen oströmischen Staatsgebietes fällt an Venedig.

Stolze Seerepublik
13./14. Jh.

Diese Machtfülle nutzte die venezianische Seemacht, um ihren legendären 'Seestaat' (Stato da mar) auszubauen: ein Netz von logistischen Stützpunkten mit diplomatischen und ökonomischen Aufgaben, das sich über das gesamte östliche Mittelmeer spannte. Der Seestaat erfaßte die meisten ägäischen Inseln, zahlreiche Häfen des Peloponnes und einige der Ionischen Inseln, darunter auch Korfu und Kreta. Später kam mit Zypern noch eine wichtige Insel hinzu. Venedig war im Begriff ein Handelsimperium aufzubauen, mit freier Fahrt im östlichen Mittelmeer.
Doch eine derartige Machtkonzentration rief den starken Erzfeind Genua auf den Plan. Die stolze Seerepublik am Rivierabogen versicherte sich der Unterstützung der Nachfolger der entthronten byzantinischen Kaiser und drang in die venezianischen Hoheitsgewässer ein. Die gefürchtete Genueser Flotte blockierte zahlreiche Handelsstützpunkte und besetzte letztlich gar die Lagunenstadt Chioggia. Die Kämpfe um die Vorherrschaft im Mittelmeerraum begannen 1257 und endeten erst 1381 mit einem endgültigen Friedensschluß, in dem Genua die adriatische Vormachtstellung Venedigs anerkennen mußte.
Die venezianische Mittelmeerdominanz war gegen Ende des 14. Jh.s wieder unangefochten und die Lagunenstadt genoß die Früchte ihrer enormen Wirtschafts- und Handelskraft. In der 200000 Einwohner zählenden Stadt entstanden große Sakralbauten und herrliche Paläste. Die zahlreichen Schiffswerften, Glashütten und Seidenwebereien brachten es zusammen mit den anderen Produktionszweigen in der ersten Hälfte des 15. Jh.s auf ein bilanziertes Handelskapital von rund 10 Millionen Dukaten. Außerdem blieben die politischen Verhältnisse stabil; die reichen Patrizierfamilien hatten die Macht, der Doge repräsentierte sie nur.

Ausdehnung auf das Festland
15. Jh.

Allen Mahnungen zum Trotz dehnte Venedig seine Herrschaft im 15. Jh. auch auf dem Festland aus – einerseits um sich gegen das expandierende Osmanische Reich besser zu schützen, andererseits um geheime Pläne zur Eroberung der politischen Vormacht in Italien zu verwirklichen. Mit teuer bezahlten Söldnerheeren und namhaften 'Condottieri' (Feldherren) machte die 'Serenissima' riesige Gebietseroberungen in der Emilia-Romagna, im Friaul und an der dalmatinischen Küste. Unter dem Dogen Francesco Foscari (1423–1457) erreichte Venedig seine größte Ausdehnung. Um den neuen Landbesitz, den 'Stato da terra', der sich als ständiger Unruheherd erwies, einigermaßen zusammenzuhalten, setzte Venedig zahlreiche 'Rektoren' (Statthalter) ein, die die Eskalation von lokalen Streitigkeiten mit diplomatischem Fingerspitzengefühl zu verhindern wußten. Der Kirchenstaat und die anderen europäischen Großmächte betrachteten die venezianische Landnahme mit größtem Mißtrauen.
Der lautstarke Vormarsch des Osmanischen Reiches schreckte die Venezianer auf. Im Handstreich eroberten die Türken 1453 das geschwächte Konstantinopel und gefährdeten die Seemacht der Serenissima im östli-

Ausdehnung auf das Festland (Fortsetzung)

chen Mittelmeer ernsthaft. In der Folge gingen die venezianischen Besitzungen Zypern, Kreta und der Peloponnes an die Türken verloren. Energisch drangen die piratisierenden Osmanen in die Gewässer der Adria ein und besetzten 1499 vorübergehend sogar Gebiete des Friaul. Venedig konnte direkten militärischen Auseinandersetzungen nicht mehr ausweichen und verschliß auf die Dauer seine Kräfte. Der 'Stato da mar' war einem allmählichen Zerfallsprozeß ausgesetzt, denn die türkische Expansion erstreckte sich über fast drei Jahrhunderte.
In der Zwischenzeit formierten sich die über den venezianischen Stato da terra verärgerten Großmächte zur Liga von Cambrai (1508). Diese antivenezianische Allianz aus Papst Julius II., Kaiser Maximilian I. und dem französischen König zog gegen Venedigs Söldnerheere und gewann die Schlacht von Agnadello an der Adda (1509). Der venezianische 'Landausflug' war damit beendet, aber die Lagune und die Flotte hielten bis zur Auflösung der Liga stand. Venedig hatte zwar überlebt, seine europäische Großmachtstellung jedoch eingebüßt.

Glanzvoller Niedergang
16./17. Jh.

Verlagerung des Welthandels

Während die Türken das venezianische Handelsimperium im östlichen Mittelmeer langsam an sich rissen und die Venezianer vom Festland wieder auf ihre Lagune zurückgedrängt wurden, entdeckte Vasco da Gama 1499 den Seeweg nach Indien – ein folgenschweres Ereignis für das ohnehin schon bedrohte venezianische Handelsimperium; denn durch die Möglichkeit einer gefahrlosen Umsegelung Afrikas verlagerte sich das Zentrum des Welthandels zunehmend an die Atlantikküste, nach Lissabon, London und Antwerpen. Der Mittelmeerhandel verlor mehr und mehr an Bedeutung, und Venedig war das tragische Opfer. Wie verzweifelt sich die finanzkräftige Serenissima im 16. Jh. gegen diesen Schicksalsschlag wehrte, verdeutlichen vor allem die Pläne für den Bau des Suezkanals, der damals jedoch technisch noch nicht realisierbar war.

Innere Konsolidierung

Außenpolitisch hatte die Lagunenrepublik verspielt; von den europäischen Königshäusern isoliert und von der türkischen Expansion zermürbt, konzentrierte sich Venedig Mitte des 16. Jh.s auf die Konsolidierung der innenpolitischen Verhältnisse und festigte seine institutionellen und sozialen Strukturen. Obendrein sorgten die gut organisierten Zünfte, die beträchtlichen ökonomischen und finanziellen Ressourcen und das funktionierende Versorgungssystem für inneren Frieden. Aber die Türkengefahr war noch nicht gebannt, so daß Venedig mehr als zuvor in die Entwicklung des Kriegswesens investieren mußte, um die verbliebenen Handelsaktivitäten besser schützen zu können. Seit 1545 rüstete man alle venezianischen Galeeren mit bewaffneten Ruderern und zusätzlichen Kanonen aus. Die Waffenarsenale Venedigs waren zum Bersten gefüllt.

Schlacht von Lepanto (1571)

Mitte des 16. Jh.s entrüstete sich ganz Europa über das grauenvolle Wüten der piratisierenden türkischen Kriegsflotte im Mittelmeer. Unter Papst Pius V. formierte sich eine 'Heilige Liga', deren Flotte zur Hälfte aus venezianischen Schiffen und Waffen bestand. 1571 suchte diese 'christliche Allianz' die endgültige Konfrontation mit den Türken. In der blutigen Schlacht von Lepanto (1571) waren die Alliierten siegreich. Obwohl die Venezianer die Verbündeten durch ihre effektive Kriegstechnik beeindruckten, schafften sie es nicht, sich aus der außenpolitischen Isolation zu befreien; denn das aufstrebende Spanien und der mächtige Kirchenstaat duldeten kein erstarkendes Venedig.

Venedig und die Kirche

Auch gegenüber dem Papsttum steuerte Venedig einen eigenen Kurs. Die Kirche hatte sich in Venedig immer den Staatsinteressen zu fügen – nach dem Motto: 'prima siamo veneziani, poi cristiani' (zuerst sind wir Veneziainer, dann erst Christen). Seit der kirchlichen Reformation sympathisierte Venedig offen mit den Ideen des Protestantismus und Calvinismus. Die Dogen der Zeit waren zumeist Freidenker, die sich von den humanistischen Gedanken der Renaissance begeistern ließen. Aber auch seine orientalisch-arabischen Handelsbeziehungen gefährdete Venedig niemals

Seeschlacht von Lepanto im Jahre 1571

Venedig und die Kirche (Fortsetzung)

durch Glaubensstreitigkeiten. Unter Papst Paul V. und dem Dogen Leonardo Donato (1606–1612) kulminierten die Spannungen zwischen dem Kirchenstaat und der liberalen Serenissima. Nach der Verurteilung zweier hoher Geistlicher nach venezianischem Recht verhängte der Papst das Interdikt über die Priesterschaft von Venedig und bannte die Regierung. Gemeinsam mit Paolo Sarpi, einem einflußreichen venezianischen Mönch und Berater des Dogen, widersetzte sich die Stadt 1606 diesem machtpolitisch motivierten Kirchenbann erfolgreich und schockte den Vatikan.

Pestepedemien

Nach der ersten großen Pestepidemie von 1575, während der auch das Malergenie Tizian starb, ereignete sich 1630 eine zweite. Als die Venezianer, an der Seite Frankreichs, in den französisch-habsburgischen Krieg eingriffen, holten sie sich erneut die Pest in die Stadt. Venedig stand 16 Monate unter Quarantäne und verlor ein Drittel der Bevölkerung.

Kampf gegen die Türken

Als sich die Serenissima allmählich von den Folgen der Pest erholt hatte, meldeten sich die Türken zurück, griffen Kreta an und zogen Venedig in einen erneuten Mittelmeerkrieg (1645). Anfangs gewann die gut ausgerüstete venezianische Flotte griechisches Territorium zurück. Aber die Verteidigung Kretas und des Peloponnes erstreckte sich in auszehrenden Schlachten über Jahrzehnte. Erst als die neue Großmacht der Habsburger das Osmanische Reich zurückdrängte und sich die eroberten Gebiete selbst einverleibte, gab Venedig die letzten Handelsstützpunkte seines einst mächtigen Stato da mar im Ägäischen Meer auf und konzentrierte seine Bemühungen auf die Rettung seiner kleinstaatlichen Unabhängigkeit – im Schutz der heimischen Lagune.

Das Ende der Republik
18. Jh.

Die Republik Venedig erlebte ihr Ende im Settecento (18. Jh.) als kulturellen Höhenflug. Die 'Königin der Adria' hatte abgedankt, und auch innenpolitisch stand die saturierte Stadt vor unlösbaren Aufgaben. Anfang des 18. Jh.s war das venezianische Patriziat deutlich geschrumpft. 1724 gab

Das Ende der Republik (Fortsetzung)

es nur noch 216 Patrizierfamilien, die es gerade einmal schafften, den Großen Rat und den gewaltigen Beamtenapparat zu besetzen. Der Zugang zu den politischen Spitzenpositionen hing nach wie vor vom Vermögen ab. Während der selbstzufriedene Stadtadel bemüht war, die konstitutionellen Rahmenbedingungen der Republik zu erhalten, verlangten die bisher zufriedenen unteren Schichten nach Reformen. Letztlich reformunfähig, hielt sich die Stadt am Kirchenbesitz schadlos. Nach 1750 wurden große Teile des Kirchenvermögens konfisziert, um mit den so gewonnenen Geldern die Fürsorgeeinrichtungen finanzieren zu können, die wiederum ein willfähriges Volk garantierten. Außerdem benötigte die Stadt Geld, um die Lagune mit einer wellenbrechenden Deichanlage zu schützen. Der Bau dieser 'murazzi' (15 km lang, 14 m breit, 4,5 m hoch) war eine letzte große Leistung der Republik.
Ansonsten herrschte in der zweiten Hälfte des 18. Jh.s ein Zustand politischer Perspektiv- und Ratlosigkeit, der jenes Lebensgefühl hervorrief, das das drohende Ende einer glorreichen Vergangenheit beklagt. Die Venezianer ahnten ihren Untergang, verfielen in tiefe Melancholie und suchten im scheinbar sorglosen Genießertum einen Ausweg. Der gesellschaftliche Exitus der Serenissima ereignete sich als karnevalesker Höhenflug. Die Maler (z.B. D.Tiepolo), Schriftsteller (z.B. G.Casanova) und Dramatiker (z.B. C.Goldoni) jener Zeit gaben diesem venezianischen Trauer- und Freudentaumel einen überragenden künstlerischen Ausdruck.
Im Jahre 1789 kommt der letzte Doge (Ludovico Manin) an die Macht. Mit resignativer Gleichgültigkeit erwartet Venedig den Einmarsch Napoleons in die Lagune, der 1797 erfolgt. Im Mai 1797 erklärt der Große Rat mit nur 30 Gegenstimmen die Abschaffung der Republik. Respektlos verbrennt Napoleon das Goldene Buch der Stadt, das die Namen aller großen Patrizierfamilien enthielt. Noch im selben Jahr tritt Frankreich das gesamte Veneto, einschließlich Venedig, an Österreich ab.

19. Jahrhundert
Von Österreich zu Italien

In der ersten Hälfte des 19. Jh.s ertrug die alte Serenissima die Okkupation widerstandslos. Nur im europäischen Revolutionsjahr 1848 gelang es venezianischen Freiheitskämpfern unter Daniele Manin, die Stadt für 15 Monate vom absolutistischen Österreich zu befreien. Erst 1866 überließen die Habsburger die Region Venetien dem neuen vereinigten Königreich Italien. Zu diesem Zeitpunkt war Venedig nur noch ein Schatten seiner selbst. Von Mißwirtschaft und lokalpolitischen Machtkämpfen gezeichnet, glich die Stadt eher einem Armenhaus als einer aufstrebenden Metropole. Ein Drittel der Bevölkerung lebte in Armut.

20. Jahrhundert
Wirtschaftlicher Aufschwung

Der ersehnte wirtschaftliche und soziale Aufschwung ließ lange auf sich warten, kam aber während des Ersten Weltkriegs um so heftiger und folgenschwerer. In Marghera entstand ein gigantischer Schwerindustriekomplex, und der Hafen erfuhr den dafür notwendigen Ausbau. Im Zuge faschistischer Machtgelüste dehnte man das Industriegebiet auf Mestre aus. Bereits in den dreißiger Jahren lebten mehr Venezianer in den tristen Industrievororten als in der Lagune. Trotz der angesiedelten Rüstungsindustrie blieb Venedig von den Zerstörungen des Zweiten Weltkriegs weitgehend verschont.

Venedig heute

Der schleichende Exodus der Bevölkerung setzt sich bis heute unaufhaltsam fort. Außer im Tourismus oder in der Verwaltung gibt es kaum Arbeitsmöglichkeiten in der vergreisenden Lagunenstadt. Probleme verursachen auch die ständige Hochwassergefahr – bei der schlimmsten Flutkatastrophe am 4. November 1966 stand der Markusplatz 1,25 m unter Wasser –, die zunehmende industrielle Verschmutzung der Lagunengewässer, der zu dichte Verkehr auf den Kanälen und das Absinken der Stadt wegen übermäßiger Grundwasserentnahme, abgesehen von dem Massentourismus mit mehr als 17 Mio. Besuchern jährlich. Einschneidende und wohl auch unpopuläre Maßnahmen zum Schutz der musealen Stadt sind nötig, wenn man den endgültigen Exodus der Bevölkerung aufhalten und den Sprung ins dritte Jahrtausend schaffen will.

Regierung des Stadtstaates Venedig zur Zeit der Dogen

Verfassung

Venedigs Lage zwischen Ost und West und die sich daraus ergebenden politischen Gefährdungen machten eine Verfassung erforderlich, die sich auf ein ausgeklügeltes System politischer Kontrolle ausrichtete. Venedig war immer eine Republik, die vom Dogen repräsentiert, von der Aristokratie und von zwei Kräften getragen wurde: zum einen von den gemeinsamen Interessen der alten Familien, zum anderen durch das grundsätzliche Mißtrauen der alten Familien untereinander, gegen den Dogen und gegen das Volk. Die Verfassung war allein darauf angelegt, jede individuelle Machtbildung zu unterbinden und das Gleichgewicht der Kräfte zu wahren. Volk und Geistlichkeit wurden schon früh aus dem politischen Prozeß ausgeschaltet, die Macht des Dogen mehr und mehr beschnitten. Seit 1192 mußte der Doge von Venedig eine Promissio (Wahlkapitulation) beschwören, d. h. einen Vertrag unterschreiben, in dem die Wahlmänner ihm Bedingungen für die zukünftige Regierung stellten.
Der Große Rat war der eigentliche Träger der politischen Macht. In ihm saßen die Nobili, deren Interessen mit denen des Staates identisch waren: der Handel. Er mußte aktiviert, gefördert und beschützt werden. Erst als sich im späten 16. und 17. Jh. mit der Entdeckung neuer Handelswege die Wirtschaftsbedingungen veränderten und Venedigs Wirtschaftskraft erlahmte, waren auch die Interessen der Nobili und des Staates nicht mehr identisch. Ging der Handel gut, ging es auch dem Gemeinwesen gut. Die enge Verflechtung von Wirtschaft und Politik förderte früh ein gemeinsames Handeln, das für die Seerepublik überlebenswichtig war.

Amt des Dogen

Staatsoberhaupt der Republik Venedig war der Doge, der seinen Wohnsitz im Dogenpalast hatte. Im Jahre 697 n. Chr. wurde der erste Doge eingesetzt (lateinisch dux = italienisch Doge; entsprechend dem deutschen Herzog), 1797 gab der letzte Doge Manin die Dogenmütze mit den Worten zurück: “Sie wird nicht mehr gebraucht.” In diesen elfhundert Jahren repräsentierten 120 Dogen die Republik Venedig. Ihr Amtszeichen, die Dogenmütze, war der phrygischen Fischermütze nachempfunden: eine Zipfelmütze, auf einem Kronreif befestigt, mit einer goldenen Kugel an der Spitze und mit Edelsteinen im Wert von 194 000 Dukaten besetzt.
Am Anfang primus inter pares (Erster unter Gleichen), wurde der Doge vom Volk gewählt und legitimiert: “Dies ist euer Doge, wenn er euch gefällt.” Seine Macht war nahezu unbeschränkt: Er verhandelte selbständig mit Kaiser und Päpsten, bestimmte über Krieg und Frieden, suchte sich seine Beamten, Offiziere, seinen Nachfolger, oft auch seinen Mitregenten selbst aus. Seine Berater (Pregadi) hatten allein beratende Funktion. Er übte die Jurisdiktion aus und besaß das Recht der Begnadigung.
Als im 10. Jh. der Doge Pietro Candiano IV. (959–976) versuchte, das Dogenamt erblich zu machen und damit die Verfassung im Sinne einer Familienherrschaft zu ändern, kam es 976 zum Aufstand. Dogenpalast und Basilika gingen in Flammen auf, der Doge und sein minderjähriger Sohn wurden ermordet. Dieses Ereignis war Anlaß, die Macht des Dogen in immer stärkerem Maße zu beschränken: Dem Gesetz, kein Doge dürfe mehr seinen Mitregenten bestellen, folgte das Gesetz, kein Doge dürfe mehr seinen Nachfolger bestellen (Mitte 11. Jh.). Ein Kleiner Rat (Consiglio Minore) wurde gebildet, der das Staatsoberhaupt überwachte. Schließlich wurde auch das Volk bei der Wahl des Dogen ausgeschaltet. Nun hieß es: “Dies ist euer Doge” (Mitte 12. Jh.). Eingesetzt hatte ihn der Große Rat (Consiglio Maggiore).

Wahl des Dogen

Der 1268 endgültig festgelegte Wahlvorgang, der aus den Mitgliedern des Großen Rates den Dogen bestimmen sollte, war außerordentlich kompliziert. Zunächst wurden 30 Mitglieder ausgelost, davon wiederum neun. Diese bestimmten 40 provisorische Wähler. Diese ‘wählten’ mittels Los 12 Männer, die wiederum 25 bestimmten. Diese wurden auf neun reduziert, die noch einmal je fünf benannten. Diese 45 verminderten sich durch Los

Die venezianischen Dogen

697–717	Paoluccio Anafesto
717–726	Marcello Tegaliano
726–737	Orso Ipato
737–742	"Maestro dei Militi"
742–755	Teodato Ipato
755–756	Galla Gaulo
756–764	Domenico Monegario
764–787	Maurizio Galbaio
787–804	Giovanni Galbaio
804–810	Obelerio Antenoreo
810–827	Angelo Partecipazio
827–829	Giustiniano Partecipazio
829–836	Giovanni Partecipazio I
836–864	Pietro Tradonico
864–881	Orso Partecipazio I
881–887	Giovanni Partecipazio II
887	Pietro Candiano I
888–912	Pietro Tribuno
912–932	Orso Partecipazio II

Francesco Foscari
(Dogat: 1423–1457)

932– 939	Pietro Candiano II
939– 942	Pietro Partecipazio
942– 959	Pietro Candiano III
959– 976	Pietro Candiano IV
976– 978	Pietro Orseolo I
978– 979	Vitale Candiano
979– 992	Tribuno Memmo
992–1009	Pietro Orseolo II
1009–1026	Ottone Orseolo
1026–1032	Pietro Centranico
1032–1042	Domenico Flabanico
1043–1070	Domenico Contarini
1070–1084	Domenico Selvo
1084–1096	Vitale Falier
1096–1102	Vitale Michiel I
1102–1118	Ordelaffo Falier
1118–1129	Domenico Michiel
1130–1148	Pietro Polani
1148–1156	Domenico Morosini
1156–1172	Vitale Michiel II
1172–1178	Sebastiano Ziani
1178–1192	Orio Malipiero
1192–1205	Enrico Dandolo
1205–1229	Pietro Ziani
1229–1249	Jacopo Tiepolo
1249–1253	Marino Morosini
1253–1268	Raniero Zeno
1268–1275	Lorenzo Tiepolo
1275–1280	Jacopo Contarini
1280–1289	Giovanni Dandolo
1289–1311	Pietro Gradenigo
1311–1312	Marino Zorzi
1312–1328	Giovanii Soranzo
1329–1339	Francesco Dandolo
1339–1342	Bartolomeo Gradenigo
1343–1354	Andrea Dandolo
1354–1355	Marino Falier
1355–1356	Giovanni Gradenigo
1356–1361	Giovanni Dolfin
1361–1365	Lorenzo Celsi
1365–1368	Marco Corner

1368–1382	Andrea Contarini
1382	Michele Morosini
1382–1400	Antonio Venier
1400–1413	Michele Steno
1414–1423	Tomaso Mocenigo
1423–1457	Francesco Foscari
1457–1462	Pasquale Malipiero
1462–1471	Christoforo Moro
1471–1473	Nicolò Tron
1473–1474	Nicolò Marcello
1474–1476	Pietro Mocenigo
1476–1478	Andrea Vendramin
1478–1485	Giovanni Mocenigo
1485–1486	Marco Barbarigo
1486–1501	Agostino Barbarigo
1501–1521	Leonardo Loredan
1521–1523	Antonio Grimani
1523–1538	Andrea Gritti
1539–1545	Pietro Lando
1545–1553	Francesco Donà
1553–1554	Marcantonio Trevisan
1554–1556	Francesco Venier
1556–1559	Lorenzo Priuli
1559–1567	Girolamo Priuli
1567–1570	Pietro Loredan
1570–1577	Alvise Mocenigo I
1577–1578	Sebastiano Venier
1578–1585	Nicolò da Ponte
1585–1595	Pasquale Cicogna
1595–1605	Marino Grimani
1606–1612	Leonardo Donà
1612–1615	Marcantonio Memmo
1615–1618	Giovanni Bembo
1618	Nicolò Donà
1618–1623	Antonio Priuli
1623–1624	Francesco Contarini
1625–1629	Giovanni Corner I
1630–1631	Nicolò Contarini
1631–1646	Francesco Erizzo
1646–1655	Francesco Molin
1655–1656	Carlo Contarini
1656	Francesco Corner

Giovanni Mocenigo
(Dogat: 1478–1485)

1656–1658	Bertuccio Valier
1658–1659	Giovanni Pesaro
1659–1675	Domenico Contarini
1675–1676	Nicolò Sagredo
1676–1684	Alvise Contarini
1684–1688	Marcantonio Giustinian
1688–1694	Francesco Morosini
1694–1700	Silvestro Valier
1700–1709	Alvise Mocenigo II
1709–1722	Giovanni Corner II
1722–1732	Alvise Mocenigo III
1732–1735	Carlo Ruzzini
1735–1741	Alvise Pisani
1741–1752	Pietro Grimani
1752–1762	Francesco Loredan
1762–1763	Marco Foscarini
1763–1778	Alvise Mocenigo IV
1779–1789	Paolo Renier
1789–1797	Lodovico Manin

Auflösung der Republik
1797

Wahl des Dogen (Fortsetzung)

auf elf; sie bestimmten mit neun von elf Stimmen 41 endgültige Dogenwähler. Der künftige Doge mußte mindestens 25 Stimmen dieser sich in ein Konklave zurückziehenden Wähler auf sich vereinen. Er wurde auf Lebenszeit gewählt. Aufgrund dieses Wahlsystems bot sich für jeden Nobile die Chance der Beteiligung, ohne einer bevorzugten Gruppe oder Familie Einfluß zu gewähren und dadurch die Grundelemente der Verfassung zu berühren.

Funktionen des Dogen

Die verfassungsrechtliche Stellung des Dogen, die sich seit dem 13. Jh. herausgebildet hatte, kam in seinen politischen Pflichten etwa dem eines modernen Staatspräsidenten gleich: Er repräsentierte die Republik Venedig nach innen und außen, hatte seinen Sitz in jedem Gremium (hatte jedoch bei Abstimmungen nur eine Stimme), präsidierte dem Großen Rat, hatte Beschlüsse herbeizuführen und die staatlichen Amtsträger zu kontrollieren. Sein negativer Pflichtenkatalog war jedoch ganz auf die spezifischen Belange der Republik und ihrer Verfassung ausgerichtet und ist in dieser Form wohl einmalig in der Welt. In einer um 1600 verfaßten Synopsis des Staates sind diese Pflichten aufgeführt. Der Doge durfte keine privaten Ämter innehaben, kein auswärtiges Amt bekleiden (diese Bestimmung traf z. B. den Dogen Enrico Dandolo, Eroberer von Konstantinopel. Er durfte die Krone des Byzantinischen Reichs nicht annehmen). Keiner aus der Familie des Dogen durfte an Handelsunternehmen beteiligt sein; Söhne und Töchter durften nicht ohne Erlaubnis des Großen Rates nach auswärts heiraten. Der Doge mußte in der Promissio (s. Verfassung) schwören, keinen Versuch zu unternehmen, dem Amt seine einstige Machtfülle wiederzugeben, keine Briefe auswärtiger Mächte in Abwesenheit der Räte zu öffnen, keine zu schreiben, keine Gesandten zu empfangen, keine Geschenke anzunehmen (es sei denn Blumen, Duftkräuter oder Rosenwasser). Seine Berater (Pregadi) wurden ihm vom Großen Rat zur Seite gestellt. Er durfte keine öffentlichen Gebäude mehr errichten oder ausbessern, keine Besitzungen haben außer denen, die mit dem Dogat verbunden waren. Im 16. und 17. Jh. schließlich kamen noch weitere Beschränkungen hinzu: Selbst in seinen Privaträumen war ihm verboten, fremde Gesandte oder Generale zu empfangen. Seine Söhne durften die Stadt nicht mehr verlassen; die Dogaressa wurde nicht mehr gekrönt und besaß auch kein offizielles Gefolge mehr. Ebenso war es ihm und seiner Familie verboten, Beziehungen zu auswärtigen Souveränen zu unterhalten. Nach dem Tode wurde die Amtszeit von Inquisitoren überprüft, die Erben mußten bei etwaigen Unregelmäßigkeiten in der Amtsführung auch finanziell geradestehen. Stand der Doge in der Frühzeit des Amtes noch an der Spitze des Heeres, so wurde auch diese Pflicht seit dem 14. Jh. kaum mehr wahrgenommen. Erschien er auf dem Kriegsplatz, so sollte er den Leuten Mut machen, nicht sie führen.

Großer Rat

Der Große Rat, in dem die großen Adelsfamilien der Republik vertreten waren, wurde ab 1172 zur höchsten gesetzgebenden Autorität des Staates und zum Überwachungsorgan über den Dogen. Anfang des 13. Jh.s zählte der Große Rat 35 Mitglieder. Nachdem die Mitgliederzahl rasch auf mehrere Hundert angestiegen war, erfolgt 1297 die Schließung des Rates (Serrata). Von nun an konnte nur Mitglied werden, wer (oder wessen Familie) im Goldenen Buch der Republik eingeschrieben war, dem Verzeichnis der venezianischen Adelsfamilien (am Ende der Republik waren in diesem Buch 1218 Namen vertreten). Der Große Rat beriet direkt nur über ganz wesentliche Fragen und beschränkte sich ansonsten auf die Entgegennahme periodischer Rechenschaftsberichte; aber er bestimmte die Mitglieder der verschiedenen Gremien, die die Staatsgeschäfte zu führen hatten, und er wählte den Dogen aus den eigenen Reihen. Jeder Nobile bekleidete im Staatsapparat ein Amt, meist als unbezahlter Diener des Staates. Er durfte weder einen ihm angetragenen Dienst verweigern noch ein Kommando ausschlagen. Wer im Amt versagte, ob schuldhaft oder unschuldig, wurde mit härtesten Strafen belegt. Den harten Gesetzen, die die Mitglieder des Großen Rates im Interesse des Staates schufen, unterwarfen sie sich ebenso selbstverständlich und bedingungslos, wie sie es von den anderen Mitgliedern des Gemeinwesens forderten.

Großer Rat (Fortsetzung)

Silbernes Buch

Die "bürgerlichen" Familien standen im Silbernen Buch. Sie hatten zwar keinen Anteil an den Regierungsentscheidungen, jedoch standen ihnen einige Ämter in der Verwaltung offen. Die im Goldenen und Silbernen Buch eingetragenen Familien machten nicht einmal 15% der Gesamtbevölkerung Venedigs aus, verfügten aber über fast 90% des Vermögens der Republik.

Senat

Der Senat bildete sich erst allmählich als Aufsichtsgremium für den Dogen heraus und wurde um 1255 offiziell als Körperschaft eingesetzt, mit genau umrissenen Aufgaben und als "Consiglio dei Pregadi" (seine Mitglieder wurden mit einer schriftlichen Einladung zu den Sitzungen gebeten, waren also zur Sitzung Gebetene: "pregadi"). Der Senat bestand aus sechzig ausgewählten Mitgliedern des Großen Rates, dem Dogen sowie den "Zonte", die sich aus sechs Patriziern des Großen Rates, aus fünf Vertretern der Provinzen des Festlandes und aus fünf Repräsentanten der religiösen Orden zusammensetzten. Außerdem gehörten dem Kreis die engsten Dogenberater, die Abgesandten der Gerichtsbehörden, des Rates der Zehn, der Avvogadori (Verfassungsrichter), der Cataverer (Steuerschätzer) sowie der Provveditoren ("Aufseher") an. Der Senat war das eigentliche regierende Parlament – dem Großen Rat zwar verantwortlich, jedoch zu wichtigen Entscheidungen berechtigt: Er entschied über Krieg und Frieden, befand, welche Akten dem Großen Rat vorgelegt wurden, ernannte alle wichtigen Staatsbeamten. Auch schuf und beaufsichtigte er alle Kommissionen, die mit der Angleichung der Verwaltung an die politischen und gesellschaftlichen Entwicklungen beauftragt waren.

Kleiner Rat (Signoria, Collegio)

Will man so etwas wie eine Staatsregierung im venezianischen Verfassungssystem ausmachen, so trifft dies am ehesten auf den Kleinen Rat zu. Zu Anfang bestand er aus dem Dogen und den sechs Consiglieri, den Dogenräten für die sechs Sestieri, die sechs Stadtbezirke Venedigs: Castello, Cannaregio, Dorsoduro, San Marco, San Polo und Santa Croce. Im 13. Jh. wurden auch die drei Vorsteher der Quarantia Criminal, der höchsten richterlichen Behörde, in den Rat einbezogen, die zusammen die Serenissima Signoria, das oberste Gremium des venezianischen Staates, bildeten. Als noch später die Kommission der Savi (Weisen) hinzutrat, nannte man das Regierungsgremium Collegio, wobei die Funktionen der Savi Grandi zu Ministerämtern umgeformt wurden. Das Kollegium bereitete alle Senatsvorlagen vor, entschied, was dem Senat aus Gründen der Geheimhaltung nicht unterbreitet werden durfte, empfing und hörte die ausländischen Gesandtschaften an. Außerdem war es die höchste Instanz der rechtsprechenden Gewalt. Auch trat bei Empfängen für die Vertreter ausländischer Mächte stets das Kollegium als der Repräsentant Venedigs auf. Seine Mitglieder wurden bestimmt vom Großen Rat und vom Senat.

Rat der Zehn

Der Rat der Zehn war eigentlich ein Bindeglied zwischen der gesetzgebenden Gewalt, also dem Großen Rat und dem Senat, der ausführenden Gewalt, also dem Dogen und der Administration – sowie den rechtsprechenden Instanzen. Er wurde ins Leben gerufen nach dem Umsturzversuch des Baiamonte Tiepolo, der im Jahre 1310 die Adelsherrschaft brechen wollte, um als eine Art Sondergericht gegen Staatsfeinde vorzugehen. Die zehn Hauptmitglieder dieses Rates bestimmte der Senat, und zwar jedes Jahr neu. Außerdem gehörten dem Gremium der Doge mit seinen sechs Beratern sowie ein Avvogadore (Verfassungsrichter) an. Der Avvogadore hatte darüber zu wachen, daß die Entscheidungen des Zehnerrates mit der Verfassung und den Gesetzen übereinstimmten. Die Namen der Mitglieder des Zehnerrates wurden geheimgehalten.
Die vielfältigen Aufgaben und Zuständigkeiten des Rates lassen sich unter dem Begriff "Wahrung der Staatssicherheit" zusammenfassen. Geplanter, versuchter oder vollendeter Hochverrat, Spionage, Geheimnisverrat, Sa-

Rat der Zehn (Fortsetzung)

botage, Konspirationen jeglicher Art – das waren die Themen, die er vor allem behandelte. Daneben aber hatte er auch über die guten Sitten in der Stadt zu wachen, Duelle (die streng verboten waren) zu ahnden, Gewaltakte und alles, was den inneren Frieden störte, zu verhindern und zu bestrafen. Und schließlich mußte er Wirtschaftsvergehen verfolgen.

Drei "Vorsteher" (Inquisitoren)

Die 1539 gegründete Magistratur der drei Staatsinquisitoren diente ursprünglich der Nichtverbreitung von Staatsgeheimnissen und übernahm dann eine allgemeine Kontrolle der Staatsgeschäfte. Sie setzte sich zusammen aus zwei Mitgliedern des Rates der Zehn und einem der Räte des Dogen.

Drei Avvogadori

Das Wort heißt eigentlich schlicht 'Advokaten', jedoch war die Funktion dieser Juristen die von Verfassungsrichtern und Staatsanklägern. Sie hatten im Großen Rat, im Senat und im Zehnerrat darauf zu achten, daß die Beschlüsse den Gesetzen entsprachen, konnten nötigenfalls ihr Veto einlegen. Außerdem überwachten sie die Einhaltung von Verträgen, den Einzug von verhängten Geldstrafen und die Korrektheit geschäftlicher und privater Rechtsvorgänge. Die Einrichtung der Avvogadori, die seit dem 12. Jh. bestand, ist also eine Vorform der unabhängigen Rechtspflege und Rechtsprechung, wie sie heute in allen demokratischen Staaten besteht. In diesem Sinne ist sie zusammen mit der "Quarantia" zu sehen.

Quarantia

Diese Institution, deren Name von den vierzig Mitgliedern (quarante = vierzig) kommt, bestand schon seit 1179. Anfangs nur ein Berufungsgericht, entwickelte sie sich rasch zur selbständigen und eigentlichen juristischen Instanz der Republik. Schon im 14. Jh. war der Arbeitsanfall so groß, daß die "Quarantia" geteilt und – verdoppelt werden mußte: in die Quarantia Civil, jenen Gerichtshof, der die Zivilklagen zu behandeln hatte, sowie in die Quarantia Criminal, jenen Gerichtshof, der für die nicht politischen Kriminalfälle, wie Mord, Raub, Diebstahl etc., zuständig war. Weitere zweihundert Jahre später nahmen die Zivilklagen, also Verleumdungs-, Betrugs- und dergleichen Fälle, so überhand, daß die Quarantia Civil nochmals geteilt und verdoppelt werden mußte: in die Quarantia Civil Vecchia und die Quarantia Civil Nuova.

Provveditori, Cattaveri, Censori

Alle diese staatlichen Organe schufen sich nach und nach ein Netz von ehrenamtlichen oder festangestellten Beamten und Amtseinrichtungen, die die erlassenen Bestimmungen peinlich genau durchführten. Einmal waren da vor allem die Provveditori, die "Aufseher", vornehme Venezianer, die unentgeltlich Organisationen und Vorhaben beaufsichtigten und leiteten: Etwa die "Provveditori de Mar", ein Gremium, das für die Ausrüstung der Kriegsflotte, die Anwerbung von Matrosen und Ruderknechten etc. zuständig war; oder Provveditori, die sich um die Wohltätigkeitseinrichtungen, oder solche, die sich um Kirchen, Klöster und religiöse Vereinigungen zu kümmern hatten. Weniger auffällig, jedoch weit unangenehmer waren die Cattaveri, die Steuerschätzer. Jeder Venezianer, ohne Ansehen von Stand und Person, mußte ihnen seine gesamten Vermögensverhältnisse offenlegen und die entsprechend festgelegte Steuersumme abführen. Und wehe, er machte falsche Angaben: Eine Anklage vor dem "Zehnerrat" war dann sicher! Zum dritten wären noch – eben um die wichtigsten zu nennen – die Censori, die Zensoren anzuführen: Sie setzten sich aus Mitgliedern des Großen Rates zusammen und waren einzig dazu da, Betrügereien bei den Wahlen zu den verschiedenen Gremien und Ämtern zu verhindern.

Berühmte Persönlichkeiten

Hinweis

Die nachstehende, namensalphabetisch geordnete Liste vereinigt Persönlichkeiten, die durch Geburt, Wirken oder Tod mit Venedig verbunden sind und überregionale, oft sogar weltweite Bedeutung erlangt haben.

Jacopo Bellini (um 1400 bis um 1470/1471)

Gentile Bellini (um 1429 bis 1507)

Giovanni Bellini (um 1430 bis 1516)

Durch Florenz- und Romaufenthalte, durch Arbeiten am markgräflichen Hof in Ferrara und in der Universitätsstadt Padua lernte Jacopo Bellini als Schüler von Gentile da Fabriano den kraftvoll-naturalistischen Malstil der Frührenaissance kennen und verband ihn mit der für Venedig noch typischen gotischen Eleganz. Seine Madonnenbilder zeigen nuancierte Farbigkeit und weiche Linienführung. Seine herausragende Zeichenkunst verrät dagegen das Studium der Antike, während ansonsten seine malerische Erzählkunst aus einer Mischung von Phantasiereichtum und Wirklichkeitswiedergabe ihn zum Wegbereiter der venezianischen Historienmalerei macht. Seine Söhne Gentile und Giovanni erlernten die Malkunst bei ihrem Vater, waren aber auch von ihrem Schwager Mantegna beeinflußt und avancierten zu international bekannten Meistern.

Gentile, der älteste Sohn Jacopos und ein berühmter Bildnismaler, dem immer eine psychologisch einfühlsame Wiedergabe der Persönlichkeit gelang, hielt sich 1479–1481 am Hofe des Sultans in Konstantinopel auf, um dort u.a. den osmanischen Herrscher zu porträtieren. In Venedig beeindrucken seine wirklichkeitsgetreuen Ansichten der Stadt, seine scharfe Beobachtungsgabe bei der Darstellung von Armen und Reichen, Jungen und Alten sowie die szenische Fülle u.a. im Zyklus der Wunder der hl. Kreuzreliquie in der Accademia.

Sein jüngerer Bruder Giovanni ist der Hauptvertreter der venezianischen Frührenaissancemalerei. Wie kaum ein anderer seiner Zeit beherrschte Giovanni einen zeichnerisch-plastischen Stil und eine transparente Farbenskala, nicht zuletzt dank der neuen Ölmalerei, die er von Antonello da Messina lernte. Seine oft lyrisch gestimmten Bilder, von halbfigürlichen Madonnendarstellungen bis zu geheimnisvollen Allegorien, zeigen Intimität des Gefühls und Bewunderung für die Natur zugleich. Die Farbharmonien, die Abstufungen des Lichts und die atmosphärische Qualität seiner Landschaftshintergründe haben auch Albrecht Dürer fasziniert, der Giovanni Bellini 1506 in Venedig traf und behauptete: "er ist der beste im Gemäl." Hervorragende Arbeiten Giovannis sind in der Accademia zu sehen sowie in der Frarikirche und in San Zaccaria.

Canaletto (Antonio Canal) (18. 10. 1697 bis 20. 4. 1768)

Einer der letzten großen venezianischen Maler war Canaletto. In Venedig geboren, begann er als Theatermaler, studierte dann in Rom und wandte sich Naturstudien zu. In Venedig hatte er zunächst großen Erfolg mit Veduten. Nach seinem zweiten Romaufenthalt 1742 begann er ideale Landschaften zu malen aus phantasievollen Kombinationen von Wirklichkeitsausschnitten. Detailgetreue, atmosphärisch dichte Stadtansichten, in denen sich Menschen beim Karneval, bei Festen und Prozessionen bewegen, wurden schließlich zu seinem eigentlichen Markenzeichen.

In den Jahren 1746 bis 1750 und 1751 bis 1753 hielt sich Canaletto in England auf, wo sich heute auch die meisten seiner Werke befinden. In Venedig sind Bildwerke von Canaletto vor allem in der Accademia zu bewundern.

Giacomo Girolamo Casanova (2. 4. 1725 bis 4. 6. 1798)

Sein Ruf als Meister der Liebeskunst und der frivol-kultivierten Lebensart hat den Venezianer Giacomo Casanova, Chevalier de Seingalt – wie er sich selbst adelte –, zu einer Legende werden lassen. Auf seinen Reisen in wechselnden Diensten durch ganz Europa traf er berühmte Zeitgenossen aus Politik und Literatur wie Friedrich den Großen und Voltaire, brach Casanova immer wieder die Herzen der Damenwelt. 1755 in Venedig wegen Atheismus eingekerkert, gelang Casanova 1756 die abenteurliche Flucht aus den Bleikammern. Nach einem unsteten Wanderleben fand er 1785 schließlich eine Stellung als Bibliothekar bei Graf Waldstein in Dux (Böhmen). Dort schrieb er seine berühmten Memoiren ("Histoire de ma vie") nieder, eines der bedeutendsten kulturhistorischen Dokumente jener Zeit, das von großer Beobachtungsgabe und Erzähltalent zeugt. Zur Gestalt der Dichtung avancierte der Abenteurer Mitte des 19. Jh.s in ersten Komödien und einer Oper von Lortzing, später griffen u. a. Hofmannsthal und Arthur Schnitzler das Thema des illustren Frauenhelden auf, der bis heute als Personifikation des Verführers gilt.

Enrico Dandolo (um 1107 bis 14. 6. 1205)

Erst mit 82 Jahren wurde Dandolo, der Sproß einer alten venezianischen Patrizierfamilie, zum Dogen gewählt. Trotz seines Alters scheute er jedoch keine kriegerische Auseinandersetzung, um den Einfluß Venedigs im östlichen Mittelmeer zu sichern und zu vermehren. So vertrieb er die Pisaner aus Istrien, und noch als 94jähriger Greis eroberte er mit den Heeren des vierten Kreuzzuges 1204 Konstantinopel. Bei der Niederwerfung Dalmatiens sicherte er Venedig einen Großteil der erbeuteten Schätze, baute Stützpunkte im gesamten östlichen Mittelmeer und machte so Venedig endgültig zur Großmacht.

Francesco Foscari (um 1373 bis 1. 11. 1457)

Das Schicksal von Francesco Foscari (⟶ Abb. S. 22) ist eng mit der Terraferma-Politik der Ausdehnung der Seerepublik auf das Festland verbunden. 1423 zum Dogen gewählt, führte er seit 1426 die vier Mailändischen Kriege mit den anderen norditalienischen Stadtstaaten und verhalf seiner Stadt zu ihrer größten territorialen Ausdehnung (von Brescia bis Ravenna). Im Jahre 1454 beendete der Friede von Lodi die jahrzehntelangen Kämpfe um die Vorherrschaft in Norditalien mit einem Kompromiß. Die türkische Eroberung Konstantinopels 1453 bedeutete aber gleichzeitig eine erhebliche wirtschaftliche Schwächung Venedigs bis zum Verlust der jahrhundertealten Handelsmonopole. Außerdem provozierte Foscari durch seine Festlandpolitik jenen Kampf mit Kaiser und Papst, in dem 1509 Venedig seine Großmachtstellung endgültig verlor. Foscari wurde 1457 auf Betreiben der Familie Loredan von der Opposition gestürzt, sein Sohn Iacopo in die Verbannung geschickt. Sein Schicksal und das seines mehrfach verbannten Sohnes haben Dichter wie Lord Byron und Komponisten wie Verdi inspiriert.

Carlo Goldoni (25. 2. 1707 bis 6. 2. 1793)

Der Erneuerer der italienischen Komödie schuf an Molière geschulte Rokoko-Komödien, die alltägliche Wirklichkeiten widerspiegeln. Zu Goldonis bekanntesten Werken gehören "Diener zweier Herren", "Die neugierigen Frauen" und "Die vier Grobiane". Nach dem Studium der Philosophie und Rechtswissenschaft arbeitete Goldoni 1744–1748 als Advokat in Pisa. Von Jugend an mit dem Theater verbunden, schrieb er nach seiner Rückkehr nach Venedig 1748–1753 zunächst Stücke für das Teatro di Sant'Angelo, dann bis 1762 für das Teatro di San Luca. Wegen Streitereien mit Dichter-Konkurrenten ging Goldoni 1762 nach Paris, wo er bis 1764 das italienische Theater leitete und dort auch eigene Stücke aufführte. Während der Revolutionswirren verarmt, starb er 1793 in der Seinestadt.

Claudio Monteverdi wirkte mit seiner Musik weit über das 17. Jh. hinaus. Der in Cremona geborene Musiker war bis 1590 Kompositionsschüler in seiner Heimatstadt, danach bis 1612 Hofmusiker und Kapellmeister in Mantua. Von 1613 bis zu seinem Tode arbeitete er als Kapellmeister in San Marco in Venedig. Zunächst in der polyphonen A-capella-Tradition des 16. Jh.s stehend, entwickelte Monteverdi immer freiere musikalische Formen. Höhepunkt seines Werkes bilden die Opern "Orfeo" (1607) – sie markiert den eigentlichen Beginn der Gattung Oper –, "Il ritorno d'Ulisse in patria" (1640) und "L'incoronazione di Poppea" (1642), die das Opernschaffen in Europa über Gluck bis Richard Wagner beeinflußten.

Claudio Monteverdi (15. 5. 1567 bis 29. 11. 1643)

Andrea Palladio (8. 11. 1508 bis 19. 8. 1580)

Der bedeutende Baumeister und Architekturtheoretiker der Renaissance aus Vicenza hat in seinen 1570 in Venedig erschienenen "I Quattro Libri dell'Architettura" am vortrefflichsten Sinn und Zweck seiner Baukunst formuliert: "Schönheit ist das Ergebnis der schönen Form; sie entsteht, wenn das Ganze und die Teile einander entsprechen, doch muß diese Entsprechung auch innerhalb der Teile vorhanden sein; dann werden Gebäude wie ein einziger wohlgestalteter Körper sein, bei dem alle Glieder sich in Übereinstimmung befinden und auch alle notwendig sind für das, was angestrebt wird." Strenge und Klarheit, die Leichtigkeit und das Maßvolle seines an antiken Vorbildern geschulten Baustils haben bis ins 19. Jh. hinein den europäischen Klassizismus beeinflußt. Große Vielseitigkeit zeichnet Palladio aus, der Stadtpaläste und ländliche Herrenhäuser, darunter seine berühmte Villa "Rotonda" nahe Vicenza für die Herrschaftsschicht errichtete sowie eindrucksvolle Kirchen und öffentliche Repräsentationsbauten. In Venedig ist Palladio gleich mit drei Sakralbauten vertreten: mit der Fassade von S. Francesco della Vigna als Frühwerk, mit S. Giorgio Maggiore in reifen klassisch-monumentalen Bauformen und mit Il Redentore als erhabenes Spätwerk. Typbildend waren seine Verwendung von Kolossalordnungen mit Säulen und Pilastern in Verbindung mit antiken Tempelzitaten wie Gebälk und Dreiecksgiebel. Palladios Villenentwürfe als in die Tiefe gestaffelte offene Flügelanlaqen gaben dem Barock entscheidende Impulse, und der nach ihm benannte Palladianismus feierte im 17. und 18. Jh. in den Niederlanden, in Frankreich und England wahre Triumphe.

Marco Polo, der bedeutendste Asienreisende des Mittelalters, der aufgrund seiner abenteuerlichen Fahrten das Weltbild seiner Zeit nachhaltig veränderte und den Blick der Europäer nach Osten lenkte, wurde von seinem Vater Niccolò und dessen Bruder Matteo 1271 auf eine Handelsreise nach China mitgenommen. Diese führte sie von Palästina über Täbris nach Hormus am Persischen Golf und weiter über Ostpersien und Pakistan, durch den Pamir, die Wüste Takla-Makan entlang dem Lopnor nach Kathei in Nordchina zum Hof des Mongolenherrschers Kublai Khan, in dessen Auftrag Marco Polo von 1275 bis 1292 als Berater tätig war. 1292 erhielt er die Erlaubnis, nach Europa zurückzukehren. Die Rückfahrt verlief durch das südchinesische Meer, an den Küsten Vietnams, Malakkas, Sumatras, Ceylons und Vorderindiens vorbei nach Hormus und weiter über Persien, Armenien und Trapezunt nach Konstantinopel, wo Marco

Marco Polo (um 1254 bis 8. 1. 1324)

Marco Polo (Fortsetzung)

Polo 1295 ein Schiff nach Venedig bestieg. Den Bericht über seine Reisen, "Il Milione", diktierte er in genuesischer Haft (Sept. 1298 bis Juli 1299) seinem Mitgefangenen Rustichello da Pisa, und schon bald wurden "Die Wunder der Welt" in andere Sprachen übersetzt und zeigten einen großen Einfluß auf die geographischen Vorstellungen des 14. und 15. Jh.s.

Sansovino (Jacopo Tatti) (2. 7. 1486 bis 27. 11. 1570)

Kaum ein anderer Baumeister hat das Stadtbild Venedigs so stark geprägt wie der Florentiner Sansovino, den die Venezianer seit 1527 damit beauftragten, die Stadt im Hochrenaissance-Stil umzugestalten. Nicht weniger als 15 Kirchen und öffentliche Gebäude wurden von ihm ganz oder teilweise erbaut, darunter die Markusbibliothek, das Münzgebäude (Zecca), die Logetta am Campanile, die Kirche San Francesco della Vigna und der Palazzo Corner. Die Standbilder von Mars und Neptun im Hof des Dogenpalastes und die Sakristeitür von San Marco sowie das Grabmal des Dogen Venier in San Salvatore belegen sein großes Talent auch als Bildhauer.

Giovanni Battista Tiepolo (5. 3. 1696 bis 27. 3. 1770)

Giovanni Domenico Tiepolo (30. 8. 1727 bis 3. 3. 1804)

Als alle überragender Maler des venezianischen Rokoko schuf Giambattista Tiepolo im Auftrag der Dogen- und Adelsfamilien eine Vielzahl von Altarbildern, Wand- und Deckenfresken für Kirchen, Paläste und Villen in der Lagunenstadt und an anderen Orten Oberitaliens. Weitere Auftragsarbeiten führten ihn sogar in die fürstbischöfliche Residenz nach Würzburg und an den Königshof nach Madrid. Kühne Verkürzungen und kraftvolle Lichteffekte in Verbindung mit einem lockeren, transparenten Farbauftrag zeichnen seine Werke aus, die in Venedig u.a. in der Akademiesammlung, in S. Alvise, der Scuola Grande dei Carmini und im Palazzo Labia zu sehen sind. Domenico lernte die Malkunst bei seinem Vater und war bis zu dessen Tod als gleichberechtigter Partner an den bedeutenden Auftragswerken beteiligt. Sein Stil ist insgesamt anekdotischer, die Farbgebung weicher und seine Kompositionen kommen ohne den komplizierten Figurenaufbau im Werk seines Vaters aus. In seinem Alter widmete sich Domenico verstärkt dem Sittenbild und malte Karnevals- und Pulcinell-Szenen.

Tintoretto (Jacopo Robusti) (29. 9. 1518 bis 31. 5. 1594)

Nicht nur als ideenreicher Maler des Manierismus und der Epoche der Gegenreformation ist Tintoretto in die Geschichte der venezianischen Malkunst eingegangen, sondern auch als Künstler mit großen kaufmännischen Fähigkeiten. Der Sohn eines Seidenfärbers ('Tintore', daher sein Künstlername) nahm jedes Angebot an und versuchte, seine zahlreichen malenden Konkurrenten mit Tiefstpreisen aus dem Feld zu schlagen. In Venedig geboren, verließ er seine Vaterstadt während seines gesamten Lebens nur einmal – eine Reise 1580 nach Mantua ist verbürgt –, wurde aber trotzdem von den wichtigen künstlerischen Strömungen seiner Zeit beeinflußt. Starke Helldunkelkontraste und gewagte Verkürzungen und Untersichten sowie ungewöhnliche Lichtwirkungen bestimmen seine Gemälde, die häufig dramatisch komponierte Motive aus dem Alten und Neuen Testament wiedergeben. In Venedig findet man etliche seiner Altarbilder in der Accademia-Sammlung im Dogenpalast, in zahlreichen Kirchen (Madonna dell'Orto, San Giorgio Maggiore, San Marcuola, Santa Maria della Salute) sowie in der Scuola Grande di Rocco mit den großartigen Wand- und Deckengemälden.

Tizian (Tiziano Vecellio) (1488/90 bis 27. 8. 1576)

Vom Cadoretal in den Dolomiten gelangte Tizian Anfang des 16. Jh.s nach Venedig, um bei Giovanni Bellini entscheidende Impulse für seine Malkunst zu erhalten. Nachdem die eigenen Auftragswerke zwischen 1510 und 1526, darunter das Assunta-Altarbild und die Pesaro-Madonna in der

Tizian (Fortsetzung)

Frarikirche Venedigs, ein großer Erfolg waren, avancierte Tizian schnell zum Lieblingsmaler an den europäischen Fürstenhöfen. Die d'Este, Gonzaga und Farnese überschütteten ihn mit Aufträgen. Auch Franz I. von Frankreich schätzte ihn, und Kaiser Karl V. ernannte Tizian 1533 zum Hofmaler. In seiner Spätzeit war Tizian fast ausschließlich für Philipp II. tätig. Tizians umfangreiches Œuvre, das nicht ohne eine große Werkstatt geschaffen werden konnte, umfaßt neben Altarbildern, Mythologien, Aktdarstellungen und Allegorien auch eine große Zahl von Porträts. Stilistisch steht Tizian an der Schwelle von der Spätrenaissance zum Frühbarock. Farbharmonien, aber auch starke Helldunkelkontraste, bewegte Diagonalkompositionen, stimmungsvolle Landschaftsgründe wie auch die Fähigkeit, das Repräsentationsbedürfnis der Regierenden zu befriedigen, bestimmen Tizians faszinierende Malkunst, deren Technik und Kompositionsbreite richtungsweisend für die folgenden Jahrhunderte wurde.

Veronese (Paolo Caliari) (1528 bis 19. 4. 1588)

Der aus Verona gebürtige Paolo Caliari, genannt Veronese, ist der großartige Schilderer venezianischer Lebensfreude. Er gilt zuammen mit Tintoretto und Tizian als bedeutendster Maler der venezianischen Spätrenaissance. Nachdem Veronese 1552 für den Dom von Mantua tätig gewesen war, wirkte er seit 1553 in Venedig, wo er wegen seiner sinnenfrohen Themen sogar mit der Inquisition Schwierigkeiten bekam. Die Vielzahl von Aufträgen konnte er nur mit Hilfe einer großen Werkstatt und Gehilfen bewältigen. Seine großformatigen, vielfigurigen Kompositionen, darunter die prächtigen Fest- und Gastmähler sowie allegorische Deckengemälde, gefallen durch ihren Farbreichtum und die Lebendigkeit der Personenführung. In Venedig findet man Veroneses Werke in der Kirche San Sebastiano (Decken- und Wandgemälde), in der Accademia ("Gastmahl im Haus des Levi") und im Dogenpalast (Decken- und Wandgemälde; hier als Höhepunkt seines Spätwerks "Triumph der Venezia").

Antonio Vivaldi (4. 3. 1678 bis 28. 7. 1741)

Der begnadete Violinist Antonio Vivaldi war nicht nur der bedeutendste venezianische Komponist, sondern trug mit seiner Entwicklung der Solokonzertform auch Wesentliches zur europäischen Musik bei. 1703 erhielt Vivaldi die Priesterweihe und wurde im gleichen Jahr zum 'Maestro di violino' am venezianischen Mädchenkonservatorium Ospedale della Pietà ernannt, wo er mit wenigen Unterbrechungen bis 1740 auch als Dirigent und Hauskomponist tätig war. Vivaldis Stil hatte prägenden Einfluß auf viele Komponisten, darunter auch auf Johann Sebastian Bach, der mehrere von Vivaldis Werken für Violine auf die Orgel übertrug. Neben rund 500 Konzerten, die sich durch nuancenreiche Instrumentation, eine affektvolle Melodiebildung und lebhafte Rhythmik auszeichnen, verfaßte Vivaldi auch über 90 Sonaten, 46 Opern, von denen 21 erhalten sind, und drei Oratorien.

Kunst und Kultur

Kunstgeschichte

Romanisch-byzantinische Kunst

Ikonographie

Prägenden Einfluß auf die Entwicklung der Kunst in Venedig hatte der enge Bezug zu Konstantinopel. Die Staats- und Hofkirche der Dogen, San Marco, wurde mit ihren fünf Kuppeln nach dem Vorbild der Apostel-Kirche von Konstantinopel geschaffen, die Vorhalle nach 1100 mit byzantinischen Mosaiken ausgestattet, im 12. Jh. auch das Innere der Kirche. Byzantinische Mosaizisten arbeiteten mit italienischen Gehilfen an dem Bildprogramm. Die Ikonographie ist stark am östlichen Vorbild orientiert, die formale Umsetzung jedoch weicht von der Formauffassung der byzantini-

"Erzengel Michael"
Emailbild der Pala d'Oro
in der Basilika des hl. Markus

Romanisch-byzantinische Kunst (Forts.)

schen Kunst ab durch die bewegte Gestaltung der Oberfläche und der Figuren sowie die Stilisierung der Falten. Diese Verknüpfung westlicher Stilelemente mit östlichen Vorbildern durchzieht als wichtiges Merkmal die romanische Kunst Venedigs.
Ein weiteres Beispiel stellen die Weltgerichts-Mosaiken der Westwand in Santa Maria Assunta auf Torcello (12. Jh.) dar: Auch hier ist die Ikonographie an Byzanz angelehnt mit der Kreuzigung, der Höllenfahrt Christi, dem thronenden Christus umgeben von den Fürbittern Maria und Johannes, der Seelenwägung, Adam und Eva das Kreuz verehrend und dem leeren Thron Christi, der von Engeln bewacht wird und auf dem das aufgeschlagene Buch, das Wort, liegt. Das Weltgericht ist als zeitlose Proklamation gegeben und nicht als erzählender Ablauf. Der stilistische Einfluß östlicher Kunst macht sich in der klaren Farbigkeit, der gekünstelten Faltenbildung, den anmutigen Köpfen stark bemerkbar.

Architektur

Die Architektur von Santa Maria Assunta auf Torcello weist wichtige Kennzeichen der romanischen Baukunst auf: Die dreischiffige Säulenbasilika ohne Querhaus und mit Holzdecke wird durch den hohen Campanile überragt, schmale Blendbogenfelder sind als großzügige Wandgliederung appliziert, im Innern ist über den schmalen Arkaden die Flächigkeit der Wand betont.
Auf der Grundlage eines oströmischen Bauschemas wird San Fosca auf Torcello erbaut (Ende 11. Jh.): Bei dem Zentralbau mit Kuppel durchdringen sich Oktogon-, Kreuz- und Rundform auf eigenwillige Weise und bilden einen quadratischen Innenraum. Bei der achteckigen äußeren Ummantelung dominieren schlanke Arkaden auf hohen Säulen.
Von einer romanisch-byzantinischen Vermengung zeugt der Dom SS. Maria e Donato auf Murano: Die Raumwirkung der dreischiffigen Säulenbasilika gewinnt durch die Einfügung eines mächtigen Querhauses den Charakter eines Zentralbaus, zudem ist die Außenseite der Ostapsis wie eine Schaufront gearbeitet. Eine zweigeschossige Arkatur auf Doppelsäulen ist vorgeblendet, die im Untergeschoß Nischen umschließt und im Obergeschoß frei vor einem breiten begehbaren Gang steht. Diese relativ weit von der Wand hervortretenden Arkaden als Vertikalgliederung sind in Venedig ein bezeichnendes Merkmal von Profanbauten der vorgotischen Zeit.

Plastik

Auch die plastischen Arbeiten des 11. und 12. Jh.s sind stark von Ostrom beeinflußt. Häufig läßt sich nicht einmal genau entscheiden, ob die Skulpturen in Venedig entstanden oder importiert worden sind. Die Schrankenplatten im Dom von Torcello (11. Jh.), auf denen ein symmetrisch angeordnetes, von Rankenwerk umgebenes Pfauenpaar aus einer Schale Trauben pickt, stammen aus Byzanz. Die Symbolik bezieht sich auf die Erneuerung des Lebens aufgrund der Teilhabe am Tod Christi. Das Relief mit der Himmelfahrt Alexanders an der Nordfassade von San Marco ist mit seiner einfachen Form und der reduzierten Körperlichkeit in das 11. Jh. zu datieren. Möglicherweise ist es im christlichen Osten gefertigt.

Spolien

Neben den vielen Importen von Reliefs und Skulpturen finden sich in Venedig zahlreiche Spolien, architektonische Versatzstücke, die aus einem anderen Kontext stammen und in einen neuen Zusammenhang eingefügt werden. Durch die Handelsbeziehungen und die Stützpunkte der Lagunenstadt in wichtigen Städten des Ostens und dann vor allem durch die Eroberung von Konstantinopel 1204 kamen zahlreiche Beutestücke nach Venedig. Viele der polychromen Marmorsäulen und viele der fein ornamental verzierten Pilaster der Markuskirche sind solche Beutestücke. Die beiden Säulenmonumente, die heute frei auf der Piazzetta aufgestellt sind, gehören zu den bekanntesten Spolien: Sie wurden Ende des 12. Jh.s mit dem Schiff nach Venedig gebracht. Die Figuren auf den Säulen sind ebenfalls Spolien aus dem Orient. Der bronzene Markuslöwe war ursprünglich eine Chimäre, die durch das Hinzufügen von Flügeln und dem offenen Buch umgedeutet wurde, die Figur des hl. Theodor ist eine christlich umgeformte, römische Arbeit.

Die berühmteste Palastfassade der Spätgotik ist die der Ca' d'Oro.

Gotik

Architektur

In Venedig bildete die Gotik vor allem durch die Umgestaltung der Fassade des Dogenpalastes ein dekoratives System aus. Alle Formen zeigen hier eine gewisse Grazilität und Farbenfreude. Das niedrige Untergeschoß besteht aus weiten Spitzbogenarkaden, die Arkadenstellung der oberen Loggia ist sehr viel enger und in die Zwickel sind Vierpässe eingeschnitten, wodurch eine transparentere Wirkung erzielt wird. Die Wand darüber ist durch die weiß-rot-grünen Ziegel und das Rautenmuster ihrer Massivität entkleidet. Weite spitzbogige Fenster sowie Oculi mit Vierpässen sind in die Wand geschnitten, die Balkone haben eine kunstvolle gotische Fenstereinfassung. Selbst die 'flammenförmigen' Zinnen sind durchbrochen und bilden einen filigranen Abschluß.
Das Äußere von San Marco erfuhr Ende des 14. Jh.s ebenfalls eine prinzipielle Veränderung, indem die Bogenreihe des oberen Geschosses eine spätgotische Bekrönung erhielt. Figurentabernakel, geschwungene Wimperge und Statuen auf den Giebeln, typisch gotischer Zierrat, wurden aufgesetzt.
Berühmteste Palastfassade der Spätgotik ist die der Ca' d'Oro (1421 bis 1440). Die gotischen Stilelemente der ehemals teilweise vergoldeten Schauseite sind offensichtlich: schlanke Spitzbogenarkaturen mit ihren unterschiedlichen Maßwerkformen, Balkone, die Friese und die fein applizierten Verzierungen sowie die Polychromie.
Die Dominikanerkirche SS. Giovanni e Paolo und die Franziskanerkirche Santa Maria Gloriosa dei Frari sind die beiden größten Kirchen Venedigs der Spätgotik. Beide sind nach dem Bauschema der gotischen Bettelordenskirchen angelegt, als gewölbte Säulenbasilika mit Querhaus und seitlichen Chorkapellen.

Plastik

Im Bereich der Plastik sammelten sich in Venedig stilistische Strömungen unterschiedlichster Provenienz. Byzantinische Einflüsse blieben weiterhin

Gotik, Plastik (Fortsetzung)

bestimmend, antike Elemente werden aufgenommen und mit gotischen Merkmalen vermischt. Der Skulpturenschmuck des Hauptportales von San Marco ist Mitte des 13. Jh.s entstanden und zeigt völlige Eigenständigkeit in seiner lebendigen Erzählweise und Feinheit in der Darstellung.
Die Brüder Jacobello und Pierpaolo dalle Masegne waren an wichtigen Projekten in Venedig beteiligt: Ihre Skulpturen am Lettner von San Marco (1394) zeigen, daß sie große Bedeutung der individuellen Gestaltung der Figuren, der genauen Ausformung der runden Körpervolumina und der lebhaften Gesten beimaßen. Bei einzelnen Aposteln waren sie sogar um die Darstellung eines Kontrapostes bemüht.
Nirgendwo besser als in SS. Giovanni e Paolo kann in Venedig die Entwicklung der Grabmalskunst verfolgt werden, denn die Bettelordenskirche war beliebte Grabkirche der Dogen. Der Aufbau des Wandgrabes von Michele Morosini an der rechten Wand im Presbyterium ist typisch für das 14. Jahrhundert. Ein Spitzbogen mit Wimperg, seitlich durch Tabernakeltürme begrenzt, überragt das Grab. Der Verstorbene liegt hier auf einem Paradebett, zwischen den Wappenkonsolen die Inschrift. Die kleinen Plastiken, Engel, Apostel und die Verkündigung sind nordisch beeinflußt, das Mosaik der Kreuzigung mit den Stifterfiguren steht der Kunst Giottos nahe.

Malerei

Die Ölmalerei führte Antonello da Messina in Venedig ein. Die Arbeiten, die er während seines Aufenthaltes in Venedig schuf, hatten großen Einfluß auf die einheimische Kunstproduktion. Antonio Vivarini unterhielt zusammen mit seinem Bruder Bartolomeo einen Werkstattbetrieb. Ausgehend von einem eher dekorativen spätgotischen Stil, bei dem die Figuren erstarrt wirken, verfeinerte er ab 1400 seine Malerei. Eine erstaunliche Realistik und einfühlende Charakterisierungen eignen seinen Werken. Bartolomeo entwickelte eine plastische Bildsprache. Seine Arbeiten zeichnen sich durch eine kräftige Farbigkeit und harte Konturen aus. Der Sohn des Antonio, Alvise, stand mit seinen Arbeiten, großen Altar- und Andachtsbildern, schon in enger Beziehung zu Giovanni Bellini.

Auf 1265 datiert: das St.-Alipus-Portal der Markuskirche

Renaissance

Architektur

Im 15. Jh. wurden in Venedig wenige Kirchen neu errichtet. Von herausragender Bedeutung jedoch war die Übertragung des Neubaus der Kirche Santa Maria dei Miracoli an den Bildhauer und Architekten Pietro Lombardo. Er ließ das gesamte Äußere mit polychromem Marmor verkleiden, das Untergeschoß durch Pilaster, das Obergeschoß durch Arkaden rhythmisch gliedern, an den klassischen Proportionen festhaltend. Auch im Innern – ein tonnengewölbter Saal mit erhöhtem Presbyterium – dominiert der Marmor. Besonders ist der Reliefschmuck der Pilaster hervorzuheben, der aus Ornamentbändern besteht, angereichert durch Tiere, Vasen, Köpfe und Masken. Sie sind plastisch, filigran und dicht gearbeitet.
Neben Lombardo, der auch für die Gestaltung der Fassade der Scuola Grande di San Marco mit den perspektivisch gestalteten Reliefs in der Sockelzone verantwortlich zeichnet, war Mauro Codussi mit wichtigen Aufträgen betraut worden. Er hatte unter anderem die Fassaden von San Zaccaria und San Michele in Isola zu verkleiden. Charakteristisch für seine Arbeiten sind die halbkreisförmigen Fassadenabschlüsse und die Kreissegmente. An San Zaccaria findet sich sein strenges Gliederungssystem, bestehend aus Pilastern, Säulen und rundbogigen Fenstern oder Blendbögen als vertikale Elemente, die durch breite, die Stockwerke voneinander abgrenzende Gesimse einen horizontalen Akzent erhalten. Runde Oculi sind häufig an seinen Fassaden anzutreffen. Beide Architekten, Lombardo und Codussi, hatten einen maßgeblichen Anteil an der Entwicklung der venezianischen Palastfassade, indem sie die bisher eher geschlossene Wand mit großen Fenstern durchbrachen.
Andrea Palladio beschäftigte sich in seiner venezianischen Zeit ausschließlich mit dem Sakralbau. Drei wichtige Kirchenfassaden plante er: San Giorgio Maggiore, Il Redentore und San Francesco della Vigna, die sich durch Strenge und Klarheit der Proportion auszeichnen. Kolossale Säulenordnungen, eine giebelbekrönte Säulenvorhalle und das ausgewogene Verhältnis von Wand zu Säule verleihen den Kirchenfronten ihre besondere Wirkung.

Plastik

Für die Entwicklung der Grabmäler war bahnbrechend dasjenige des Pietro Mocenigo in SS. Giovanni e Paolo (1476–1481). Pietro Lombardo konzipierte einen auf dem Triumphbogenmotiv fußenden Aufbau. Neun an der Antike orientierte Krieger stehen in den Nischen oder tragen den Sarkophag, auf dem der verstorbene Doge nicht mehr liegend, sondern stehend dargestellt ist. Lotrecht ist auf dem Monument die Auferstehung Christi zu sehen. Zu den bekanntesten Gräbern in der Kirche zählt das des Andrea Vendramin von Tullio Lombardo (1493), dem Sohn Pietros: Wieder wird eine mittlere Säulenarkade von zurückgenommenen Seitenteilen gerahmt. Das ikonographische Programm verbindet christliche Motive mit humanistischen Gedanken.
Die Betrachtung der einzelnen Figur, vor allem die der Krieger, läßt ein genaues Studium der antiken Skulptur vermuten: Sichere Proportionierung, subtile Behandlung der Oberfläche, die lebendige Präsenz der Physiognomien charakterisieren diese Plastiken. Eine ähnliche Lebendigkeit hat der Künstler dem Doppelbildnis in der Galleria Franchetti (Ca' d'Oro) verliehen, auf dessen fast freiplastisch gearbeiteten Gesichtern subtil menschliche Regungen abzulesen sind.
Antonio Rizzo als zweiter wichtiger Bildhauer der Renaissance schuf in der zweiten Hälfte des 15. Jh.s die Figuren von Adam und Eva, die ursprünglich am Arco Foscari des Dogenpalastes standen. In den Proportionen ist vor allem Eva mit den schmächtigen Schultern und den breiten Hüften dem gotischen Formempfinden verhaftet, doch wirkt sie gerade durch ihre Haltung und dem sich zurücknehmenden Gestus sinnlich und in sich gekehrt, Adam ist ergriffen und nach außen gewandt, durch seinen geöffneten Mund und die vor die Brust gehaltene Rechte festgehalten. Die Skulpturen sind nach Modellen gearbeitet, antike Vorbilder standen sicher nicht Pate.

Renaissance, Plastik (Forts.)

Wichtig für die Gestaltung der Piazza San Marco und der Piazzetta war der Architekt Jacopo Sansovino, der die Libreria di San Marco und die Zecca plante. Obwohl er auch als Bildhauer arbeitete, entwarf er den reichen Skulpturenschmuck nur und führte ihn nicht selbst aus. Dennoch sind in Venedig von ihm bedeutende plastische Zeugnisse zu sehen: die Reliefs der Sängerkanzeln und die der Sakristeitüren von San Marco, die Madonna im Arsenal, Johannes dem Täufer am Taufbecken in der Frarikirche und neben dem Campanile die Nischenfiguren der Loggetta (Pallas Athene, Merkur, Apoll, Pax). Letztere verkörpern die wichtigen Grundsätze venezianischer Politik. Bei diesen eindringlichen, herausfordernden und präsenten Bronzeplastiken, die durch ihre Geschlossenheit und die feine Ausarbeitung der Oberflächenstruktur bestechen, ist der Einfluß antiker Skulptur nicht zu übersehen.

"Zwei venezianische Patrizierinnen" von Vittore Carpaccio

Malerei

Besondere Kennzeichen der venezianischen Malerei sind das starke Kolorit und die Farbenpracht, die einmal durch die intensive Rezeption und die Verbreitung byzantinischer Kunst zu erklären sind und dann durch die besondere Lage am Wasser und die vielen engen Kanäle innerhalb der Stadt, die außergewöhnliche Licht- und Schattenverhältnisse schaffen. Im Ge-

Renaissance Malerei (Forts.)

gensatz zur Florentiner Malerei der Zeit, die die Bilderzählung und die pathetische Darstellungsweise besonders ausbildete, hielten die venezianischen Maler bevorzugt lyrische Inhalte und Stimmungen fest. Giorgiones Bild "Gewitter" in der Galleria dell'Accademia ist für diese poetische Darstellungsweise ein bekanntes Beispiel. Das ikonographisch nicht eindeutig zu entschlüsselnde Gemälde, möglicherweise eine Allegorie des menschlichen Lebens, zeigt ein pastorales Ambiente, ruhig und friedlich. Die unruhige, fast bedrohliche Stimmung des gewittrigen Himmels bildet dazu einen starken Kontrast. Licht und Farbe als Stimmungsträger in einer sinnlich-poetischen Welt sind für den Maler wichtige Charakteristika.
Gentile Bellini, beteiligt am familiären, äußerst einflußreichen Werkstattbetrieb mit seinem Vater Jacopo und seinem Bruder Giovanni, war die vornehme Pflicht angetragen worden, jeden neugewählten Dogen in einem Bildnis festzuhalten. Heute sind davon nur noch wenige Originale, jedoch viele Kopien erhalten. Gerade die Porträts des Bellinikreises belegen eine intensive Auseinandersetzung mit dem menschlichen Individuum.
Von der Beschäftigung mit der Antike zeugen in Venedig die Skizzenbücher des Jacopo Bellini, wobei die Rezeption nur auf formaler und weniger auf inhaltlicher Ebene erfolgte. Damit unterscheidet sich die Lagunenstadt von anderen Kunstlandschaften wie Florenz und Mantua, wo schon in der zweiten Hälfte des 15. Jh.s mythologische Darstellungen sehr beliebt waren. Die Auftraggeber in Venedig bevorzugten zu Beginn der Renaissance Gemälde mit christlichen Inhalten.
Vittore Carpaccio war häufig von Bruderschaften beauftragt worden, für ihre Versammlungsräume umfangreiche Bilderzyklen zu fertigen. Seine Malerei fesselt durch die anekdotische Erzählfreudigkeit und durch die Liebe zu pittoresken Details, formal imponieren ein strenger Aufbau der Komposition, klare perspektivische Verhältnisse und exakte Figurenmodellierung (s. Abb. S. 37).
Tizian schuf für die Frarikirche das zentrale Altarbild der Assunta (1516 bis 1518). Die Himmelfahrt Marias ereignet sich hier in einem illusionistischen, von Licht erfüllten Raum: unten die erschreckten, der Entschwebenden mit hochgestreckten Armen nachblickenden Apostel, in der obersten Zone Gottvater, der Maria empfängt. Mit diesem Monumentalwerk fand Tizian ein über Jahrzehnte gültiges Kompositionsschema für dieses Thema. Licht-Schatten-Gegensätze, Farbe als Mittel, emotionale Werte festzuhalten oder Kontraste zu verdeutlichen, sind wichtige Merkmale seines umfangreichen Oeuvres.
Während Tizian für die unterschiedlichsten prominenten Auftraggeber in Europa arbeitete, konzentrierte sich Jacopo Tintoretto auf seine Heimatstadt Venedig. Neben einer Vielzahl an Aufträgen für Profanbauten schuf er bedeutende große Altarbilder. In seinen Kompositionen betont er die Plastizität der bewegten Figuren und setzt diese in perspektivisch exakt organisierte Tiefenräume. Das Licht gewinnt vor allem in der Spätzeit zunehmend an Bedeutung als Stimmungsträger von Atmosphäre, Dramatik oder Vision. Damit gehört er zu den wichtigen Meistern des Manierismus.
Auf den Gemälden Paolo Veroneses entfaltet sich im Vordergrund bühnenartig die Hauptszene, während sich im Hintergrund weitere Szenen abspielen, die in Beziehung zum Hauptthema stehen. Seine heiter vorgetragenen Geschichten und sein dekorativer Stil können vorzüglich in der neu renovierten Kirche San Sebastiano kennengelernt werden, die er mit Dekken- und Wandbildern ausstattete.

Palazzi

Venezianische Palastarchitektur

Spricht man in Venedig von der Palastarchitektur, so muß vorab erwähnt werden, daß diese Bezeichnung ursprünglich nur für einen Bau, den Palazzo Ducale, gebraucht wurde. Die großen Bauten der wohlhabenden Familien wurden bescheiden Casa (Haus) oder kurz Ca' genannt, was heute noch an der Bezeichnung einiger Paläste abzulesen ist, beispielsweise an der Ca' d'Oro.

Die schmucken Paläste am Canal Grande haben ihren repräsentativen Haupteingang immer an der dem Wasser zugewandten Seite.

Palazzi (Fortsetzung)

Im Gegensatz zu anderen oberitalienischen Städten hatte sich der Palastbau Venedigs mit zwei wichtigen Problemen nicht zu befassen: Durch die außergewöhnliche Lage der Lagunenstadt war der Schutz der Bauten durch das Wasser gegeben und hatte nicht durch eine wehrhafte Architektur zu erfolgen. Außerdem gab es innerhalb von Venedig nicht die gravierenden familienpolitischen Auseinandersetzungen anderer Städte, so daß die einzelnen Bauten nicht voneinander abgeschottet werden mußten, sondern frei und offen gestaltet werden konnten. Während in den umliegenden Städten nur einzelne Paläste errichtet worden sind, ließen sich in Venedig die dort zahlreich lebenden Aristokraten und die reichen Bürger außergewöhnlich viele aufwendige Wohnbauten erstellen.
Der innere Aufbau eines venezianischen Palazzos weist einige Besonderheiten auf, die sich bis ins 18.Jh. gehalten haben. Im Erdgeschoß befindet sich eine breite Halle, die sich über die gesamte Tiefe des Baus erstreckt und Zugang in die angrenzenden Räumlichkeiten bietet. Seit der Renaissance dienten diese wenig komfortablen Räume des Wassergeschosses seltener Wohnzwecken, sondern wurden als Wirtschaftsräume, Warenspeicher und Büros genutzt. Häufig wurden seitlich der Halle Zwischengeschosse eingezogen. Im Obergeschoß mündet das Treppenhaus direkt in die 'Sala', einen großen Raum genau über der Eingangshalle. Dieser bot genügend Raum für große Feierlichkeiten, Festessen oder Theateraufführungen und war dementsprechend mit Tischen und Stühlen möbliert und mit Bildern, Waffen und Trophäen geschmückt. Belichtet wird die Scala durch große Fensteröffnungen, die auf kleine Balkone führen. Die angrenzenden Räume dienten dem Wohnen.
Der venezianische Palazzo hat in der Regel zwei Zugänge: Der repräsentative Eingang befindet sich an der dem Wasser zugewandten Seite, der schlichtere Eingang auf der gegenüberliegenden Seite der Halle. Seit der Renaissance hat der Eingangsbereich eine Aufwertung erhalten, die eine reichere Ausstattung mit Gemälden oder plastischem Schmuck zur Folge

Palazzi (Fortsetzung)

hatte. Die bisher gebräuchlichen Außentreppen, wofür heute noch die Wendeltreppe im Hof des Palazzo Contarini del Bovolo ein herausragendes Beispiel ist, wurden zunehmend ins Haus verlegt. Auf große Innenhöfe wurde häufig wegen der hohen Grundstückspreise verzichtet.
Die Hauptfassade ist immer zum Wasser gerichtet. Auf einem Sockel aus Hausteinen, der mit einem kräftigen Gesims abschließt, entwickelt sich der Fassadenaufbau: Ein oder mehrere Portalbögen führen über eine Treppe in das Innere des Palastes. Dem Wassergeschoß konnte auch eine zusammenhängende Arkadenreihe vorgeblendet sein. Im Obergeschoß ist die Fenstergruppe der 'Sala' bestimmend, die seitlichen Räume hatten meist zwei weit auseinanderliegende Fenster, so daß breite Wandflächen dazwischen entstanden. Ihre Ausformung ist abhängig von der Bauzeit: Rundbögen, Spitzbögen, Maßwerkverzierungen, Rechtecke mit Dreiecksgiebeln sind zu finden. Der Aufbau kann durch Pilaster, Säulen oder andere teils äußerst aufwendige Verzierungen bereichert sein.
Der ursprünglich zweigeschossige Palast wird in der Gotik um ein Geschoß erhöht, doch wurde darauf geachtet, daß alle Palazzi diesselbe Höhe erhielten. Erst einige Bauten des 16. Jh.s überragten die einheitliche Höhe. Bis zum 13. Jh. benutzte man Holz als bevorzugtes Material für den Bau der Palazzi, erst danach wurde es von der haltbareren Steinbauweise allmählich abgelöst. Backsteinmauerwerk setzte sich durch, wobei die Wände verputzt und dann bemalt oder mit Marmor oder Kalkstein verkleidet werden konnten. Die unterschiedliche Farbe und Maserung des Steins trug zur delikaten Wirkung der Fassaden bei.
Für die weniger wohlhabende Bevölkerung mußte günstigerer Wohnraum geschaffen werden. Die in Venedig zahlreich vorhandenen Reihenhäuser zeugen von der Notwendigkeit, auf wenig Grundfläche kompaktes Wohnen zu ermöglichen. Diese Häuser unterscheiden sich nicht nur durch die Größe von den Palazzi, sondern auch in der Gestaltung der Grundrisse. Vor allem von den 'Scuole' oder den Prokuratoren wurden die teils auch möblierten Wohnungen zu einem günstigen Preis oder gar umsonst angeboten.

Scuole

Laienbruderschaften

Eine 'Scuola' war in Venedig ein Zusammenschluß von Bürgern gleichen Berufes oder gleicher Nationalität, die gemeinsame karitative oder gewerbliche Interessen verfolgten. Ihr Ursprung reicht ins Mittelalter. Um 1500 gab es in der Lagunenstadt neben zahlreichen kleinen Scuole, den Scuole Piccole, sechs angesehene große Scuole, die Scuole Grandi, die zwischen 500 und 600 Mitglieder hatten. Diese Laienbruderschaften stellten ihre Scuola unter das Patronat eines Schutzheiligen.

Architektur

Ihre Versammlungsorte waren zuerst Kirchen und Sakristeien, doch schon bald ließen sie sich eigene Versammlungshäuser errichten, die nach dem Vorbild der Scuola Grande della Carità aufgebaut waren: Im Erdgeschoß befindet sich ein großer dreischiffiger flacher Saal, dessen Funktion nicht eindeutig zu bestimmen ist. Er diente als Aufenthaltsraum, möglicherweise auch als Grablege für die Mitglieder der Bruderschaft. Ein Altar, aufgestellt gegenüber dem Eingang, bot die Möglichkeit zur Andacht oder zur Totenmesse. Im Obergeschoß war ein ebenfalls flachgedeckter Versammlungsraum eingerichtet, daneben ein etwas kleinerer, den Beamten vorbehaltener Raum, die 'Sala dell' Albergo'. Im großen Kapitelsaal war ein Altar aufgestellt, außerdem konnte auch eine Kanzel für Predigten oder zum Vorlesen von Dokumenten installiert sein.
Besonders beachtenswert sind die Ausgestaltungen der Scuole mit aufwendigen Bilderfolgen zu christlichen Themen. Die Scuola Grande di San Rocco mit dem umfangreichen Marienzyklus im Untergeschoß, den Gemälden an der Decke mit Themen zum Alten Testament und dem christologischen Zyklus an den Wänden des Obergeschosses liefert heute noch ein eindrucksvolles Beispiel der Ausstattung. Neben der von Tintoretto geschaffenen bildlichen Ausgestaltung der Scuola di San Rocco fas-

Scuole (Fortsetzung)

ziniert auch die prunkvolle Treppenanlage. Bei kleineren Scuole, deren Gebäude in schlichten einfachen Formen gehalten sind, kann die prachtvolle Ausstattung überraschen. Für die Scuola di San Giorgio degli Schiavoni schuf Vittore Carpaccio den großartigen, phantasiereich erzählenden Bilderschmuck.
Wie die Innenräume einer Scuola sind die Fassaden teils an Profan-, teils an Kirchenbauten orientiert. Ein bestimmter Typus hat sich nicht herausgebildet, jedoch spiegelt sich außen meist die Zweigeschossigkeit des Innern wieder. Auffallend ist, daß sich die Fassadengestaltung häufig an den benachbarten Kirchen orientiert und in Beziehung dazu gesetzt wird. Die Freiplätze direkt vor den Versammlungshäusern konnten mit in die Gestaltung einbezogen werden. Zu einer außergewöhnlichen Lösung fand Pietro Lombardo für den Vorplatz der Scuola Grande di San Giovanni. Er konzipierte den kleinen Platz mittels eingezogener Wände, die durch kannelierte Pilaster gegliedert sind und mit einem breiten Gebälk abschließen. Der Eingang, die 'Porta Magna', ist durch den aufgesetzten Giebel besonders betont.
Die Bautätigkeit einer Scuola betraf nicht nur die Errichtung eines Versammlungshauses. Häufig statteten die Mitglieder Kirchen und Kapellen mit Altären aus, außerdem verwalteten sie je nach Vermögen beträchtlichen Grund- und Hausbesitz.

17. und 18. Jahrhundert

Malerei

Im Gegensatz zu anderen Regionen Italiens konnte sich die Malerei in Venedig weiterentwickeln, an die eigenständige Tradition anknüpfend und getragen von einem wohlhabenden Bürgertum. Sebastiano Ricci, Giovanni Battista Tiepolo und sein Sohn Domenico waren maßgeblich an dieser Entwicklung beteiligt. Ricci suchte viele Anregungen der Bologneser

"In diesem schönen Fest liegt die unbändigste Freude neben süßester Melancholie!" – Karnevalsszene von Giovanni Domenico Tiepolo (1745)

17. und 18. Jh. (Fortsetzung)

Kunst aufzunehmen und sein Repertoire durch Reisen nach Rom oder Florenz zu erweitern. Nach dessen Vorbild entwickelte G. B. Tiepolo seine von gleichmäßigem Licht durchflutete Malerei mit feiner und sehr differenziert eingesetzter Farbigkeit, ohne daß dabei die Volumina flach werden. Effektvoll komponierte er tiefe Bildräume, in denen sich die Figuren leicht und spielerisch bewegen. Er erhielt zahlreiche Aufträge von der Kirche, aber auch von privater Seite. Bevor er mit seinen Söhnen 1750 nach Würzburg aufbrach, stattete er den Palazzo Labia mit Fresken aus.
Das venezianische Alltagsleben stellt Pietro Longhi auf seinen teils sehr kleinformatigen Bildern dar. Seine Gemälde sind an der französischen Kunst orientiert und in harmonischen Farben gestaltet. Neben die Schilderung des zeitgenössischen Fest- und Alltagslebens trat ein neues Genre: die Veduten von Calevarijs, Francesco Guardi oder Canaletto. Canaletto malte Ruinen und Stadtansichten zunächst in starken Farbkontrasten, änderte dann seinen Stil aber zugunsten einer gleichförmigeren Helligkeit. Seine oft mit Akribie festgehaltenen Topographien werden am Ende seiner Schaffenszeit zu glatten und starren Formeln.

Architektur

Baldassare Longhena gilt als wichtigster Architekt des Barock in Venedig und war der Erbauer der bedeutendsten Barockkirche der Stadt, Santa Maria della Salute. Für den städtebaulich exponierten Ort plante er den Zentralbau mit einer Kuppelrotunde, Umgang und Trabantenkapellen. Kraftvoller architektonischer Schmuck und reichlich plastischer Dekor tragen zu dem imposanten Äußeren bei.
Die Architekten des 18. Jh.s suchten an die Tradition der vorigen Jahrhunderte anzuknüpfen, an die Bauweise Sansovinos oder Palladios. Großräumige, lichtdurchflutete Architektur entstand. Giorgio Massari entwarf den Palazzo Grassi-Stucky (1749) als klaren nüchternen Baukörper mit klassischer Fassade und sprödem Treppenhaus. Für die Chiesa dei Gesuati (1726–1743) plante er eine Fassade von äußerst plastischer Wirkung mit Säulen, Giebeln, Gebälk und Nischenfiguren. Eine ähnlich klassische Säulenfassade wurde der Kirche San Niccolò da Tolentino von Andrea Tirali vorgeblendet.

19. und 20. Jahrhundert

Durch den begrenzten Raum kam es in Venedig im 19. und 20. Jh. nicht zu den in anderen Städten üblichen Erweiterungen durch Neubauviertel. Nur einzelne wenige Bauten sind ausgeführt worden, selten kam es zu schwerwiegenden Veränderungen der vorhandenen Bausubstanz.
Auf der Giudecca fällt der große, für Venedig untypische Gebäudekomplex der Mulino Stucky auf. Giovanni Stucky plante eine Mühle und Nudelfabrik einzurichten und beauftragte den Architekten Ernst Wullekopf, dafür die Entwürfe zu liefern. Ab 1896 wurde mit dem Bau begonnen, an dessen historisierenden Formen der Neogotik, dem burgartigen Charakter und der Backsteinbauweise die Herkunft des Architekten aus Norddeutschland abzulesen ist.
Die Pavillons auf dem Gelände der Biennale sind Ende des 19. Jh.s und im 20. Jh. errichtet worden. Sie stellen ein weites Spektrum der architektonischen Entwicklung dar, jedoch hatten die berühmten Architekten den Auftrag, die jeweilige Nation mit dem Pavillon zu repräsentieren und vorzustellen und knüpfen deshalb nicht an die venezianische Bauweise an.
Carlo Scarpa unterhielt in Venedig seit 1927 ein Architekturbüro und wurde vor allem mit Innenraumgestaltungen beauftragt. 1952 war er mit der Planung der Restaurierung der Accademia, 1953–1960 des Museo Correr und 1961–1963 der Galleria Querini Stampalia mit der Holzbrücke betraut. Auch im Verkaufsraum der Firma Olivetti (1957/1958) an der Nordseite der Piazza di San Marco ist Scarpas Sinn für Maßstäblichkeit, für kostbare Dekoration abzulesen. Feinfühlig entwickelte er den Raum um einen zentralen Pfeiler, kontrastierte Farben und Materialien und wußte geschickt Altes mit Neuem zu verbinden.

Baedeker Special

Das Fest der Masken

Es ist Sonntag, zehn Tage vor Beginn der Fastenzeit. Eine dicht gedrängte Menge starrt auf dem Markusplatz hinauf zu der großen Taube, die nach alter Tradition von der Glockenstube des Campanile zu den oberen Arkaden des Dogenpalastes gezogen wird. Punkt 12 Uhr steigen farbenfrohe Luftballons in den Himmel, regnet es bunte Konfetti aus dem Taubenleib auf die wartende Menge – Venedigs Karneval ist offiziell eröffnet. Auf den Plätzen der Stadt sind überall Schaubühnen errichtet worden, auf denen Konzerte gegeben und die phantasievollsten Verkleidungen prämiert werden, in den Theatern und Palästen brilliert die internationale Kunstszene und auf dem schwimmenden Floß vor der Piazzetta erwacht die venezianische Vergangenheit in prunkvollen Aufführungen zu neuem Leben. Tausende von Vergnügungssüchtigen aus aller Welt verwandeln nun Campi und Piazze in eine einzige turbulente Karnevalsszenerie. Bis tief in die Nacht erfüllen Lebensfreude und Ausgelassenheit die Gassen und Kanäle der Lagunenstadt, bis am Faschingsdienstag ein gewaltiges Feuerwerk den Narrenzauber endgültig beendet.

Urkundlich wird der venezianische Karneval erstmals im Jahre 1094 in Vitale Falieros Chronik erwähnt. Der ursprüngliche heidnische Sinn der Zeremonie war es, wie bei vielen anderen Völkern auch, nach einem langen Winter den Einzug des Frühlings zu feiern und von den Göttern die Rückkehr der Sonne, Fruchtbarkeit und Glück für das kommende Jahr zu erbitten. Die mit dem Christentum aufkommende Bezeichnung 'Carneval' vom lateinischen 'carne vale' (= Fleisch lebe wohl) meinte zunächst das letzte Mahl vor der Fastenzeit, stand jedoch bald für alle Karnevalsfeiern vor Aschermittwoch. Im frühen Mittelalter waren diese Narrentage die einzige Zeit, in der das strenge Klassengefüge als aufgehoben galt und man ungestraft ausgelassen, freizügig und respektlos gegenüber den etablierten Mächten sein konnte. Arm und Reich vermischten sich ohne Unterschied in einem Getümmel.

Ihre bedeutendsten Aufführungen veranstalteten die Venezianer erwartungsgemäß auf dem Markusplatz in Anwesenheit des Dogen, hoher Würdenträger und ausländischer Staatsgäste. Hier wurden Stierhatzen abgehalten, Ochsen und Schweine geschlachtet, Schwertkämpfe ausgetragen, akrobatische Glanzleistungen vollführt, Musikspiele und historische Szenen zu Ehren der Republik gezeigt und natürlich ausgiebig dem Glücksspiel gefrönt, das nur zur Karnevalszeit erlaubt war. Besonders aufwendig waren die Umzüge auf dem Wasser mit prächtig geschmückten Gondeln.
Quellen aus dem 16. und 17. Jh. berichten vom sogenannten 'Engelsflug', bei dem ein Mann im Engelskostüm von einem Floß im Hafenbecken an einem Seil zur Turmstube des Campanile hinaufgezogen wurde, wo er zur Turmspitze weiterstieg, um einige Kunststücke vorzuführen und dann auf einem Seil quer über die Piazzetta zur Tribüne vor dem Dogenpalast zu balancieren – ein waghalsiges Unternehmen, das immer wieder Opfer forderte. "Hier darf man alles!" schrieb ein Reisender Mitte des 18. Jh.s über den venezianischen Karneval. "Wenn Frauen Männer werden wollen und Männer zu Frauen, stört das niemanden, und man kann sich ebenso ganz nach Art urwüchsiger, fremder Völker verkleiden, selbst der entferntesten, ungewöhnlichsten und geheimnisvollsten. Die größte Freiheit ist hier daheim!".

Baedeker Special

Als 1797 Lodovico Manin, der letzte Doge, zurücktrat und vier Tage später die Franzosen in Venedig einzogen, ließ Napoleon den 'verrufenen Carnevale' abschaffen. Fast zwei Jahrhunderte sollten vergehen, bis das legendäre Fest der Masken durch findige Veranstalter neu entdeckt und ab 1979 wieder offiziell gefeiert wurde. Schnell entwickelte sich Venedig wieder zu einer Hochburg des Karnevals, ergaben sich für die Lagunenstadt neue Wirkungsbereiche und Aktivitäten. So erhielt die Commedia dell'Arte innovative Impulse, erfuhren Kostümbildner und das zum Aussterben verurteilte Kunsthandwerk der Maskenhersteller eine wahre Renaissance – und heute sind die aus Pappmaché, Keramik oder Leder gefertigten Masken längst zum bekanntesten Wahrzeichen der Stadt avanciert.

Viele Kostüme entwickelten sich aus Traditionen, die bis in römische Zeit zurückreichen, ein erster Hinweis auf das Maskentragen in Venedig beinhaltet ein Gesetz von 1268, in dem Maskierten verboten wird, Vorbeigehende mit Eiern zu bewerfen. Zwei Gesetze aus dem 14. Jh. untersagten es, nachts maskiert durch die Straßen der Lagunenstadt zu ziehen, und ein Erlaß von 1458 verbot es Männern, sich "als Frauen zu verkleiden, um sich in Nonnenklöster zu begeben und unehrenhafte Handlungen zu setzen". Zum Karneval im Jahre 1730 bemerkte ein Reisender: "Während der ganzen Nacht und bis zum Morgengrauen folgen die Masken dem ewigen Traum des Menschen, sie verzehren sich in der Sehnsucht, andere Leben zu leben und stellen die uralte Forderung nach erfüllter Liebe und einsamem Tod." Wenngleich der Wunsch, unerkannt zu bleiben, Träume auszuleben und Leidenschaften zu verbergen, ein uralter Brauch ist, dürfte das Maskentragen in Venedig vor allem durch den Kontakt mit dem Orient und moslemischer Kleidung und Verkleidung gekommen sein.

Eigentlich waren Maskierungen nur im Karneval erlaubt, doch die vornehme 'Bautta' war auch zu besonderen Festlichkeiten zugelassen, so daß man sich fast die Hälfte des Jahres legal maskieren konnte. Eine erste Dokumentation venezianischer Masken lieferte 1642 der Kupferstecher Francesco Bertelli. Seine Abbildungen zeigten sowohl mystisch-symbolhafte Arbeiten wie bäuerlich derbe Masken und die feinsinnigen Werke der Commedia dell' Arte, die vom intensiven Theaterleben der Lagunenstadt zeugen.

Häufigste Maske war die besagte 'Bautta', eine schwarze Kapuze aus Samt oder Seide, die das Gesicht freiließ; dazu ein Dreispitz (Tricorno) und ein langer schwarzer Mantel (Tabarro), der meist mit Spitzen verziert war. Die eigentliche Maske war weiß oder schwarz und verbarg die obere Gesichtshälfte; wollte man völlig unerkannt bleiben, so bedeckte ein Spitzentuch am unteren Rand der Maske auch Mund und Kinn. Getragen wurde die Bautta von Männern und Frauen aller Gesellschaftsschichten und verwischte daher die sozialen Unterschiede. Ursprünglich spanisch war der 'Domino', ein weiter Umhang ähnlich einer Mönchskutte, der seinen Träger völlig verbarg. Die 'Moretta', eine kleine, ovale Samtmaske, wurde nur von Frauen getragen. Großer Beliebtheit erfreuten sich die 'Mattacini', farbenfrohe Narrenkostüme mit großen Federhüten. Der 'Medico della Peste' war als Folge der verheerenden Pestepidemien entstanden, von denen Venedig wiederholt heimgesucht wurde. Der grobe Überwurf und ein tiefgezogener Schlapphut ließen nur die Augen frei, die überlange Schnabelmaske, ganz mit Gaze gefüllt, sollte die verpestete Atemluft filtern, mit dem langen Stock konnten Patienten in sicherer Entfernung untersucht werden. Bunt bereichert wurde die Karnevalsszene mit den Figuren der Commedia dell'Arte, darunter als berühmteste der für seine Possen bekannte 'Arlecchino' in einem farbenfrohen Kostüm mit Rautenmuster. Als die beiden 'Zanni' treten Arlecchino und der einfallsreiche Diener 'Brighella' auf. Das weibliche

Gegenstück heißt 'Colombina', eine schlagfertige Dienstmagd mit gesundem Menschenverstand, während der aus dem Hinterland Neapels stammende 'Pulcinella' den Prahlhans verkörpert. Typisch venezianisch ist der spitzbärtige 'Pantalone', Sinnbild des schlauen Kaufmanns, in rote Bundhosen, rotes Wams und schwarzen Rock gekleidet, den heißgeliebten Geldbeutel am Gürtel. Als Parodie der intellektuellen Eitelkeit gilt der 'Dottore', ein schwarz gekleideter Rechtsgelehrter mit Knollennase. Eine besondere Rolle spielt der 'Capitano' mit buntgestreifter Uniform, Schwert und breitkrempigem Federhut als Symbol der Auflehnung gegen Fremdherrschaft und Inbegriff der Karnevalsfreiheit, einmal alles sagen und tun zu können, was man will.

"In diesem schönen Fest liegt die unbändigste Freude neben süßester Melancholie", bemerkte ein Gast zu den tollen Tagen im Jahre 1721. Wenn heute auch nicht wenige Venezianer vor dem Karneval aufs Festland fliehen, nehmen doch nach wie vor viele am lebhaften Treiben teil, andere treffen sich in superteuren Kostümen auf eleganten Privatbällen, während das offizielle, professionell durchorganisierte Maskenspektakel mediengerecht auf dem Markusplatz und den kleineren Campi wie Manin, Santo Stefano oder Santa Margherita und um die Rialto-Brücke abläuft. Jedes Jahr wird ein anderes Motto für das zehntägige Spektakel ausgegeben, das ebenso die historischen Kostüme wie immer neue Phantasiegewänder präsentiert. Und trotz aller Kritik bleibt der Karneval ein Höhepunkt und fester Bestand des venezianischen Lebens, den man am besten erlebt, indem man selbst mitmacht und sich ungehemmt der alten Sehnsucht hingibt, wenigstens einmal für einen Augenblick ein Anderer zu sein.

Der frühe Buchdruck

Im 15. Jh. gewann Venedig überragende Bedeutung als Druckerstadt. 1469 richtete Johannes de Spira (von Speyer) in der Lagunenstadt die erste Druckerei ein und führte das Druckverfahren mit der Gutenbergpresse, d.h. mit beweglichen Lettern, ein. Johannes de Spira nutzte sofort die Gelegenheit, sich ein Privileg einzuholen, das ihm die alleinige Ausübung der Druckkunst in Venedig für fünf Jahre zusicherte. Ein Jahr darauf, 1470, starb der deutsche Drucker bereits, womit auch sein Privileg erlosch. Dies war ein Glücksfall für die vielen Konkurrenten, die sofort eigene Werkstätten eröffneten und mit einer regen Produktion begannen. So entwickelte sich der Buchdruck in Venedig rasch von einer Kunst zu einem sehr wichtigen Wirtschaftszweig. Begünstigt wurde dieser Aufschwung durch die Möglichkeit, die einzelnen Werke urheberrechtlich zu schützen durch das Einholen eines Privilegs beim Collegio oder beim Senat. Ein so weitgefaßtes Privileg, wie es Spira zugebilligt wurde, konnte aus ökonomischen Gründen nicht mehr vergeben werden. Deswegen erstreckten sich die Vorrechte nur noch auf einen bestimmten Buchtitel – Druck sowie Verkauf –, sie bezogen sich auf eine neue Technik oder sicherten den venezianischen Drucker, Herausgeber und Autor vor Interessen fremder Rivalen. Wurde einem Drucker, Autor oder Händler ein Privileg für ein bestimmtes Buch zugebilligt, wurde der Wortlaut des Vorrechtes in voller Länge im jeweiligen Buch mit abgedruckt und eingeleitet mit "cum privilegio". Da die Nachfrage nach Privilegien immer weiter anstieg, erließ man 1517 ein Gesetz, das die Buchproduktion in der Stadt prinzipiell regelte.
Neben vielen einheimischen Druckern ließen sich in der Metropole zahlreiche deutsche Drucker nieder: Wendelin de Spira führte die Projekte seines Bruders fort, Johannes von Köln war vor allem mit der Herstellung juristischer Schriften sehr erfolgreich, Erhard Ratdolt produzierte zusammen mit Kollegen bedeutende Werke, die aufgrund der sorgsamen Ausstattung, der schönen Schrifttype und der Illustrationen herausstechen.
Der bekannteste Drucker um 1500 war Aldus Manutius. Er unterhielt eine florierende Offizin am Campo San Luca, woran heute noch eine Inschrifttentafel erinnert (beim Seiteneingang der Sparkasse). Ein spätgotischer Palast, die Casa di Aldo Manuzio (Rio Terà Secondo, San Polo 2311) war sein Wohnhaus. Manutius beschaffte sich 1495 mittels eines Privilegs das Monopol für griechische Drucke, die nicht nur in Venedig großen Absatz fanden. Er selbst organisierte einen Debattierkreis, der sich über humanistische Themen in griechischer Sprache unterhielt. Manutius war auch 1499 der Herausgeber des Romans von Francesco Colonna, "Hypnerotomachia Poliphili", mit außergewöhnlichen Holzschnittillustrationen.
Eine weitere bedeutende Werkstatt leitete Lucantonio Giunta, der eindeutig wirtschaftliche und weniger wissenschaftliche Interessen in den Vordergrund stellte. Er druckte in Venedig schwerpunktmäßig liturgische Werke und arbeitete eng mit seinem Bruder in Florenz zusammen, der sich auf humanistische Literatur spezialisierte. Durch diese Zusammenarbeit und weitgespannte Kontakte auch ins Ausland war den Giuntas der Absatz ihrer Druckerzeugnisse sicher, was ihnen großen Reichtum bescherte.
Wie schon angedeutet, umfassen die Drucke ein großes thematisches Spektrum: Neben Werken religiösen Inhalts gab es Ausgaben von Klassikern in unterschiedlichen Sprachen oder humanistische Literatur, naturwissenschaftliche Lehrbücher, Wörterbücher und ab 1501 den Musiknotendruck.
Wichtige Grundlage für die Drucker war die äußerst umfangreiche und profunde Sammlung von Manuskripten des Kardinals Bessarion, die er der Stadt vermachte. Dieser kostbare Bücherschatz machte vor allem die griechischen Drucke aus der Werkstatt des Manutius erst möglich. Einige der Ausgaben wurden mit Illustrationen und Holzschnitten ausge-

Der frühe Buchdruck (Fortsetzung)

stattet, die häufig mit den Buchstaben ia, b, N oder F signiert sind und heute nicht eindeutig einem Künstler zugeschrieben werden können. Die Holzschnitte sind sehr einfach, sie beschränken sich meist auf die Umrißlinien, ohne daß durch Binnenschraffen die Volumina, Schatten oder Kleider genauer präzisiert wurden. Höchst selten sind die Illustrationen nach dem Druck koloriert worden. Seine überragende Position als Druckerstadt konnte Venedig ohne Qualitätsverlust bis zum Ende des 16. Jh.s halten.

Tode in Venedig – Die Lagunenstadt im Film

Doch, es gibt sie schon auch, jene Filme, in denen die Lagunenstadt einfach nur die heitere, romantische oder exotische Kulisse abgibt für nette Ferien, fürs sich Verlieben und die Hochzeitsreise, für schöne Kostüme und Karneval, für den Schauplatz bunter Krimis und spannender Agentenfilme oder für den Ausgangspunkt prächtiger Abenteuer, wie sie etwa Marco Polo erlebte. Catharine Hepburn beispielsweise spielt in David Leans "Summertime" (1955) eine ältliche amerikanische Jungfer, die in Venedig Urlaub macht und dort aufblüht, vor allem weil sie dort Rossano Brazzi trifft, der den Typ des italienischen Kavaliers besonders gut spielen konnte. In "Mitternacht Canal Grande" (1966) schlägt sich dann Elke Sommer durch eine Agentenstory, bei der es ein Attentat während einer Friedenskonferenz in Venedig aufzuklären gilt. Und in "The Venetian Woman" (1986) erlebt Sean Connery, der Sohn von Sean, in einem exquisiten 16. Jh. die Freuden der Liebe, unter anderem mit Laura Antonelli.
Aber der 'richtige' Venedigfilm, der, der wirklich nachhaltig im Gedächtnis haftet, der sieht anders aus. In ihm präsentiert die Stadt nicht nur ihre schöne Fassade, in ihm lockt diese Stadt die Menschen an und bringt sie dann – und dies nicht nur im geographischen Sinne – vom Wege ab. Ein bißchen etwas von dieser morbiden Atmosphäre steckt sogar in Joseph Mankiewicz' schwarzer Krimikomödie "Venedig sehen – und erben ..." (1965), in der Rex Harrison in seinem Haus drei ehemalige Geliebte erwartet, diesen den angeblich todkranken Reichen vorspielt und dabei in Wirklichkeit auf Mord aus ist.
Daß hinter den bröckelnden Mauern dieser Stadt wahre Abgründe lauern können, daß das sinkende, das sterbende Venedig eine seltsame Wirkung ausübt auf seine Gäste und Bewohner, daß diese labyrinthische Topographie zum Ort von Obsessionen werden kann, das wird dann noch deutlicher in einem Film wie Luchino Viscontis "Senso" (1953). Alida Valli als italienische Gräfin verfällt hier während der italienischen Befreiungskriege ganz und gar und gegen ihre politische Überzeugung dem Leutnant Mahler (Farley Granger), einem Offizier der österreichischen Besatzungsmacht. Sie will von ihm weg, irrt des Nachts durch die leeren Gassen, an Kanälen vorbei und über Brücken, wird schließlich eingeholt von ihm auf einem Platz, wird quasi von ihm und irgendwie auch von der Stadt selber gestellt. Später wird sie durch ihre obsessive Liebe, die Mahler eiskalt ausnützt, zur Verräterin.
Und natürlich hat Visconti auch noch "Tod in Venedig" (1970) gedreht, diesen großen und stilprägenden Film nach der Novelle von Thomas Mann, in dem die Stadt erneut eine Hauptrolle spielt (s. Abb. S. 48). Es ist ein Künstler namens Aschenbach – der bei Visconti ein Komponist ist, sehr verwandt mit Gustav Mahler, dessen Musik Visconti wiederum über die Bilder legt. – Und er ist eigentlich zur Erholung gekommen. Aber dieses von der Cholera bedrohte Venedig ist dafür natürlich der falsche Ort. Und Aschenbach verfällt einem schönen Knaben, kann seinen Blick nicht mehr von ihm wenden, und immer mehr und in grandiosen Bildern verströmt der Film nun eine elegische Atmosphäre des Verfalls, die in jenen letzten Szenen kulminiert, in denen der sterbende Künstler im Liegestuhl am Strand sitzt und ihm die Schminke übers Gesicht läuft.
Um Obsessionen, um Irrungen und Wirrungen und schließlich um den Tod, der zumindest im Film so gut zu Venedig paßt, geht es auch in Nicolas

Szene mit Silvana Mangano und Björn Andresen in Viscontis grandiosem Kultstreifen "Tod in Venedig" (1970), eine Verfilmung der gleichnamigen Novelle von Thomas Mann.

Venedigfilme (Fortsetzung)

Roegs morbidem, manchmal manieristischem, immer aber aufregendem Thriller "Wenn die Gondeln Trauer tragen" (1973). Und wieder sind die Protagonisten in dieser Stadt der Kultur kultivierte Leute, ist es ein englisches Künstlerpaar, das nach dem Unfalltod seines Kindes in die Stadt kommt, um zu arbeiten und um zu vergessen. Aber die Stadt bringt besonders bei ihm (Donald Sutherland) die schrecklichen Erinnerungen zurück. Immer wieder sieht er etwas im roten Mantel durch die dunklen Gassen huschen und glaubt sein Kind, das damals einen roten Mantel anhatte, zu erkennen. Und das Trugbild führt ihn, der, ohne sich dessen bewußt zu sein, das zweite Gesicht hat, schließlich in den Tod. Denn diese schwarzen Gondeln, die er einmal sah, waren jene, die ihn zur letzen Ruhe tragen.
In einem der neueren 'richtigen' Venedigfilme lauert ein Mann in seinem Palazzo auf Gäste, und fast ist es so, als verkörpere er die dekadente, sinistre und abgründige Stadt selbst." Der Trost von Fremden" heißt dieser 1990 von Paul Schrader nach einem Ian-McEwan-Roman gedrehte Thriller, in dem ein jüngeres Paar nach Venedig reist, um die schon etwas erkaltete Liebe wieder an jenem Ort aufzufrischen, wo sie begann. Auch die beiden kommen vom Wege ab, verirren sich und laufen in die Arme jenes von Christopher Walken gespielten Mannes, der sie einlädt und in ein Spiel verwickelt, das in dieser Stadt, das wissen wir inzwischen, nur in den Abgrund führen kann. Wieder einmal ein Film also, der mit der morbiden Atmosphäre der Lagunenstadt spielt und mit dem Tod in Venedig endet.

Venedig in Zitaten

Hinweis

Die nachstehende Sammlung von ausgewählten Literaturzitaten ist chronologisch geordnet.

Grundsatz der Republik

Der Staat ist alles, der Einzelne hat ihm bedingungslos zu dienen. Keiner darf sich über den anderen erheben, kein Personenkult kann geduldet werden.

Francesco Petrarca (1304 bis 1374)

Die höchst erhabene Stadt der Veneter ist heute der einzige Hort der Freiheit, des Friedens und der Gerechtigkeit, die einzige Zuflucht der Guten, der einzige Hafen für die von den Stürmen der Kriege und Tyranneien geschüttelten Flöße all derer, welche gut leben möchten; eine Stadt reich an Gold, doch reicher noch an Ehre; stark durch Macht, doch stärker noch durch Tugend; beständig in Marmor errichtet, doch beständiger noch durch die Einheit ihrer Gemeinschaft.

Aus: Epistole", 1364

Johann Gottfried Seume (1763 bis 1810)

Das Traurigste ist in Venedig die Armuth und Betteley. Man kann nicht zehn Schritte gehen, ohne in den schneidendsten Ausdrücken um Mitleid angefleht zu werden; und der Anblick des Elends unterstützt das Nothgeschrey des Jammers. Um alles in der Welt möchte ich jetzt nicht Beherrscher von Venedig seyn; ich würde unter der Last meiner Gefühle erliegen. Die niederschlagendste Empfindung ist mir gewesen, Frauen von guter Familie in tiefen, schwarzen, undurchsichtigen Scheyern kniend vor den Kirchenthüren zu finden, wie sie, die Hände gefaltet auf die Brust gelegt, ein kleines hölzernes Gefäß vor sich stehen haben, in welches die Vorübergehenden einige Soldi werfen. Wenn ich länger in Venedig bleibe, müßte ich nothwendig mit meiner Börse oder mit meiner Empfindung Bankerott machen.

Aus: Spaziergang nach Syracus im Jahre 1802"

Johann Wolfgang von Goethe (1749 bis 1832)

So stand es denn im Buche des Schicksals auf meinem Blatte geschrieben, daß ich 1786 dem 28. September, abends, nach unserer Uhr um fünfe, Venedig zum erstenmal, aus der Brenta in die Lagunen einfahrend, erblicken und bald darauf diese wunderbare Inselstadt, diese Biberrepublik betreten und besuchen durfte. Die ersten (Gondel-)Schnäbel von blankem Eisenblech, die schwarzen Gondelkäfige, alles grüßte mich wie eine alte Bekanntschaft. Ich bin gut logiert, nicht weit vom Markusplatze, meine Fenster gehen auf einen schmalen Kanal zwischen hohen Häusern, gleich unter mir eine einbogige Brücke, und gegenüber ein schmales, belebtes Gäßchen. So wohne ich, und so werde ich eine Zeitlang bleiben, bis ich mich am Bilde dieser Stadt sattgesehen habe."

Aus: "Italienische Reise", 1816

Hermann Hesse (1877 bis 1962)

Niemals hat die Lagune von Venedig sich meinem Auge so glücklich entschleiert wie an einem Vormittag im Mai, den ich fast ausschließlich ihrer Betrachtung widmete. [...] Das Wasser der Lagune, dessen Grundfarbe ein der Rheinfärbung sehr ähnliches Hellgrün ist, hat durchaus die Lichtqualität matter Edelsteine, namentlich des Opals. Die Spiegelung ist sehr unscharf, starke Lichter dagegen erwecken auf der scheinbar stumpfen Oberfläche wahrhaft überraschende Reflexe. Man ist erstaunt, diese

Hermann Hesse
(Fortsetzung)

mächtig matte Fläche so enorm lichtempfindlich zu finden. Die Sonne verlieh ihr einen gleichmäßig matten Glanz, der aber an Stellen, die von Schiffen oder Ruderschlägen erregt wurden, in blendenden, goldenen Feuern aufloderte. Aber auch die unbewegte, fast spiegelebene Lagune war unaufhörlich farbig belebt, und zwar ganz anders als das offene Meer, indem auch die lebhaftesten Farben nie die transparente Klarheit des Meerwassers annahmen, sondern alle wie durch einen gemeinsamen milchweißen Grund gedämpft und ins Zartere, Differenziertere, Flüchtigere getönt waren.
Venedig wäre nicht Venedig, wenn es im freien Meer läge; an jenem Morgen empfand ich den enormen Unterschied von Meer und Lagune. Die leuchtend frischen, jubelnden Farben des bewegten Meeres würden Venedig seinen eigensten Schmuck rauben: das Verschleierte, Traumhafte, verborgen Schillernde der Farben. Es ist kein Zufall, daß so viele Venezianer, namentlich der brillante Crivelli und später Paris Bordone, in ihren Gemälden mit besonderer Liebe und mit vollendetem Raffinement den verfeinerten koloristischen Reizen der Edelsteine, des Atlas, des Sammet und der Seide nachgingen – sie hatten auf der Lagune stündlich dieselben Farbenreize eines aparten Materials vor Augen ..."

Aus: "Die Lagune", 1901

Maurice Barrès
(1862 bis 1923)

Der kaufmännische Genius von Venedig, seine despotische und republikanische Regierung, die Eleganz seiner Gotik, seine erfinderischen Verzierungen, dies sind die festverankerten Pfeiler seines Ruhmes: Keines dieser Wunder allein jedoch vermag jene melancholische Wollust zu vermitteln, die nur Venedig zu eigen ist. Die Macht dieser Stadt über Träumer liegt darin begründet, daß das in Schaum getauchte byzantinische, sarazenische, lombardische, gotische, romanische ja rokokohafte Mauerwerk sich im Spiel der Sonne, des Regens und des Gewittersturms auf rätselhafte Weise wandelt und, reicher noch an künstlerischer Anmut, sich beginnt aufzulösen. Es ist wie mit den Rosen und Magnolienblüten, deren Geruch niemals so berauschend, deren Farben niemals so kräftig sind wie in dem Augenblick, da der Tod sein erstes geheimnisvolles Licht auf sie wirft und uns in seine schwindelnden Tiefen lockt.

Aus: "Amori et dolori sacrum", 1902

Richard Wagner
(1813 bis 1883)

Als ich einmal spät des Nachts durch den düsteren Canal heimfuhr, trat plötzlich der Mond hervor und beleuchtete mit den unbeschreiblichen Palästen zugleich den sein gewaltiges Ruder langsam bewegenden, auf dem hohen Hinterteil meiner Gondel ragenden Schiffer. Plötzlich löste sich aus seiner Brust ein dem Tiergeheul nicht unähnlicher, von tief her anschwellender Klagelaut, und dieser mündete nach einem lang gedehnten 'Oh' in den einfach musikalischen Ausruf 'Venezia'! Dem folgte noch einiges, wovon ich aber infolge der großen Erschütterung, die ich empfand, keine deutliche Erinnerung bewahrt habe. Die hiermit zuletzt berührten Eindrücke waren es, welche Venedig während meines Aufenthaltes daselbst für mich charakterisierten.

Aus: "Mein Leben", 1911

Thomas Mann
(1875 bis 1955)

So sah ich ihn denn wieder, den erstaunlichsten Landungsplatz, jene blendende Komposition phantastischen Bauwerks, welche die Republik den ehrfürchtigen Blicken nahender Seefahrer entgegenstellte, die leichte Herrlichkeit des Palastes und die Seufzerbrücke, die Säulen mit Löw' und Heiligem am Ufer, die prunkend vortretende Flanke des Märchentempels, den Durchblick auf Torweg und Riesenuhr, und aufschauend bedachte er, daß zu Lande, auf dem Bahnhof von Venedig anlangen einen Palast durch die Hintertür betreten hieße, und daß man nicht anders, als wie er, als zu Schiff, als über das hohe Meer die unwahrscheinlichste der Städte erreichen sollte.

Aus: "Der Tod in Venedig", 1913

Ernst Bloch
(1885 bis 1977)

Die Stille Venedigs ist tiefer als die einer unbewohnten Landschaft; denn es ist keine, die von den Menschen selber abstrahiert. Sie entfernt sich vielmehr, wenigstens noch großenteils, vom dämonischen Geräusch der Motoren, auch der scheinbar weich rauschenden, und ihres Jagdtriebs. Ruhe belebt Venedig aber auch darin, daß es als einzige Stadt der Erde sein Bild unverfälscht und zusammenhängend durch die letzten hundertfünfzig Jahre erhalten hat. Immer von neuem staunt das Ohr, traut das Auge seinen eigenen Worten nicht, sozusagen, sieht es den Canal Grande oder die baumüberhängten Mauern im Gewirr der kleinen Wasserstraßen hinab; so unglaubwürdig ist diese allem entfernte Welt, so unabnützbar durch Gewohnheit, so bleibend wunderlich und wunderhaft. Der einzige Laut, der der Gondel auf den Seitenkanälen entgegenkommt, ist die erhaltene Melodie der Warnungsrufe, womit die Ecken umsteuert werden. Doch auch auf dem Canal Grande, bei einbrechender Dunkelheit, um die Zeit also, wo auf den Hauptstraßen aller anderen großen Städte der doppelte Verkehr lärmt, liegt die Wasserfläche kaum bewegt, zieht sie die unaufdringlichen Wasserbusse einsam in sich ein, schlägt ohne Zeugen ihren erhabenen Bogen, und die Gondeln gleiten, da die venezianischen Häuser bei Anbruch der Nacht durch Holzläden fast völlig verschlossen werden, außer durch Totenstille auch durch Totendunkel, durch eine 'città morta' an den Dreckschlünden der Seitenkanäle, am majestätischen Styx. Die 'città morta' als solche ist Schein (wie sonst oft umgekehrt der Lebenslärm mancher modernen Stadt Schein geworden ist): Venedig hat sich vielmehr im Wasser seiner Vergangenheit nochmals angesiedelt, nicht nur durch Fremdenindustrie wie überall, auch durch jene merkwürdige Autarkie, welche die Stadt schon während ihres langen Niedergangs bewahrt hatte.

Aus: "Verfremdungen", 1962–1964

Carlo Fruttero und
Franco Lucentini

Als Reiseleiter ist er bereits mehrere Male nach Venedig gekommen, aber gut kennt er die Stadt, weil er früher und unter weniger oberflächlichen Umständen schon hier gewesen ist. Doch von jenen anderen Venedigs, die er kennt, spricht Mr. Silvera nie, die hält er streng getrennt, bedient sich ihrer nicht für seine gegenwärtige Arbeit. Er könnte den 28 einen weniger bekannten Palast zeigen, einen Glockenturm mit einer Anekdote bereichern, sie auf einen gewissen kleinen Garten aufmerksam machen, eine bestimmte Kuppel beleuchten; aber er hält sich an das unerläßliche Minimum, Scalzibrücke, Cannaregiokanal, Fondaco dei Turchi, Ca' d'Oro, Rialtobrücke ... Die Riva del Vin läßt er weg, und, nach einem Augenblick des Zögerns, auch den Palazzo Bernardo.
"Look, look, Mr. Silvera, a real gondola!" "Ah", sagt Mr. Silvera, "yes, indeed."
Er kennt andere hier gebräuchliche Bootsnamen (gondolino, caorlina, mascareta ...), aber er verrät sie nicht. Weil es verlorene Mühe wäre, sagt er sich, weil gewisse Dinge niemanden mehr interessieren, geschweige denn seine 28.
Aber die Wahrheit ist, daß auch die leiseste Berührung jenes in ihm schlummernden Venedigs der Brokate, des Goldes, des Purpurs, der Kristalle nicht ohne Schmerz abgeht und vor allem, daß es nichts, aber auch gar nicht zu tun hat mit dem schematischen, unpersönlichen Venedig der Imperial.
S. Angelo, S. Tomà, Ca' Rezzonico, Accademia. Der Vaporetto fährt von einem zum anderen Ufer des Canal Grande, legt an, lädt dreißig Dänen aus, lädt dreißig Kinder ein, die aus der Schule kommen, macht sich wieder auf den Weg zum nächsten Landungssteg, mit einem prosaischen, mühsamen Ruck wie ein Maulesel in Schiffsgestalt.

Aus: "Liebhaber ohne festen Wohnsitz", 1988 (© Piper Verlag)

REGATA STORICA
MONACO
GRAND CANAL
PAX
TIBI
MAR
CE

Sehens-würdigkeiten von A bis Z

Stadtbesichtigung

Hinweise

Die nachstehenden Empfehlungen sollen dem Reisenden, der zum ersten Mal nach Venedig kommt und nur wenig Zeit hat, als Leitlinie dienen, um den Aufenthalt möglichst eindrucksvoll zu gestalten. Die fettgedruckten Sehenswürdigkeiten, Orte und Plätze beziehen sich auf die Beschreibungen der "Sehenswürdigkeiten von A bis Z" im Hauptteil dieses Reiseführers.

Stippvisite

Wer sich nur für ein paar Stunden in Venedig aufhält und dennoch das Allerwichtigste sehen möchte, dem sei eine Bootsfahrt auf dem prachtvollen ****Canal Grande** empfohlen, an dessen Südende man die weite ****Piazza San Marco** erreicht, das faszinierende Herzstück der Lagunenstadt, mit den majestätischen Bauten der Alten und Neuen Prokuratien, dem aussichtsreichen ***Campanile**, dem vielbesuchten Prunkbau der ****Basilica di San Marco** und dem mächtigen ****Palazzo Ducale**, jahrhundertelang Wirkstätte der venezianischen Dogen. Zum Abschluß kann man sich bei Walzerklängen den Köstlichkeiten des Quadri, Florian oder Lavena hingeben, den legendären Kaffeehausinstitutionen rund um den Markusplatz. Ist noch genügend Zeit vorhanden, sollte man einen Bummel durch die ****Mercerie** anschließen, dem venezianischen Einkaufsparadies zwischen Markusplatz, Accademia und ***Ponte di Rialto**.

Rundgänge

Canal Grande

Zu jedem Venedigbesuch gehört eine Bootspartie auf dem ****Canal Grande**: Stadtpläne S. 56–59, Beschreibung S. 73–92

Rundgang 1

Stadtplan mit Rundgang S. 56/57

Der erste Rundgang, der das Stadtviertel SAN MARCO erschließt, beginnt auf der stets bevölkerten ****Piazza San Marco** mit der monumentalen ****Basilica di San Marco**, dem majestätischen ****Palazzo Ducale**, dem *Campanile und den ***Procuratie** – Standort des ***Museo Correr**, des ***Museo Archeologico** und der ***Libreria Vecchia** mit der Biblioteca Marciana. Man verläßt den Markusplatz in westlicher Richtung, um durch elegante Einkaufsgassen wie die Via XXII Marzo gemütlich zum Campo San Maurizio zu bummeln, auf dem in den Sommermonaten ein Antiquitätenmarkt abgehalten wird. Es folgt der von stolzen Patrizierpalästen umgebene Campo ***Santo Stefano**, wo sich ein Abstecher nach Süden anbietet zur ****Gallerie dell'Accademia**, der bedeutendsten und umfassendsten Sammlung venezianischer Malerei von der Gotik bis zur Renaissance. Nördlich des Campo Santo Stefano passiert man den hübschen ***Campo Sant'Angelo** und erreicht alsbald den ***Palazzo Pesaro degli Orfei** mit einem Museum über Mario Fortuny, den spanischen Stardesigner sinnlicher Plisseeträume. Beim Campo Manin, wo ein Denkmal an den patriotischen Advokaten Daniele Manin erinnert, lohnt ein kurzer Schlenker zum ***Palazzo Contarini del Bovolo**, dessen Innenhof eine bezaubernde Wendeltreppe aus der Zeit um 1500 ziert. Durch die geschäftige Calle dei Fab-

◀ *Historische Gondelregatta auf dem Canal Grande*

Rundgang 1 (Fortsetzung)

bri schlendert man nun hinauf zum **Canal Grande** mit der malerischen ***Ponte di Rialto**, bis zum 19. Jh. die einzige Brücke über den Kanal. Der Rückweg zum Markusplatz folgt den magischen ****Mercerie**, die zum ausgiebigen Einkaufsbummel verführen – hier findet man Karnevalsmasken und -kostüme in allen Variationen, feinste Buranospitze und kunstvolles Muranoglas. Zum Entspannen kann man sich am Schluß in eines der Cafés an der ****Piazza San Marco** setzen und bei einem Cappuccino den romantischen Klängen der hauseigenen Kapellen lauschend, einfach die unvergeßliche Atmosphäre der Lagunenstadt genießen. Wer den Tag mit einem stimmungsvollen Abendessen ausklingen lassen will, findet rund um den Markusplatz eine gute Auswahl an Feinschmeckerlokalen.

Rundgang 2

Stadtplan mit Rundgang S. 58/59

Der zweite Rundgang führt durch die Stadtviertel SAN POLO und SANTA CROCE. Startpunkt ist die auf der Hälfte des ****Canal Grande** erbaute Fußgängerbrücke ***Ponte di Rialto** zwischen der **Fondaco dei Tedeschi** und dem schmucken ***Palazzo dei Camerlenghi**. Zu den schönsten Erlebnissen Venedigs gehört werktags in der früh ein Besuch des ***Rialtomarktes** mit bunten Obst- und Gemüse-, Fisch- und Souvenirständen. Nächster Halt ist der gewaltige Barockpalast ***Corner della Regina**, in dem das städtische Leihhaus eingerichtet ist, bevor man die imposante ***Ca' Pesaro** ansteuert, die im Erdgeschoß die ***Galleria d'Arte Moderna** und im dritten Stock das ***Museo d'Arte Orientale** beherbergt. Nur wenige Schritte weiter präsentiert der ***Palazzo Mocenigo** eine beachtliche Sammlung kostbarer Stoffe und Kostüme. Wer sich für die Geschichte der Seerepublik und die stolzen Prunkgaleeren der Dogen interessiert, sollte einen Abstecher zur ***Fondaco dei Turchi** mit dem Museo Storico Navale einplanen. Hernach wendet man sich nach Süden und spaziert langsam die schmalen Kanäle entlang zum weiten Campo der ursprünglich spätgotischen Kirche **San Polo**, die ein "Abendmahl" von Tintoretto birgt. Als ein Muß für Kunstfreunde gilt der Besuch von ****Santa Maria Gloriosa dei Frari** mit Meisterwerken von Tizian, Bellini und Donatello sowie die Besichtigung der benachbarten ****Scuola Grande di San Rocco**, berühmt für die einfühlsamen Gemäldezyklen Tintorettos im Großen Saal. Auf dem Rückweg zur ***Ponte di Rialto** lohnt ein Blick in die ***Casa Goldoni**, wo über Leben und Werk des illustren Komödiendichters erzählt wird. Einen glanzvollen Ausklang mit romantischem Flair verspricht eine **Gondelfahrt durch die engen Kanäle der Lagunenstadt. Oder schlendern Sie einfach durch die kleinen verwinkelten Gäßchen, über die unzähligen Brücken und verwunschenen Plätze und lassen Sie sich abseits der Hauptströme vom besonderen Zauber Venedigs einfangen.

Empfehlungen für einen längeren Aufenthalt

Wer länger als zwei Tage in Venedig bleibt, sollte zum einen längere Museumsbesuche einplanen, vor allem der ****Ca' d'Oro** mit der Galleria Franchetto, der ****Ca' Rezzonico** mit dem Museo del Settecento Veneziano und der ****Collezione Peggy Guggenheim**. Als Höhepunkt gilt ferner eine Bootsfahrt nach ****Burano**, bekannt für feinste Spitzenstickerei, zur Glasinsel ****Murano** und nach ***Torcello**, deren Säulenbasilika kostbare venezianisch-byzantinische Mosaiken birgt. Der jüdischen Geschichte Venedigs begegnet man im ****Ghetto** von Cannaregio, wo noch fünf Synagogen von der traditionsreichen jüdischen Kultur des Viertels zeugen. Lohnend ist auch ein Abstecher zur Franziskanerkirche auf ***La Giudecca** und zur Insel ***San Giorgio Maggiore** – vom Campanile der gleichnamigen Kirche bietet sich ein herrlicher Rundblick auf Stadt und Lagune. Schließlich kann man noch das lebhafte Städtchen ***Chioggia** am Südende der Lagune aufsuchen oder gönnt sich nach ausführlichem Kunstprogramm ein Sonnenbad an den weiten *Sandstränden des **Lido**, wo alljährlich Anfang August im Palazzo del Cinema Filme und Schauspieler von Weltrang mit dem 'Goldenen Löwen' ausgezeichnet werden.

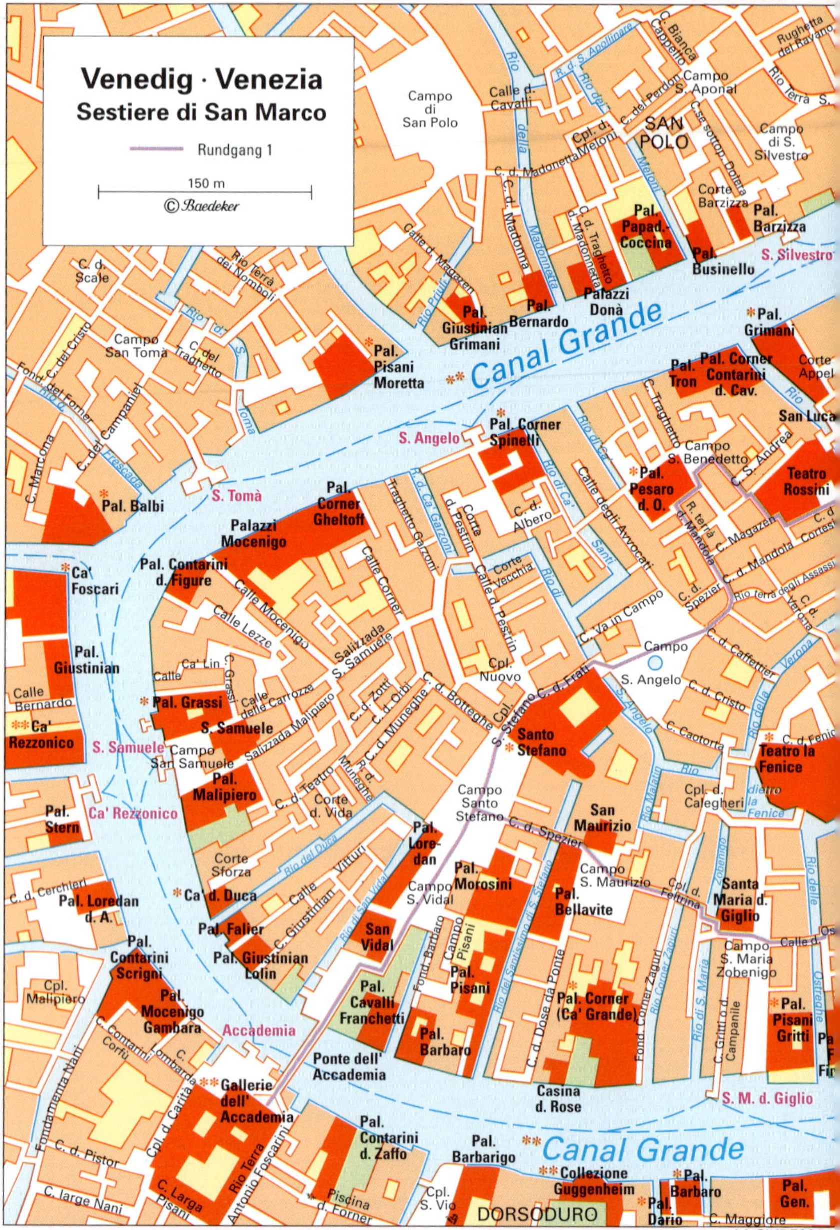

Schiffslinien

LA GIUDECCA

Pal. Dieci Savi
Ponte di Rialto
Fondaco d. Tedeschi
Rialto
Riva del Vin
Calle del Sturione
Calle del Cinque
Calle della Madonna
Calle Paradiso
Sal. Pio X
Campo S. Bartolomeo
San Bartolomeo
C. d. Bissa
Rio del Fava
C. d. Malvasia
C. d. Pistor
Rio del Piombo
Calle Piembo
C. Martinengo della Palle
C. d. Dose
C. Larga
Pal. Marcello
Pal. Donà
Pal. Priuli
Campo di S. Maria Formosa
Santa Maria Formosa
F. dei Preti
Rio di S. Maria Formosa
C. al Ponte Antonio
San Lio
Salizzada di San Lio
C. d. Paradiso
Sott. Venier
C. d. Mondo Nuovo
Pal. Dolfin-Manin
C. d. Bombaseri
Merceria 2 Aprile
C. Galeazza
C. d. Stagneri
C. d. Calice
Santa Maria della Fava
C. d. Orarorio
Campo S. Salvator
Merceria S. Salvatore
Larga Mazzini
Riva del Carbon
Pal. Bembo
Pal. Dandolo
Pal. C.-Loredan
Pal. Farsetti
Teatro Goldoni
Calle del Carbon
Calle Loredan
C. d. Teatro
C. d. Forno
Calle d. Lovo
San Salvatore
Rio San Salvador
Merc. S. Salvatore
C. d. Mezzo
Rio della Fava
Pal. Faccanon
Rio Barettar
C. d. Malcasia
Calle S. Antonio
Pal. Papafava
Calle Casselleria
C. d. Banda
R. Venier
Cpl. Querini
Pal. Querini Stamp.
C. d. Passione
Campo d. Arditi gia Guerra
Rio della Guerra
C. d. Rimedio
Piscina S. Zulian
C. Balbi
San Zulian
Merc. S. Zulian
C. d. Pignoli
C. d. Ballotte
C. d. Monti
Calle dei Fabbri
C. d. Scale
C. S. Luca
C. d. Mezzo
Campo S. Luca
Salizzada S. Luca
Cpl. S. Luca
Campo Manin
Casa di Risp.
Rio Terra Pater-nian
C. d. Magazen
Calle dei Fuseri
C. Goldoni
C. Colonne
Rio dei Scoacamini
Rio dei Ferai
C. d. Gregolina
Rio terra delle Colonne
C. d. Strazze
Calle Fiubera
Rio del Cappello
Merc. dell' Orologio
Spadaria
C. d. Specchieri
C. d. Angelo
Rio di Palazzo
Calle larga S. Marco
C. d. Canonica
C. d. Figher
Pal. Trevisan
Pal. Patriarcale
Torre dell' Orologio
Calle della locanda
Calle S. Luca
Pal. Cont. d. Bovolo
Rio dei Fuseri
R. d. Fuseri
R. d. Bacino Orseolo
Fond. Orseolo
Campo S. Gallo
C. S. Gallo
Calle dei Fabbri
C. d. Cavalletto
Rio del Cavalletto
Bacino Orseolo
Procuratie Vecchie
Caffè Lavena
Caffè Quadri
Basilica di San Marco
Palazzo della Paglia
Ateneo Veneto
Campo S. Fantin
S. Fantin
C. dietro la Chiesa
C. d. Barcaroli
Frezzeria
C. Venier
Piscine di Frezzeria
La Colomba
C. S. Zorzi
C. S. Selvadego
Calle dei Carre
Calle Bognolo
Rio dei Barcaroli
Campanile
Piazza San Marco
Palazzo Ducale
Ponte d. Sospiri
Museo Correr
C. d. Ascension
Caffè Florian
Procuratie Nuove
Piazzetta
Ponte d. Paglia
Molo
Rio d. Veste
Piscine S. Moisè
Ramo 1° Corte Contarina
C. d. Cristo
C. d. Veste
Corte Michiel
San Moisè
Campo S. Moisè
Calle del Ridotto
Calle Vallaressa
Museo Archeologico
Rio delle Zecca
Giardinetti Reali
Colonne di Marco e Teodoro
Via 22 Marzo
C. Barozzi
Calle d. 13 Martiri
Rio di S. Moisè
C. d. Pestrin
C. Pedrocchi
C. d. Teatro
Calle del Traghetto
Corte Barozzi
Pal. Giustinian Morosini
Harry's Bar
Capitaneria di Porto
San Marco
Pal. Contarini Fasan
Pal. Treves Bonfili
Pal. M. Ferro
Canale di San Marco
Salute
Fond. d. Dogana alla Salute
San Greg.
Santa Maria della Salute
Campo d. Salute
Sem. Patriarcale
Dogana da Mar
Punta della Dogana
San Giorgio Maggiore

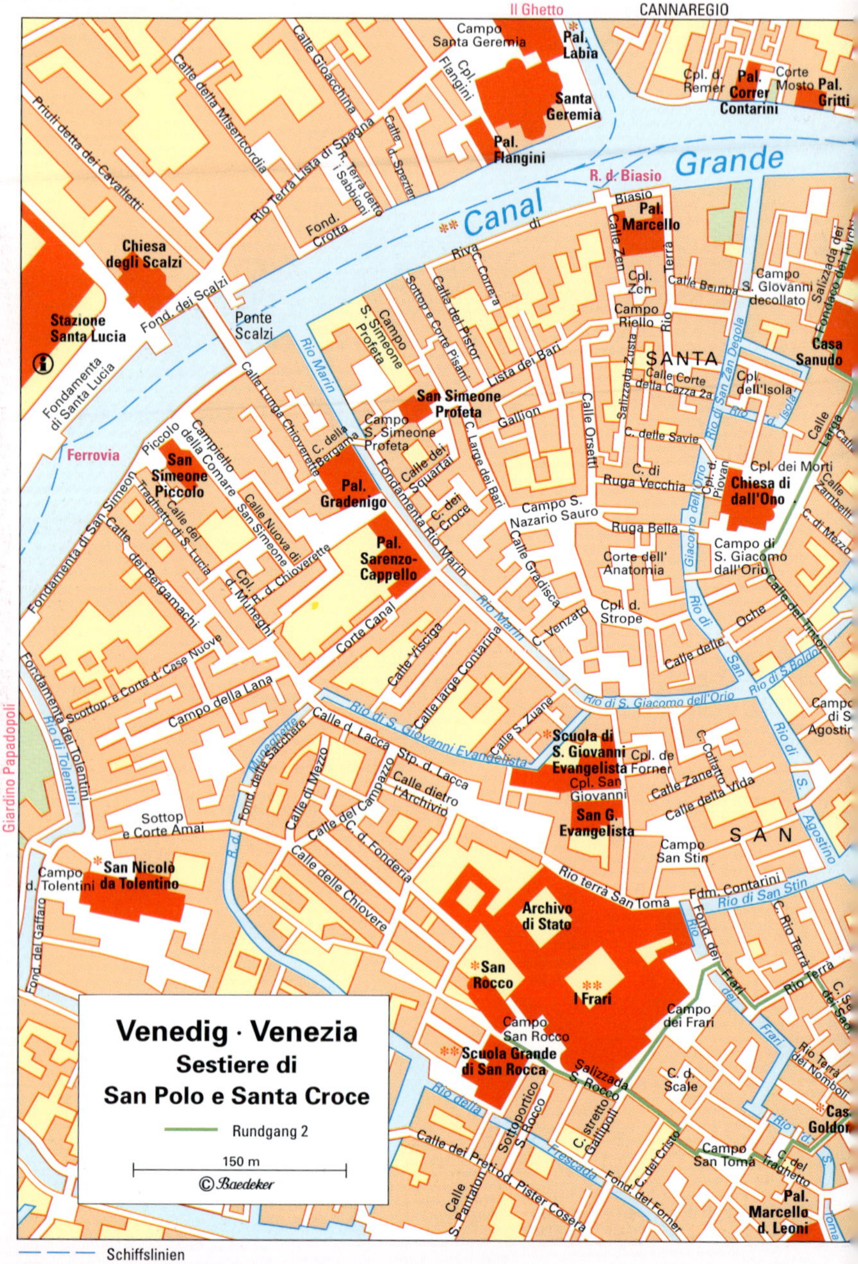

Venedig · Venezia
Sestiere di
San Polo e Santa Croce
Rundgang 2
150 m
© Baedeker
Schiffslinien
Il Ghetto
CANNAREGIO
Giardino Papadopoli
Canal Grande
Campo Santa Geremia
Pal. Labia
Santa Geremia
Pal. Flangini
Cpl. Flangini
Cpl. d. Remer
Pal. Correr Contarini
Corte Mosto
Pal. Gritti
R. d. Biasio
Biasio
Pal. Marcello
Calle Zen
Cpl. Zen
Campo Riello
Rio
Terra
Calle Bernba
Campo S. Giovanni decollato
Salizzada dei Fondaco dei Turchi
Casa Sanudo
SANTA
Calle Corte della Cazza 2a
Cpl. dell'Isola
Rio d. Isola
Rio di San Zan Degola
Salizzada Zusto
Calle Larga
Calle Gioacchina
Calle della Misericordia
Priuli detta dei Cavalletti
Rio Terra Lista di Spagna
R. Terra detto i Sabbioni
Calle d. Spezier
Fond. Crotta
Chiesa degli Scalzi
Stazione Santa Lucia
Fond. dei Scalzi
Ponte Scalzi
Fondamenta di Santa Lucia
Ferrovia
Riva di
C. Correra
Sottop. e Corte Pisani
Calle del Pistor
Campo S. Simeone Profeta
Rio Marin
Lista dei Bari
San Simeone Profeta
Campo S. Simeone Profeta
Gallion
Calle Orsetti
C. Larga dei Bari
C. delle Savie
C. di Ruga Vecchia
Rio di S. Giacomo dell'Orio
Cpl. d. Piovan
Chiesa di dall'Ono
Cpl. dei Morti
Calle Zambelli
C. di Mezzo
Calle Lunga Chioverette
C. della Bergama
Pal. Gradenigo
Fondamenta Rio Marin
Calle dei Squartai
C. dei Croce
Campo S. Nazario Sauro
Ruga Bella
Campo di S. Giacomo dall'Orio
Corte dell' Anatomia
Calle Gradisca
Cpl. d. Strope
Calle del Tintor
Oche
Calle delle
Rio di S. Boldo
Piccolo
Campiello della Comare
San Simeone Piccolo
Calle del Traghetto di S. Lucia
Fondamenta di San Simeon
Calle dei Bergamachi
Calle Nuova di San Simeone
R. d. Chioverette
Cpl. d. Muneghe
Pal. Sarenzo-Cappello
Corte Canal
Calle Visciga
Calle larga Contarina
C. Venzato
Rio Marin
Rio di S. Giacomo dell'Orio
Campo di S. Agostin
Rio di S. Agostino
Scottop. e Corte d. Case Nuove
Campo della Lana
Fondamenta dei Tolentini
Rio di Tolentini
Rio di S. Giovanni Evangelista
Calle S. Zuane
Scuola di S. Giovanni Evangelista
Cpl. de Forner
C. Cottarlo
Calle Zane
Calle della Vida
Cpl. San Giovanni
San G. Evangelista
Calle d. Lacca
Stp. d. Lacca
Calle dietro l'Archivio
Fond. delle Sacchere
Muneghette
Calle di Mezzo
Calle del Campazzo
C. d. Fonderia
Calle delle Chiovere
Sottop e Corte Amai
Campo d. Tolentini
San Nicolò da Tolentino
Fond. del Gaffaro
R. d.
SAN
Campo San Stin
Rio terra San Tomà
Fdm. Contarini
Rio di San Stin
Archivio di Stato
Fond. dei Frari
Rio dei Frari
C. Rio Terrà
Rio Terra
C. Se dei Sao
San Rocco
I Frari
Campo dei Frari
Campo San Rocco
Scuola Grande di San Rocca
Salizzada S. Rocco
C. d. Scale
Rio Terrà dei Nomboli
Cas. Goldoni
Rio della Frescada
Sottoportico S. Rocco
C. stretto Gallipoli
C. dei Cristo
Campo San Tomà
C. del Traghetto
Rio di S. Tomà
Calle dei Preti
Calle S. Pantalon
Fond. Pistor Cosera
Fond. del Forner
Pal. Marcello d. Leoni

Fondaco dei Tedeschi

Sehenswürdigkeiten von A bis Z

Arsenale N/O/P 4/5

Lage
Rio del Arsenale

Anlegestelle
Arsenale

Von Anfang an stützte sich die Macht Venedigs auf die Kunst von Schiffsbau und Navigation. Das Arsenal war die Schiffswerft Venedigs und galt bis zum Ende des 18. Jh.s als eine der größten und leistungsfähigsten der Welt. Seit ihrer Gründung um das Jahr 1104 wurde sie ständig ausgebaut und beschäftigte in ihrer Glanzzeit bis zu 16000 Arbeiter. Diese sogenannten 'Arsenalotti' genossen ein hohes Ansehen und verschiedene Privilegien wie Alterskasse und freies Wohnen. Die 'Meister vom Arsenal' stellten bei der Dogenwahl die Ehrengarde des Dogenpalastes und steuerten den 'Bucintoro', die prachtvoll vergoldete Galeere des Dogen, das berühmte Symbol der Serenissima. Zu Beginn des 14. Jh.s wurde die Fläche des Arsenals durch die Anlage des 'Arsenale Nove' vervierfacht, 1473 beschloß der Senat die Erweiterung um das 'Arsenale Novissima', die bis ins 16. Jh. dauern sollte. Gebaut wurden sowohl leichte Galeeren der Kriegsflotte als auch große Handelsgaleeren. Das Arsenal war Sperrgebiet und nur durch je einen See- und Landeingang zugänglich. Jeder Beschäftigte war Geheimnisträger und wurde entsprechend kontrolliert. Bis zum Ende des 16. Jh.s bildeten die Galeeren den Kern der im Mittelmeer eingesetzten Kriegsflotten, im 17. Jh. entwickelte man Galeonen nach englischem Vorbild, 1724 liefen in Venedig die ersten Fregatten vom Stapel.

Prunkschiffe für die alljährliche 'Regata Storica'

Heute befindet sich das Arsenal im Besitz der italienischen Kriegsmarine und ist als militärischer Sperrbereich nicht zugänglich. Die Vaporetti der Linie 52 passieren jedoch regelmäßig das Becken des alten Arsenals. Wenn hier die Hallen der Remiera Francescana geöffnet sind, kann man die aufgedockten Prunkschiffe für die alljährlich am ersten Sonntag im September ausgetragene 'Regata Storica' bewundern.

Arsenale (Fortsetzung), Ingresso di Terra

Das um 1460 erbaute Landtor ist im Stil der Renaissance gehalten. Bei der Schlacht von Lepanto (1571) stellten die venezianischen Werften rund die Hälfte der Schiffe der siegreichen christlichen Flotte, darunter die gefürchteten 'Galeazze', die ersten Galeeren mit Backbord- und Steuerbordkanonen. Daran erinnert die Inschrift über dem Markuslöwen. Die beiden Löwen rechts und links vom Eingang stammen aus Griechenland, Beutestücke, die Francesco Morosoni im 17. Jh. von der Rückeroberung des Peloponnes mitbrachte. Der hockende Löwe bewachte ursprünglich den Hafen von Piräus, der liegende Löwe stammt wahrscheinlich von Delos und war einst auf der Heiligen Straße zwischen Athen und Eleusis aufgestellt.

**Basilica di San Marco K/L 5

Lage
Piazza San Marco

Anlegestellen
San Marco, San Zaccaria

Öffnungszeiten
Kirche: tgl. 10.00–17.00;
Galerien: tgl. 9.00–16.30

San Marco, die Kirche der Dogen, Staatskirche und Monumentalgebäude für den Staatsheiligen, fasziniert durch eine außergewöhnliche Architektur und prächtiges Dekor, was aufgrund verschiedener Bauphasen und Einflußbereiche zu erklären ist. Zudem suchte der Doge Domenico Silvio durch ein Gesetz von 1075 die ganze Stadt an der Ausstattung der Markuskirche zu beteiligen, indem er jeden Heimkehrer verpflichtete, ein kostbares Schmuckstück für San Marco mitzubringen. Dies erklärt die Fülle des Prunks und die vielen architektonischen Versatzteile und Schmuckstücke aus dem Orient – Säulen, Reliefs, Skulpturen, Goldschmiedearbeiten aus den unterschiedlichsten Materialien. Über 4000 m² Goldmosaiken kleiden das Innere aus. Sie stammen zu einem Großteil aus dem 12. und 13. Jh., wurden aber teilweise zwischen 1500 und 1750 durch neue Entwürfe ersetzt, die u.a. Tizian, Tintoretto, Veronese und Tiepolo lieferten.

Baugeschichte

Anlaß zur Gründung des ersten Kirchenbaus war die Überführung der Reliquien des Heiligen Markus 828 durch zwei Seeleute aus Alexandrien nach Venedig, wodurch der hl. Theodor als Patron völlig in den Hintergrund trat. Von den beiden Vorgängerbauten sind nur noch wenige Reste in der Krypta unter der Vierung erhalten. Der heutige, dritte Bau entstand ab 1063. Der Doge Domenico Contarini initiierte einen Neubau in Anlehnung an die Apostelkirche von Konstantinopel, ohne westliche, oberitalienische Bauformen der Romanik gänzlich auszublenden. Über dem Grundriß eines griechischen Kreuzes mit zwei Seitenschiffen erheben sich die Hauptkuppel über der Vierung und die vier kleineren über den Kreuzarmen. Säulenarkaden sind zwischen die mächtigen durchbrochenen Kuppelpfeiler gespannt. 1094 wurde die Basilika in Anwesenheit von Kaiser Heinrich IV. geweiht und zur offiziellen Staatskirche erhoben. Fortan sollten drei Prokuratoren Bau und Instandhaltung der Kirche überwachen (⟶ Pizza San Marco, Procuratie). Nach der Eroberung von Byzanz 1204 kam es zu nachhaltigen Veränderungen des Contarini-Baus. Die Kuppeln wurden erhöht, die nördliche Vorhalle hinzugefügt und die Westfront als Säulenfassade ausgestaltet. Zahlreiche Spolien (wiederverwendete ältere Bauzierelemente) von den Beutezügen wurden eingesetzt oder als Schmuckstücke aufgestellt. Der bisher unverkleidete Ziegelbau wurde mit Marmorinkrustationen versehen und die Mosaizierung der Wölbflächen begonnen.
San Marco hatte im 13. Jh. das Aussehen, wie es im Mosaik über dem nördlichen Portal der Westfassade, der Porta Sant'Alippio, festgehalten ist. Eine weitere Bauphase setzte in der zweiten Hälfte des 14. Jh.s ein und dauerte bis ins 16. Jahrhundert. Einschneidend waren Veränderungen am Außenbau durch das Anbringen von gotischem Zierrat, gotischem Maßwerk, Tabernakeln und Vierungen wie Skulpturen.

Außenansicht

**Westfassade

Fünf nischenartige Portale mit Gewänden bestimmen die Westfassade. Die Säulen, die aus verschiedenfarbigem, meist orientalischem Marmor

San Marco – die Kirche der Dogen fasziniert durch ihre außergewöhnliche Architektur mit Porphyr-, Granit- und Marmordekor in allen Farbtönen.

Westfassade (Fortsetzung)

gestaltet sind, haben teilweise fein ausgearbeitete antikisierende Kapitelle und sind in zwei Reihen übereinander angeordnet. Das größere Mittelportal durchstößt die Brüstung der Terrasse, auf der monumental die Pferde von San Marco aufgestellt sind. Hinter dieser kleinen Terrasse erheben sich fünf Blendbögen, die durch den aufgesetzten gotischen Zierrat einen wimpergartigen Abschluß der Fassade bilden. Die Bögen werden durch hohe Tabernakel gerahmt. Der mittlere Bogen ist nicht nur durch seine Größe besonders hervorgehoben, sondern auch durch die Engelstreppe, die zu der Statue des San Marco hinaufführt (s. Abb. S. 64).
Die Mosaiken der Lünetten in den Seitennischen der Portale stellen die Geschichte der Markusreliquien dar, beginnend rechts außen mit der Entführung des Leichnams aus Alexandrien, dessen Verehrung, der Ankunft in Venedig – alles Arbeiten aus dem 17. und 18. Jahrhundert. Die Überführung des Leichnams des Heiligen nach Venedig vor der Kulisse der Markuskirche im Zustand des 13. Jh.s. ohne den gotischen Schmuck befindet sich über dem linken Eingang, der Porta Sant'Alippio, und ist die einzige erhaltene Darstellung aus dem frühen 13. Jahrhundert.
Die Lünette des Hauptportals zeigt Christus als Weltenrichter verknüpft mit dem Thema des Jüngsten Gerichts (1836). Die Mosaiken des Obergeschosses konzentrieren sich auf die Passion Christi bis zu dessen Himmelfahrt (17. Jh.).
Von dem Skulpturenschmuck der Westfassade sind besonders die Handwerksdarstellungen am äußeren Bogenlauf des Hauptportals aus der Mitte des 13. Jh.s hervorzuheben. Die Fassadenreliefs (um 1225/50) in den Zwickeln der äußeren Arkadenbögen zeigen Darstellungen der Herkules-Sage – eine an der Antike orientierte Arbeit des 13. Jh.s.

Flaggenmasten

Vor der Westfassade wurden 1376 drei hohe Flaggenmasten aus Zedernholz aufgestellt. Aus der Werkstatt des Alessandro Leopardi erhielten sie 1505 aufwendige Basen aus Erz. Die Reliefs des mittleren Sockels stellen

Flaggenmasten (Fortsetzung)

Justitia dar zwischen dem Elefanten (Symbol für Stärke und Weisheit) und der Pallas (Symbol des Überflusses). Auf dem südlichen sind Nereiden und Tritonen zu sehen, auf dem nördlichen Neptun, dem ein Satyr die Früchte der Erde offeriert – Venedigs Herrschaft zu Wasser und zu Lande demonstrierend.

*Galerie

Der Aufstieg zur Galerie über dem Aufgang zum Museo Marciano lohnt sich nicht allein wegen des beindruckenden Blicks auf die Piazza San Marco und die Piazzetta, sondern auch wegen der Möglichkeit, einzelne Zierelemente aus der Nähe zu betrachten.
Auf der Galerie stehen die berühmten, in zwei Paaren angeordneten Pferde von San Marco (s. Abb. S. 64). Die ursprünglich feuervergoldeten Bronzetiere sind heute durch Kopien ersetzt, die Orginale sind seit der Restaurierung 1982 im Museo Marciano (s. S. 71) aufbewahrt. Die antiken, vermutlich für die Aufstellung auf einem Triumphbogen gedachten Rosse kamen im 4. Jh. nach Konstantinopel und wurden im Hippodrom plaziert. Bei der Plünderung von Byzanz 1204 wurden sie mit nach Venedig gebracht und schon kurze Zeit später auf der Galerie aufgestellt. 1797 raubte Napoleon die Rosse und nahm sie mit nach Paris, 1815 wurden sie wieder zurückgeführt.

Südfassade

Die Gestaltung der Südfassade ist nur aufgrund der Umdeutung der Lagunenfront als repräsentative Stadtfassade zu verstehen: Der zweigeschossige, mit gotischen Tabernakeln bekrönte Aufriß der Westfassade ist fortgeführt. Die größte Arkade war bis zur Errichtung der Zen-Kapelle offen und mündete in die westliche Vorhalle. Die Anlage des Portals ist im Innern noch erhalten und zeugt mit den Mosaiken der Markuslegende von einer ehemals reichen, wahrscheinlich auch plastischen Ausgestaltung. Das maßwerkbekrönte Tor rechts daneben führt in den Vorraum des Baptisteriums, daran schließt die glatte marmorinkrustierte Außenwand des Tesoro

Die Galerie bietet nicht nur einen herrlichen Blick auf den Markusplatz, sie ermöglicht es auch, einzelne Zierelemente aus der Nähe zu betrachten.

Südfassade (Fortsetzung)

an. Für das zweite Stockwerk ist das Schema der Westfassade übernommen, jedoch mit mehr Fensteröffnungen und marmorinkrustierten Bogenfeldern. Beachtenswert sind die beiden Greife am ersten Bogen, die möglicherweise ursprünglich in die Portalanlage integriert waren, und das byzantinische Madonnenmosaik (13. Jh.), vor dem täglich abends zwei Lampen entzündet werden.

Pilastri Acritani

Die Bedeutung der Südfront wird durch die Aufstellung von Spolien unterstrichen. Die vor der Südfassade aufgestellten Marmorpfeiler mit Kreuzrelief, Weinlaub und Reben ornamental verschlungen, galten lange als Beutestücke der Venezianer nach dem Sieg über die Genuesen im Hafen von Akkon. Neue Forschungen machten jedoch die Provenienz aus Konstantinopel fest und datierten sie in das zweite Jahrzehnt des 6. Jh.s.

*Tetrarchen

An der Südwestecke des Tesoro sind die Tetrarchen eingemauert, vier sich umarmende Männer aus Porphyr. Dabei handelt es sich ebenfalls um eine Spolie, die im 4. Jh. im Orient entstanden ist. Ihre Bedeutung ist bislang unklar: Möglicherweise stellen sie die gemeinsam regierenden Kaiser Diokletian, Maximinian, Valerius und Constantius dar. Die Legende sieht in ihnen vier Diebe, die bei dem vergeblichen Versuch, den Schatz von San Marco zu rauben, in Stein verwandelt worden sind.

Nordfassade

Die der Piazzetta dei Leoncini zugewandte Nordfassade ist in der unteren Zone durch Arkaden gegliedert, über der Terrasse bestimmen die Hochgadenmauer, Strebepfeiler und Lünetten die Architektur. Beachtenswert sind zwei Reliefplatten: Die byzantinische Darstellung Alexanders des Großen, dessen Wagen nach orientalischer Legende von zwei Greifen nach oben gezogen wird. Außerdem die Hetoimasia, der leere Thron Gottes umgeben von 12 Schafen, die 12 Apostel symbolisierend, und zwei Palmenbäume – wahrscheinlich eine mittelalterliche Arbeit nach dem Muster eines frühchristlichen Vorbildes.

Auf der Brüstung des Hauptportals stehen die Pferde von San Marco.

Nordfassade (Fortsetzung)

Die Porta dei Fiori ist im 13. Jh. gestaltet worden: Im Tympanon ist die Geburt Christi zu sehen, umgeben von Ranken und Engeln in den Archivolten. Der Bogenlauf der Vorhalle ist innen mit Maria und Prophetenbüsten geschmückt, außen mit Christus und Aposteln.

**Vorhallen

Die Vorhallen (Narthex) der Markuskirche stammen aus unterschiedlichen Bauphasen: Der westliche Flügel mit dem Hauptportal ist dem Contarini-Bau zuzurechnen, während der nördliche erst im 13. Jh. angefügt wurde. Bestimmend für den Raumeindruck der Vorhalle sind die Gewölbemosaiken aus dem 13. Jahrhundert. Die Themen stammen vorwiegend aus dem Alten Testament und beginnen chronologisch im südlichen Joch der Westvorhalle mit Darstellungen zur Genesis und werden in den folgenden Jochen mit Geschichten zu Noah, Abraham, Joseph und Moses fortgeführt. Kleine Figuren werden vor einen großen, weiten, größtenteils goldenen Bildgrund gesetzt, die Erzählung erfolgt sehr detailliert und kontinuierlich. Heiligenfiguren und Engel bereichern das Programm. Einflüsse der byzantinischen Kunst sind spürbar, die agile Erzählfreude, die bewegten Figuren, die Bemühung um die Erfassung ihrer Anatomie zeugen jedoch von einer engeren Verwandtschaft mit der westlichen spätromanischen Kunst. Als wichtige Vorbilder dienten illustrierte Handschriften und Beispiele aus der paläologischen byzantinischen Kunst.
Das Paviment – ein aus verschiedenfarbigen Marmorteilen eingelegter Fußboden – stammt entsprechend den Baudaten der Vorhalle aus der Contarini-Zeit im Westteil, aus dem 13. Jh. im Nordteil. Die Motive und Muster sind östlichen Ursprungs.
In einzelnen Nischen befinden sich Dogengrabmäler aus dem 12. Jahrhundert. Drei Portale führen vom Narthex in das Kircheninnere: Die südliche Porta San Clemente fällt durch die aus Byzanz stammende Bronzetüre auf, die im 11. Jh. nach Venedig kam. Eine Nachbildung davon wurde im 12. Jh. geschaffen und als Mittelportal eingesetzt.

Inneres der Basilika

**Mosaiken

Die Raumwirkung des dreischiffigen Inneren wird bestimmt durch die fünf Kuppeln, die auf massiven Pfeilern ruhen und die ihrerseits wieder mit breiten Tonnengewölben verbunden sind. Außerdem sind die Mosaiken, die große Teile der Mauerflächen überziehen, mitbestimmend für den überwältigenden Raumeindruck. Wie keine andere Kirche des Abendlandes ist San Marco mit Mosaiken ausgestattet. Diese stammen nicht aus der ersten Bauphase, sondern sind mit den Marmorinkrustationen der unteren Wandzonen ab Mitte des 12. Jh.s eingesetzt worden. Die Fertigstellung zog sich bis ins 14. Jh., einzelne Felder sind erst im 16., 17. oder 18. Jh. hinzugefügt worden.
Das Programm der erzählenden Bilder ist trotz der zentral orientierten Architektur längs ausgerichtet: Die Hauptthemen entwickeln sich zwischen Apsis und Ausgang, beginnend mit Christus als Pantokrator im Osten und abschließend mit der Apokalypse im Westen. Dazwischen erstrecken sich die Ereignisse der Passion bis zur Himmelfahrt. Die Wandflächen der Querarme befassen sich mit Heiligengeschichten und den Eltern Jesu.
Die Besichtigung der Mosaiken ist besonders lohnend von der westlichen Galerie (Aufgang beim inneren Hauptportal rechts; es empfiehlt sich die Mitnahme eines Fern- oder Opernglases).

*Kuppeln
Chorkuppel

In der Chorkuppel ist der segnende Christus dargestellt, umgeben von Propheten und Maria. Das Mosaik stammt aus dem 12. Jh., Teile wurden aber nach dem Brand 1231 erneuert, was an dem Goldgrund abzulesen ist, wo sich die alten von den neuen Teilen abheben.

Himmelfahrtskuppel

Christus schwebt in der Mitte in einem von Engeln getragenen Sternenkreis. Darunter steht Maria von Engeln umgeben. Den Kuppelrand säumen

Himmelfahrtskuppel (Fortsetzung)

die Apostel, die durch Ölbäume voneinander getrennt stehen. In den Pendentifs fanden die vier Evangelisten Platz. Diese Mosaiken sind um 1200 entstanden.

Pfingstkuppel

Im Zentrum steht hier der Hl. Geist, der seine Feuerzungen den 12 am Rand der Kuppel thronenden Aposteln aussendet. Die Apostel sind in auffallend großzügige Gewänder mit ornamentalen Falten gehüllt. Die Mosaiken sind auf das Ende des 12. Jh.s zu datieren.

Johanneskuppel

Im nördlichen Querarm sind Szenen aus dem Leben des hl. Johannes zu sehen, die aus dem 12. Jh. stammen und eine stilistische Verbindung mit den Mosaiken der Pfingstkuppel aufweisen.

Leonhardskuppel

Bezüglich des Kompositionsschemas fällt die Kuppel des südlichen Querarmes heraus. Dargestellt sind vier Heilige, Leonhard, Clemens, Blasius und Nikolaus, denen in der Kirche Altäre gewidmet waren.

Markuslegende

Wegen der Bedeutung des hl. Markus für Venedig seien die Mosaiken zur Markuslegende westlich der Leonhardskuppel besonders hervorgehoben. Gezeigt wird hier die Legende der Wiederauffindung der Gebeine des hl. Markus, die seit dem Brand der Kirche 976 vermißt waren. Erst durch ein langes Gebet des Dogen und der venezianischen Bevölkerung geschah das Wunder, daß sie wieder auftauchten. Sie sollen sich aus der gegenüberliegenden Wand herausgelöst haben.

Rundgang
Cappella Zeno

Urspünglich befand sich in der Zeno-Kapelle (Zugang durch das Baptisterium) eine repräsentativ ausgestattete Portalanlage, die den Haupteingang in die Kirche von Süden darstellte. Zu Beginn des 16. Jh.s wurde die südliche Seite zugemauert und der Raum zu einer Kapelle umgestaltet. In ihr fand das Grabmal des Kardinals Giambattista Zeno Platz mit der Liegefigur des Verstorbenen und sechs Allegorien der Tugenden. Im Gegensatz zu den in Venedig üblichen Wandgräbern handelt es sich hier um ein freistehendes Monument.
Bemerkenswert ist die "Madonna della scarpa", die Madonna mit dem Schuh: Zwischen dem hl. Markus und Johannes d. Täufer sitzt die Muttergottes, nach den Entwürfen des Antonio Lombardo gegossene Bronzen des frühen 16. Jh.s. Die Legende berichtet, ein Armer stiftete der Madonna seinen linken Schuh, der als Zeichen des himmlischen Dankes in Gold verwandelt wurde.
Die beiden säulentragenden Löwen aus rotem Marmor (12. Jh.) stammen möglicherweise von der ehemaligen Portalanlage.

Battistero

Die Mosaiken des Baptisteriums sind Arbeiten aus der Mitte des 14. Jh.s und thematisch an der Funktion des Raumes orientiert: Die Aussendung der Apostel durch Christus ("Gehet hin in alle Welt und taufet alle Völker"), Christus umgeben von Engeln und Christus am Kreuz. An den Wänden sind Szenen aus dem Leben Johannes d. Täufers zu sehen.
Die Bildreliefs des Taufsteins beziehen sich ebenfalls auf Johannes d. Täufer und wechseln sich mit Darstellungen der Evangelisten ab. Wahrscheinlich hat Jacopo Sansovino das Mitte des 16. Jh.s entstandene Taufbecken entworfen.
Zwei Grabmäler von Dogen befinden sich im Baptisterium: Im Vorraum das des Giovanni Soranzo und dem Eingang gegenüber das aufwendiger ausgestattete des Andrea Dandolo. Dandolo war der Stifter der Mosaiken und der letzte Doge, der 1354 in San Marco bestattet wurde.

*Tesoro

Den Grundstock der Schatzkammer (Zugang links neben dem Durchgang zum Dogenpalast; geöffnet: Mo.–Sa. 9.45–17.15 Uhr, So. 14.00–17.00 Uhr) bilden Beutestücke, die die Venezianer nach der Eroberung von Konstantinopel 1204 mit in die Lagunenstadt brachten: Reliquienschreine aus Gold und Silber, mit Edelsteinen besetzt und reich verziert, Pokale, Gläser, liturgische Geräte, Elfenbeinarbeiten, Ikonen, Tapisserien und weitere Er-

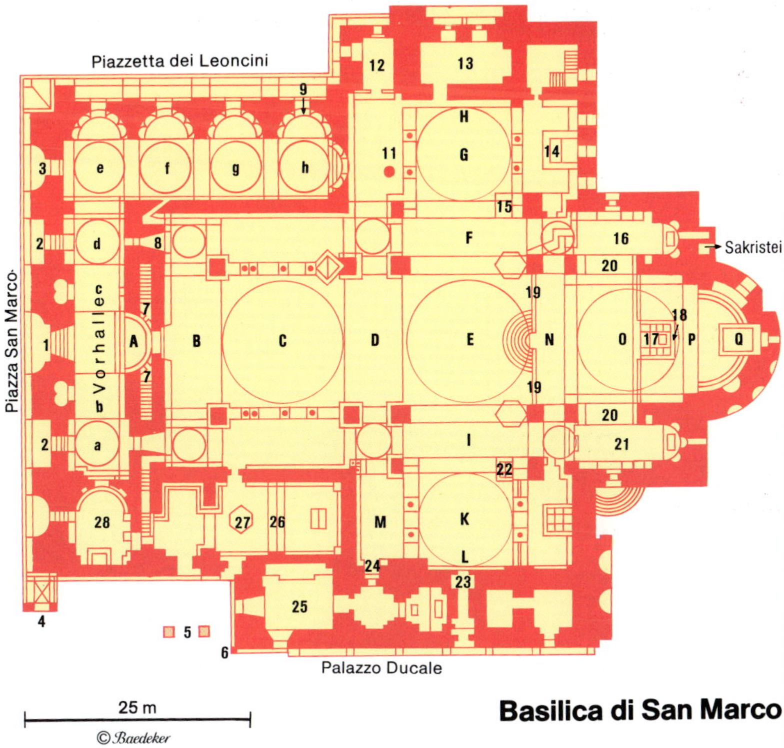

Basilica di San Marco

1 Hauptportal
2 Erzgitter des venetianischen Meisters Bertuccius (um 1300)
3 Porta di S. Alippio
4 Pietra del Bando
5 Pilastri Acritani
6 Skulptur der Tetrarchen
7 Aufgänge zum Museo Marciano
8 Porta di San Pietro
9 Porta dei Fiori
10 Verkündigungsaltar
11 Romanisches Weihwasserbecken mit Engeln (12. Jh.)
12 Cappella della Madonna dei Mascoli
13 Cappella di Sant' Isidoro
14 Cappella della Madonna Nicopeia
15 Altare di San Paolo
16 Cappella di San Pietro
17 Hochaltar
18 Pala d'Oro
19 Ikonostase
20 Reliquienschreine
21 Cappella di San Clemente
22 Altare di San Giacomo
23 Verbindung zum Dogenpalast
24 Eingang zur Schatzkammer
25 Schatzkammer (Tesoro), mit Goldschmiedearbeiten u. a.
26 Baptisterium
27 Taufbecken von 1546
28 Cappella Zeno, für den Kardinal G. B. Zeno († 1501)

MOSAIKEN

a Darstellungen zur Genesis
b Geschichte Noahs
c Geschichte Noahs und Turmbau zu Babel
d Leben des Abraham
e–g Josephs-Geschichte
h Geschichte Moses

A Bogen des Paradieses
B Bogen der Apokalypse
C Pfingstszenen
D Passionsszenen
E Himmelfahrt
F Heiliger Michael mit Schwert
G Szenen aus dem Leben Johannes des Evangelisten
H Marienleben
I Fußwaschung, Versuchung in der Wüste
K Leonhardskuppel
L Vier Wunder Jesu
M Markuslegende
N St. Peter, Auferstehung u. a.
O Chormosaiken
P Heiliges Lamm
Q Christus als Pantokrator

IHS
XPS

Tesoro (Fortsetzung)

zeugnisse der Kleinkunst. Dieser Kirchenschatz, der zugleich Staatsschatz war, ist durch Schenkungen und Ankäufe bereichert worden und gilt trotz der erheblichen Dezimierung durch Raub und Einschmelzungen heute als einer der reichsten der Welt. Zu den bedeutendsten Gegenständen zählt der Thron des hl. Markus, ein Reliquiar aus Marmor in der Form eines Sitzes, das laut Überlieferung im Jahre 630 vom Kaiser in Byzanz dem Patriarchen von Grado geschenkt worden sein soll.

Sakramentsaltar

Der Sakramentsaltar an der Ostwand des südlichen Seitenschiffes ist 1617 errichtet worden. Auf ihm verehrte man wichtige Reliquien, bis es 1810 zu einer Neuorganisation der Altäre kam. Das Retabel auf der Mensa ist barock, der Baldachin modern. – Aus der dahinterstehenden Wand sollen sich auch die verlorenen Gebeine des hl. Markus 1094 gelöst haben (s. Mosaiken zur Markuslegende).

Altare di San Giacomo

Der Doge Cristoforo Moro stiftete den Jacobus-Altar zusammen mit dem gleichförmigen Altar San Paolo, links des Presbyteriums. Der Wandaltar ohne Baldachin ist mit hervorragenden Skulpturen der Frührenaissance von Pietro Lombardo und seiner Werkstatt bestückt.

Cappella di San Clemente

Die Kapelle ist mit farblich nuanciert abgestimmten Mosaiken des 12. Jh.s ausgestattet, die den hl. Clemens darstellen. Die Säulenwand stammt aus dem 14. Jahrhundert. Das Andachtsbild über dem Altar mit der stehenden Madonna und dem Jesuskind ist eine bemerkenswerte Arbeit der Donatello-Nachfolge. Die Kapelle des hl. Clemens war ausschließlich für die Dogen bestimmt.

Presbyterium

Das Presbyterium (geöffnet: Mo.–Sa. 9.30–17.00 Uhr, So. 14.00–17.00 Uhr) bot an hohen Feiertagen Platz für den Dogen, die höchsten venezianischen Beamten und die Kanoniker. Nur noch wenig ist von der ursprünglichen Ausstattung vorhanden, das Gestühl wurde entfernt.

Cantorien

Direkt hinter dem Lettner sind an beiden Seiten Sängertribünen. Die qualitätsvollen Reliefs an den Brüstungen stammen von Jacopo Sansovino und beschreiben Stationen des Lebens des hl. Markus. Die früher entstandenen Reliefs der Tribüne direkt am Eingang des Presbyteriums sind 1537 entstanden, die auf der gegenüberliegenden Seite ab 1541, sie sind in ihrer plastischen Ausformung ausgeprägter.

*Baldachin und *Hochaltar

Der aus alten Stücken neu zusammengesetzte Hochaltar birgt heute die Gebeine des hl. Markus, die früher in der Krypta aufbewahrt wurden und die durch ein Fenster im Altar von oben gesehen werden konnten.
Besonderes Augenmerk sei auf die vier reliefierten Säulen des Baldachins gelenkt: In neun Streifen übereinander entwickeln sich die Darstellungen, die sich mit Themen des Neuen Testaments befassen. Hinten links beginnt die Erzählung mit der Geburt Mariens bis zu ihrer Vermählung mit Joseph, vorne rechts wird das Marienleben fortgeführt und mündet in der Kindheit Jesu; Stationen des Lebens Jesu zeigt die Säule hinten rechts, die Säule vorne rechts schließt mit der Passion und der Auferstehung. Die Anfang des 13. Jh.s entstandenen flachen Reliefs gehören stilistisch der Spätromanik an, allerdings wird erwogen, daß es sich auch um byzantinische Erzeugnisse des 6. Jh.s handeln könnte, die stark überarbeitet worden sind. Da die kleinfigurigen, unter Arkaden zusammengefassten Szenen eng mit Elfenbeinschnitzereien verwandt sind, werden Werke der Kleinbildnerei als wichtiges Vorbild für die Szenenfolge vermutet.

**Pala d'Oro

Der Altaraufsatz ist heute hinter dem Hochaltar auf einem Sockel aufgestellt (geöffnet: Mo.–Sa. 9.30–17.00 Uhr, So. 14.00–17.00 Uhr). Die Pala besteht aus byzantinischen und venezianischen Emaille- und Goldschmiedearbeiten, Edelsteinen und Silbergravierungen. Die einzelnen Teile sind zwischen dem 10. und 14. Jh. entstanden. Ihre heutige Gestalt erhielt die

◀ *Christus als Pantokrator im Zentrum der Pala d'Oro – das Meisterwerk der gotischen Goldschmiedekunst wurde 1345 von Boninsegna vollendet.*

Pala d'Oro (Fortsetzung)

Pala d'Oro 1345 unter Andrea Dandolo, der die Einzelteile durch den Goldschmied Gian Paolo Boninsegna neu ordnen und montieren ließ. Zu den ältesten Arbeiten zählen die kleinen, runden, heute in der Rahmung eingefügten Emaille. Der Doge Ordelaffo Falier und Kaiserin Irene ließen das Retabel 1105 erweitern und in San Marco aufstellen. In dieser Zeit entstanden die Platten zur Markusgeschichte und zum Neuen Testament, lebendig erzählende Darstellungen im unteren Teil des Retabels. Sechs große Platten mit Darstellungen zum Leben Jesu, der obere Teil des Aufsatzes und viele kreisförmige Scheiben kamen 1209 hinzu, strenge Kompositionen aus Byzanz.
Die Mitteltafel des thronenden Christus, die Medaillons der Evangelisten und der Apostel sind 1345 wieder in Venedig gefertigt worden. Aus dieser Zeit stammt auch die gotische Rahmung der vielen Einzelteile, die das heterogene Werk zu einem einheitlichen Ganzen verbindet.

Tabernakel

In einer Nische der Apsis steht ein Sakramentshäuschen mit einer reliefgeschmückten Bronzetüre von Jacopo Sansovino: Der auferstandene Christus umgeben von Engeln, die die Marterwerkzeuge präsentieren.

*Sakristeitüre

Die in das Apsisrund eingefügte Türe der Sakristei gehört zu den bedeutendsten Arbeiten Jacopo Sansovinos. Der Türrahmen ist aus Marmor, die leicht gerundete Türe aus Bronze. Zwei große rechteckige Reliefs schmükken sie mit Darstellungen der Grablegung unten und der Auferstehung Christi oben. Propheten und Heilige sind in der Rahmenleiste abgebildet. Auffallend ist der nicht klar abgegrenzte Kontur, das malerische Ineinanderfließen der Figuren. Die kleinen Brustbilder sind der Überlieferung nach Büsten von Künstlerkollegen: Aretino, Palladio, Francesco und Jacopo Sansovino, Tizian und Veronese. Sansovino arbeitete an der Türe zwischen 1546 und 1570; als wichtiges Vorbild diente sicher die Paradiestüre Ghibertis am Baptisterium von Florenz.

Cappella San Pietro

Verläßt man das Presbyterium, so gelangt man in die Kapelle des hl. Petrus. Der Altar ist im 19. Jh. zusammengefügt worden, auf dem Lettner (Ende 14. Jh.) stehen Maria und weitere weibliche Heiligenfiguren aus der Werkstatt der Brüder Masegne.

*Ikonostasis

Zwischen 1394 und 1404 wurde die Ikonostasis von Jacobello und Pierpaolo dalle Masegne geschaffen. Eine Kolonnadenreihe, bestehend aus acht gedrungenen Säulen, trägt das waagrechte Gebälk. Auf diesem steht in der Mitte das Triumphkreuz, umgeben von den rundplastisch ausgearbeiteten Marmorfiguren der Maria, des hl. Markus und der zwölf Apostel.
Auf beiden Seiten der Ikonostasis stehen Säulenkanzeln von gleichem Aufbau, die im 14. Jh. aus altem Material, Säulen und Marmorplatten, zusammengefügt wurden. Links die Evangelienkanzel und rechts diejenige, auf der sich der neu gewählte Doge dem Volk präsentierte.

Altare di San Paolo

Der Altar entspricht im Aufbau seinem Gegenüber, dem Altare di San Giacomo. Das differenziert gearbeitete Relief zeigt die Bekehrung des Saulus, die Skulptur des Paulus ist eine Hinzufügung des 16. Jh.s.

*Madonna Nicopeia

Das Andachtsbild Madonna Nicopeia (die 'Siegerwirkende') an der Ostwand des nördlichen Querschiffes ist ein byzantinisches Beutestück, das sich seit Anfang des 13. Jh.s in Venedig befindet und vor allem an Marienfesttagen besondere Verehrung erfährt. Die mit Juwelen, Perlen und Edelsteinen besetzte, unter einem Baldachin aufgestellte Ikone ist im 10. Jh. in Byzanz entstanden und stellt den Typus der Nicopeia dar, der frontal sitzenden Madonna mit dem Kind in der Mitte auf den Knien.

Cappella Sant'Isidoro

Die Kapelle des hl. Isidor birgt die 1125 in Chios erworbenen Gebeine des Heiligen, die in einem Sarkophag in einer Nische der Stirnwand ruhen. Die Liegefigur auf dem Sarkophag stellt den Heiligen dar, die Mosaiken des 14. Jh.s erzählen teilweise sehr dramatisch verschiedene Episoden aus seinem Leben.

Kunstvolle Mosaiken erzeugen einen überwältigenden Raumeindruck.

Cappella dei Mascoli

Der Name der Kapelle stammt aus dem 17. Jh. und zeugt von ihrer ehemaligen Funktion als Kapelle der Bruderschaft der Mascoli (Junggesellen). Der tonnengewölbte Raum wurde Anfang des 15. Jh.s gebaut und erhielt einen Altar mit bedeutenden Skulpturen der Maria zwischen den hll. Markus und Johannes, die den Übergang der Spätgotik zur Frührenaissance markieren. Zu beachten sind die Mosaiken der ersten Hälfte des 15. Jh.s und das Weihwasserbecken auf dem Säulenschaft (12. Jh.).

Verkündigungsaltar

Der Name des Verkündigungsaltars verweist auf seine baldachinartige Gestalt: Ein marmornes polygonales Pyramidendach wird von Säulen getragen, die eine Mensa umschließen. Das Kruzifix ist ein 1205 nach Venedig gebrachtes Beutestück aus Byzanz, die Statuen zur Verkündigung sind im 14. Jh. gearbeitet worden.

*Fußboden

Besondere Beachtung verdient der im 12. und 13. Jh. ausgeführte Fußboden mit interessanten mehrfarbigen Mosaiken aus Marmor, die perspektivische Muster, Ornamente oder Tiermotive abbilden und meist in einen viereckigen Rahmen eingepaßt sind. Eine Gliederung des Bodens, die die Struktur der Architektur übernimmt, oder ein ikonographisch zusammenhängendes Programm sind nicht zu erkennen.

***Museo Marciano**

Öffnungszeiten: Tgl. 9.45–17.00

Der steile Aufgang zum Museo Marciano befindet sich an der rechten Seite des Haupteingangs der Kirche. In diesem Kirchenmuseum sind Teppiche, Skulpturen und liturgische Gewänder ausgestellt, Fragmente von Mosaiken können aus der Nähe besichtigt werden. Zu den prominentesten Ausstellungsstücken gehört die ehemalige Verkleidung der Pala d'Oro, die an Werktagen den Altaraufsatz bedeckte. Paolo Veneziano und seine Söhne schufen 1345 das Polyptychon mit Darstellungen zu Christus, Maria, Heiligen und zum Markusleben. Hier sind auch die Originale der bekannten Pferde von San Marco aufgestellt (Abb. S. 6). Die Museumsräume über den Vorhallen dienten ehemals als Werkstätten für die Mosaizisten.

**Pferde von San Marco

Baedeker Special

Alles Spitze

Die Legende erzählt, ein verliebter Kapitän habe seine Angebetete auf der Insel **Burano** zurückgelassen und sei bald darauf an der Insel der Sirenen vorbeigesegelt. Während die Besatzung von den Zaubergesängen überwältigt von Bord sprang, widerstand der Verliebte der betörenden Versuchung. Da ließ die Herrscherin der Sirenen eine Schaumkrone aus dem Meer auftauchen, die sich in den Händen des Seemanns zu feinster Spitze verwandelte – der Hochzeitsschleier für die auf Burano wartende Geliebte.

Tatsächlich hat die Burano-Spitze eine besondere Beziehung zum Meer, sollen ihre Stiche doch von den Herstellungstechniken der Fischernetze abgeleitet sein. Spitze wurde in Venedig und auf den kleinen Inseln bereits im 15. Jh. hergestellt, der komplizierte Luftstich (Punto in Aria) aber, das Markenzeichen Buranos, wurde erst im 16. Jh. erfunden. Alsbald waren die feinen Arbeiten in ganz Europa gefragt, schmückten sich Adel und reiches Bürgertum mit den kostbaren Accessoirs von der venezianischen Insel. In Frankreich war die Spitze Mitte des 17. Jh.s so begehrt, daß Minister Colbert sogar Stickerinnen aus Burano anwarb, um die eigene Spitzenproduktion anzukurbeln und dabei mit der italienischen konkurrieren zu können. Mit der Auflösung der Republik 1797 wurde auch der Niedergang der Spitzenherstellung besiegelt. Ende des 19. Jh.s war das Traditionshandwerk schon fast vergessen, als die Gräfin Marcello 1872 auf Burano eine neue Spitzenschule eröffnete, in der Francesca Memo, die letzte Spitzenstickerin, die den 'Punto in Aria' noch beherrschte, ihre Kunst weitergab. Zu Beginn des 20. Jh.s zählte die Insel sieben große Spitzenmanufakturen, in denen fast 5000 Stickerinnen beschäftigt waren. Heute beherrschen nur noch wenige Frauen dieses Kunsthandwerk, und echte Burano-Spitze ist längst ein seltener Luxusartikel geworden. So stammen die meisten Arbeiten in den zahlreichen Geschäften entlang der Via Galuppi denn heute auch aus Billiglohnländern.
Wer sich für die Geschichte der Spitzenkunst interessiert, sollte der Galleria del Merletto Antico in der Via Galuppi 215 einen Besuch abstatten. Ein kleines Museum zeigt hier exquisite Arbeiten der letzten zwei Jahrhunderte, darunter kostbare Fächer, Schleier und Kleider der wohlhabenden Aristokratie (werktags während der Geschäftszeiten geöffnet). Über die Punto-Aria-Technik informiert zudem die Scuola dei Merletti an der Piazza Galuppi (geöffnet: Di.–Sa. 9.00–18.00 Uhr, So. 10.00–16.00 Uhr).

Kostbare Spitze der Merletti-Schule

Burano – eine bezaubernde Kulisse farbenfroher Fischerhäuschen.

**Burano R 1

Nach rund 40 Minuten Bootsfahrt erreicht man knapp 9 km nordöstlich der venezianischen Hauptinsel die knapp 5000 Einwohner zählende Insel Burano, berühmt für feine Spitze. Der lebhafte kleine Fischerort besticht durch farbenfroh bemalte Häuschen, in der Regel ein- oder zweistöckig, mit schlichten, aber leuchtend bunten Fassaden. Auch die Fischerboote, die an den Kais der schmalen Kanäle vertäut sind, zeigen kräftige Farben und ergeben mit der sich im Wasser spiegelnden Häuserkulisse ein bezauberndes Bild.

Anlegestelle
Burano (ab Fondamenta Nuove)

Kein Wunder, daß die Insel immer eine große Anziehungskraft auf Maler ausgeübt hat, darunter auch die sogenannte Burano-Schule, die hier vor dem Ersten Weltkrieg das besondere Licht der Lagune einzufangen suchte. Einige Werke dieser Maler sind im renommierten Restaurant Da Romano in der Via Galuppi 468 zu sehen. Kunstinteressierte sollten an der Piazza Galuppi auch einen Blick in die Kirche San Martino werfen, die eine auf 1725 datierte Kreuzigung von Giambattista Tiepolo (⟶ Berühmte Persönlichkeiten) birgt.

Und wer zum Abschluß eines der ausgezeichneten Fischrestaurants entlang der Via Galuppi aufsucht, sollte zum Nachtisch noch einen 'Buranokringel' (bussola) versuchen, den man in süssen Wein getaucht verzehrt.

**Canal Grande (Pläne S. 56–59) E–K 3–6

Auf einer Länge von 3,8 km zieht sich der 30–70 m breite und ca. 5 m tiefe Canal Grande in Form eines großen S durch das Herz der Lagunenstadt von der Piazzale Roma bis zum San-Marco-Becken. "Ja, das ist meines Erachtens die schönste Straße der Welt", schwärmte schon der Gesandte

**Eine der schönsten Wasserstraßen der Welt

Fortuna begrüßt den Reisenden von der Turmspitze des Zollamtes.

Allgemeines (Fortsetzung)

Philippe de Commynes vor fast 500 Jahren, "unübertrefflich fein angelegt läuft sie die Stadt entlang". Und bis heute gilt die von drei Brücken überspannte Hauptverkehrsader Venedigs als eine der prachtvollsten aller Hauptstraßen. Von den Venezianern wird der stets von Gondeln und Motorbooten befahrene Wasserweg auch 'Canalazzo' genannt, eine Verschmelzung von 'Canal' und 'Palazzo', was auf die einzigartige Fassadenfolge von 210 Palästen und 15 Kirchen hinweist, die dem Canal Grande seine überwältigende Pracht verleihen.
Der Kanal ist einer der Mündungsarme des Flusses Brenta, der hier durch die Lagune zum Meer fließt. Besichtigen läßt sich der Canal Grande nur per Schiff: die Boote (Vaporetti) der Linie 1 halten an sämtlichen Stationen, die der Linie 82 nur an den wichtigsten wie Bahnhof, Rialto und San Marco. Tickets sind in den Stationshäuschen erhältlich; empfehlenswert sind 1-, 3- oder 5-Tageskarten, die für alle Linien gelten.

Von der Piazza San Marco zur Rialtobrücke **Plan S. 56/57**

(l) = linkes Ufer (r) = rechtes Ufer

**Piazza San Marco (r)

→ dort

Giardini Reali, Tourist Information (r)

Die königlichen Gärten westlich der Piazzetta wurden zu Beginn des 19. Jh.s an der Stelle der ehemaligen Getreidespeicher errichtet. Am Westende der Grünanlage beherbergt das klassizistische Kaffeehaus (1815–1817) das städtische Fremdenverkehrsamt.

Capitaneria del Porto (r)

Im ehemaligen Kornspeicher aus dem 15. Jh., der einst die Rückseite der → Prokuratien einnahm, ist heute das Hafenamt eingerichtet. – Ein Muß für Freunde illustrer Cocktails ist nebenan Harry's Bar, u.a. einst Stammlokal von Ernest Hemmingway.

Palazzo Giustinian Morosini (r)

Der viergeschossige gotische Bau wurde in der zweiten Hälfte des 15. Jh.s von der vornehmen Patrizierfamilie der Giustinian errichtet und von Steinmetzen aus der Gegend um Bergamo kunstvoll ausgestaltet. Als das Gebäude im 17. Jh. an die Familie Morosini überging, wurden umfangreiche Änderungen vorgenommen.

Palazzo Treves Bonfili (r)

Die Entwürfe für den Ende des 16. bis Anfang des 17. Jh.s erbauten Palast stammen vermutlich von Bartolomeo Monopola. Der Fassadenschmuck wurde von Sebastian Santi und Giovanni Demin zu Beginn des 19. Jh.s ausgeführt.

Dogana da Mar (l)

An der gegenüberliegenden Landspitze von Dorsoduro begrüßt eine bronzene Glücksgöttin den Reisenden von der Turmspitze des alten Zollamtes. Erbaut wurde die ehemalige Zollstation zwischen 1676 und 1682 von Giovanni Bernoni. Der Senat hoffte damals, durch rigorose Zollbestimmungen den Niedergang der venezianischen Wirtschaft aufhalten zu können, doch erwies sich diese Maßnahme für den Handel eher als negativ. Die von Bernardo Falcone als Windzeiger konzipierte Fortuna-Statue steht auf einer vergoldeten Weltkugel, die von zwei knienden Atlanten gestützt wird.

Seminario Patriarcale (l)
Pinacoteca Manfrediniana

Nach Plänen von Baldassare Longhena entstand um 1669 das Gebäude der Priesterschule, in der heute die Pinacoteca Manfrediniana untergebracht ist. Zu dieser beachtlichen Kunstsammlung des Florentiner Marchese Federico Manfredini gehören Terrakottabüsten von Alessandro Vittoria (1525–1608), Gemälde von Antonio Vivarini (15. Jh.), Cima da Conegliano, Konrad Laib und Filippino Lippi, ein Hauptwerk Antonio Canovas (1757–1822, "Bildnisbüste des Diammatteo Amadei") sowie in der Bibliothek ein Deckenbild "Ruhm der Wissenschaften" (um 1720) von Sebastiano Ricci (Besichtigung nur nach Voranmeldung).

Die prachtvolle Fassade des viergeschossigen Palazzo Giustinian gestalteten Steinmetze aus der Gegend um Bergamo.

Von der Piazza San Marco zur Rialtobrücke (Plan S. 56/57)

*Santa Maria della Salute (l)
→ dort

*Palazzo Contarini Fasan (r)
Der um 1480 erbaute spätgotische Palast besticht durch seine reichverzierte Fassade. Besonders hervorzuheben sind die großen Drillingsfenster im ersten Stock und die dekorativen Brüstungen mit ihrem wiederholten Marmormotiv des Rades. Seinen Namen verdankt der Palast angeblich einem Sproß der Familie Contarini, der häufig auf Fasanenjagd ging. Die Legende erzählt, das hier die schöne Desdemona gewohnt haben soll, die in Shakespeares Tragödie das unschuldige Opfer des eifersüchtigen Othello wird.

Palazzo Manolesso Ferro (r)
Das erste Halbgeschoß und der zweite Stock zeigen Renaissanceelemente wie die zwei- und vierbogigen Fenster im Stil Coduccis. Aus der zweiten Hälfte des 14. Jh.s stammen die spätgotischen Kapitelle mit Laubwerk wie die Doppelsäulen der Brüstungen.

Palazzo Flangini Fini (r)
Für die 1638–1640 durchgeführte Neugestaltung des ursprünglich gotischen Palastes zeichnete der Architekt Pietro Bettinelli im Auftrag von Tommaso Flangini verantwortlich. Ende des 17. Jh.s erwarb die Familie Fini das Gebäude.

San Gregorio (l)
Das dem hl. Gregor gewidmete Benediktinerkloster wurde im 14. Jh. erbaut, die Kirche in der zweiten Hälfte des 15. Jh.s vollendet. Sie besitzt gotische Fenster, durch marmorne Trennwände zweigeteilt. Ende des 19. Jh.s wurde die Klosteranlage bis auf den ersten Kreuzgang abgerissen. Anstelle des zweiten Kreuzgangs schuf Tricomi Mattei um 1892 einen neugotischen Palast.

Palazzo Genovese (l)

*Palazzo Barbaro (l)
Noch aus gotischer Zeit stammt das herrliche sechsbogige Fenster im ersten Stock des Palastes Barbaro, der nur durch eine schmale Gasse vom

Palazzo Manolesso Ferro

Palazzo Contarini Fasan

Blick vom Palazzo Gritti zur Ca' Grande

Palazzo Barbaro (Fortsetzung)

Dario-Palast getrennt ist. Das Vierbogenfenster im zweiten Geschoß des Barbaro-Baus zeigt spätgotischen Stil mit zugespitzten, hochgezogenen Bögen.

*Palazzo Dario (l)

Wie die Fassaden zum Rio delle Torreselle und zum Garten hin belegen, war auch der Dario-Palast ursprünglich gotisch, bevor Pietro Lombardo 1479 im Auftrag Giovanni Darios begann, den Bau im Renaissancestil umzugestalten. Auffallend ist die schöne Dekoration aus polychromem Marmor. 1815 erwarb die Bostoner Familie Curtis das Anwesen und ließ die Wohnräume prächtig ausstatten. Schnell entwickelte sich der Palast zu einem bevorzugten Treffpunkt amerikanischer Künstler und Literaten, unter ihnen der Dichter Robert Browning (1812–1889), der Schriftsteller Henry James (1843–1916) und der Komponist Cole Porter (1891–1964).

Palazzo Venier dei Leoni (l)

⟶ **Collezione Peggy Guggenheim

*Palazzo Corner (Ca' Grande) (r)

Für 22000 Golddukaten erwarb Giorgio Corner, Bruder der Königin von Zypern, zu Beginn des 16. Jh.s das prächtige Anwesen im gotisch-byzantinischen Stil, das 1532 einem Großbrand zum Opfer fiel. Sohn Jacopo Corner beauftragte daraufhin den Florentiner Architekten und Bildhauer Jacopo Sansovino (⟶ Berühmte Persönlichkeiten) mit einem prachtvollen dreigeschossigen Neubau nach den Ideen der Renaissance. Harmonisch komponierte er die venezianische Arkadengliederung mit der toskanischen Sockelzone. Anfang des 19. Jh.s ging das riesige Palastgebäude – daher auch der Name: Ca' Grande (= Großes Haus) – an Österreich über als Amtssitz des kaiserlichen Statthalters, heute hat die Stadtpräfektur hier ihren Sitz.

Casina delle Rose (r)

Im Frühling fällt der Blick zuerst auf die roten Blüten des Granatapfelbaums im Garten vor dem Haus. Hier hatte der Bildhauer Antonio Canova sein erstes Atelier eingerichtet, in dem u.a. für die Familie Pisani die Gruppe

Casina delle Rose (Fortsetzung)

"Dädalus und Ikarus" entstand, die heute im Museo Correr (⟶ Piazza San Marco) zu besichtigen ist. Während des Ersten Weltkriegs lebte in dem Palast der italienische Schriftsteller Gabriele d'Annunzio (1863–1938), der in seinem autobiographischen Venedigroman "Das Feuer" seine stürmische Affäre mit der gefeierten Schauspielerin Eleonore Duse verarbeitete.

Palazzo Barbarigo (l)

Das große Gebäude aus dem 16. Jh. weist einen klaren Grundriß auf, parallele Bänder verbinden die Fassadenelemente zu geometrischen Einheiten. Giulio Carlini lieferte im 19. Jh. die Entwürfe für die Mosaiken an der Stirnseite des Palastes.

Palazzo Contarini dal Zaffo (l)

Die Pläne für das bemerkenswerte Bauwerk der Frührenaissance vom Ende des 15. Jh.s werden Mauro Coducci zugeschrieben, eventuell unter Mitwirkung von Pietro Lombardo. Von der Innendekoration des 18. Jh.s, die G.B. Tiepolo (⟶ Berühmte Persönlichkeiten) schuf, sind noch einige der Fresken erhalten.

Palazzi Barbaro (r)

Erbaut wurde der linke, gotische Palast in der ersten Hälfte des 15. Jh.s vermutlich von der Werkstatt der Bon. Für den rechten Palast zeichnete um 1694 Antonio Gaspari verantwortlich, der die Innenräume mit kostbarem Stuckdekor ausstatten ließ.

Palazzo Cavalli Franchetti (r)

Direkt neben dem Ponte dell'Accademia liefert die Fassade des Palazzo Cavalli Franchetti ein hervorragendes Beispiel spätgotischer Baukunst. Das um 1465 entstandene feine Maßwerk wurde Ende des 19. Jh.s sorgfältig restauriert. Besonders beachtenswert sind die reich verzierten Fensterrahmungen. Der rückwärtige Teil des Palastes wurde z.T. im neugotischen Stil erweitert. Zwischen dem Gebäude und der Accademia-Brücke liegt ein kleiner Garten.

**Gallerie dell' Accademia (l)

⟶ dort

Palazzo Mocenigo Gambara (l)

In dem Palast aus dem 17. Jh. wurde 1624 Lazzaro Mocenigo geboren, Prokurator von San Marco und berühmter Kapitän, der im Krieg von Candia mehrmals die Türken besiegte, bevor er 1657 vor den Dardanellen fiel. Zu den illustren Mitgliedern der Familie Gambara zählten vier Kardinäle und jene für ihre lebendigen Verse bekannte 'Veronica von Corregio', die mit illustren Zeitgenossen wie Ariost und Pietro Aretino befreundet war.

Palazzi Contarini degli Scrigni (l)

Die beiden miteinander verbundenen Paläste der einflußreichen Familie Contarini liegen an der Mündung des Rio San Trovaso. Der erste Bau aus gotischer Zeit besticht durch die schönen mehrbogigen Fenster der Fassade. Die Erweiterung um den angrenzenden Barockpalast wurde von Vincenzo Scamozzi unter Beibehaltung der Stockwerkshöhe ausgeführt.

Palazzo Giustinian Lolin (r)

Als einer der ersten Barockpaläste Venedigs gilt der gegenüberliegende Palast, ein 1623 begonnenes Frühwerk Baldassare Longhenas, das auf einen gotischen Bau zurückgeht. Für die Umgestaltung hatte Giovanni Lolin seinem Schwiegersohn Giovanni Giustinian eine beträchtliche Summe zur Verfügung gestellt, so daß dieser seinem Namen den des Schwiegervaters hinzufügte. Heute hat in dem Gebäude das Centro Musicale der Fondazione Levi seinen Sitz.

Palazzo Falier (r)

Das kleine gotische Bauwerk aus der ersten Hälfte des 15. Jh.s besitzt an den Seiten zwei überdachte Terrassen der Renaissance. Die Familie Falier war seit 1084 in diesem Viertel ansässig, jenem Jahr, in dem San Vidal von Vitale Falier errichtet worden war, der bis 1096 als Doge amtierte.

Ca' del Duca (r)

Bartolomeo Bon wurde 1453 mit dem Bau des Palastes beauftragt, der allerdings unvollendet blieb. Später stand hier ein einfacher Ziegelbau, den Tizian (⟶ Berühmte Persönlichkeiten) zeitweise als Atelier nutzte.

*Palazzo Loredan dell'Ambasciatore (l)

An der schönen Fassade des um 1470 erbauten spätgotischen Palastes fällt im ersten Stock der Blick auf zwei Schildknappen, die aus der Lombardi-Schule stammen. Seinen Beinamen 'dell'Ambasciatore' erhielt der Palast 1752, als er Amtssitz des kaiserlichen Botschafters wurde – unter der Bedingung, daß der Wiener Hof den Mietzins und die Unterhaltskosten für 29 Jahre im voraus bezahlte.

Palazzo Stern (l)

Zu Beginn des 20. Jh.s wurde nach einem Entwurf des Architekten Berti der kleine Palast im neogotisch-byzantinischen Stil erbaut, der seinen Namen der früheren Besitzerin Madame Stern verdankt.

Palazzo Malipiero und San Samuele (r)

Der ursprünglich gotische Palazzo erhielt 1622 sein heutiges Aussehen (Abb. S. 80). Der Palast nimmt die Südseite des Campo San Samuele ein mit der gleichnamigen Kirche, die um 1000 geweiht und 1683 vollständig umgebaut wurde; der Kirchturm stammt noch aus dem 12. Jahrhundert.

*Palazzo Grassi (r)

Das dreigeschossige Gebäude, dessen relativ schlichter Fassadenschmuck zwischen Barock und Klassizismus vermittelt, wurde Mitte des 18. Jh.s nach Plänen des Architekten Giorgio Massari erbaut, der auch für die ⟶ Ca' Rezzonico verantwortlich zeichnete. Die Wand gegenüber dem prachtvollen Treppenaufgang zieren Fresken von Alessandro Longhi, die eine Gruppe adliger Damen und Kavaliere mit Bautta-Masken zeigen, die sich an einen Trompe-l'Oeil-Balkon lehnen. Auch in den Räumen des oberen Stockwerks sind noch Wandgemälde im Rokoko-Stil erhalten, die Jacopo Guarana und Fabio Canal ausführten. Auftraggeber für den Bau war die mächtige Familie Grassi, die 1718 für die Summe von 60000 Golddukaten dem venezianischen Patriziat beitreten durfte und den Palast bis Mitte des 19. Jh.s bewohnte, bevor die Grafen Tornielli ihn erwarben. Später wohnte hier der Operntenor Poggi, im 19. Jh. beherbergte der Bau das illustre Badehaus Degli Antoni. Nachdem der Autokonzern Fiat den Palast 1984 gekauft hatte, erfolgte unter Leitung von Gae Aulenti und Antonio

Palazzo Balbi im Stil des Manierismus

Palazzo Loredan dell'Ambasciatore

Die Südseite des Campo San Samuele nimmt der Palazzo Malipiero ein.

Palazzo Grassi (Fortsetzung)

Foscari eine umfassende Restaurierung. Dabei versuchte man weitgehend, die alte Struktur des Patrizierpalastes wiederherzustellen. 1986 wurde mit der vielbeachteten Futurismus-Schau das Kulturzentrum für interdisziplinäre Ausstellungen eröffnet, in dem seither alljährlich beachtliche Retrospektiven und Präsentationen moderner Kunst gezeigt werden.

**Ca' Rezzonico (I)

⟶ dort

*Palazzo Giustinian (I)

Erbaut wurde der eindrucksvolle viergeschossige Doppelpalast Mitte des 15. Jh.s im spätgotischen Stil durch die Werkstatt der Bon. Richard Wagner bewohnte den repräsentativen Bau von 1858 bis 1859 für sieben Monate und komponierte hier während dieser Zeit den zweiten Akt seiner Oper "Tristan und Isolde".

*Ca' Foscari (I)

An der breiten Mündung des Rio Foscari steht der gleichnamige Palast, ein Hauptwerk der venezianischen Spätgotik, in dem heute die Universität untergebracht ist. Das Anwesen wurde 1452 von Francesco Foscari (⟶ Berühmte Persönlichkeiten) erworben, der die beiden Giustinian-Türme, die hier standen, zu einem prachtvollen Palast umgestalten ließ. Die reich verzierte Fassade zeichnet sich durch die beiden übereinanderliegenden Fensterreihen des ersten und zweiten Piano nobile aus. Der dreigliedrige Grundriß weist mit einem L-förmigen Portikus zum Canal hin. 1574 diente das geschichtsträchtige Haus dem jungen König von Frankreich, Heinrich III., für eine Woche als Unterkunft auf seinem Weg von Polen nach Paris, wo er die Krone Frankreichs in Empfang nehmen sollte.

Palazzo Balbi (I)

Der gegenüber aufragende Palast (Abb. S. 79) wurde 1582–1590 im Auftrag Nicolò Balbis nach Entwürfen von Alessandro Vittorio erbaut. Die Fassade präsentiert charakteristische Merkmale des Manierismus, dem Übergangsstil zwischen Spätrenaissance und Frühbarock, der sich beispielsweise durch die doppelte Säulenführung in den Arkaden, durchbrochene

Palazzo Balbi (Fortsetzung)

Giebelformen und ovale Fensteröffnungen ausdrückt. Seit 1973 beherbergt der Palast die Zentralverwaltung des Veneto.

Palazzo Contarini delle Figure (r)

Seinen Namen verdankt der vornehme Bau den dekorativen heraldischen Elementen, die zwischen den Fenstern die mit Marmor verkleidete Renaissancefassade zieren. Begonnen wurde der Palast 1504 von Giorgio Spavento, die Fertigstellung erfolgte 1546 unter Scarpagnino. Im 16. Jh. bewohnte der Kunstmäzen Jacopo Contarini den Palast, berühmt für seine Bibliothek und Gemäldegalerie, die heute zu den Sammlungen der Biblioteca Nazionale Marciana und des Dogenpalastes gehören.

Palazzi Mocenigo (r)

Der erste, im 17. Jh. errichtete Palazzo Mocenigo-Nero gehört zu einer Gruppe von Palästen, die einst alle im Besitz der Patrizierfamilie Mocenigo waren. Sieben Mitglieder aus dieser Familie lenkten zwischen 1414 und 1778 im Amt des Dogen die Geschicke von Venedig. An den Palazzo Mocenigo-Nero schließt sich ein langgestreckter Doppelpalast aus dem 18. Jh. an, in dem 1818–1819 Lord Byron wohnte, der hier u. a. seinen "Don Juan" und seine Vision des Jüngsten Gerichts verfaßte. Ältester Mocenigo-Palast ist die folgende Casa Vecchia (1579) im Stil der venezianischen Spätrenaissance.

Palazzo Corner Gheltoff (r)

Begonnen wurde der Palast im ausgehenden 16. Jh., die Vollendung erfolgte zu Beginn des 17. Jh.s in der Tradition Andrea Palladios.

*Palazzo Pisani Moretta (l)

Die absolut symmetrisch gestaltete Fassade des spätgotischen Palastes (Abb. S. 84) aus der zweiten Hälfte des 15. Jh.s ziert reiches Maßwerk. Besondere Beachtung verdienen die zwei Wassertorbogen und die schönen Fenster im ersten und zweiten Stock. Für die Innenausstattung des Palastes wurden 1742 G.B. Tiepolo und G.B. Piazzetta beauftragt. Bis 1857 zierte den Salon Veroneses Werk "Die Familie des Darius zu Füßen Alexanders", das heute in der Londoner National Gallery zu sehen ist.

Im Palazzo Grassi werden Ausstellungen moderner Kunst gezeigt.

Baedeker Special

Seltsames Gefährt: Die Gondel

Auhee, Auhee! ertönt der warnende Ruf des Gondoliere schon von Ferne, bevor sein eigentümliches schwarzglänzendes Gefährt mit dem gezackten Eisen am Bug um die Ecke des Palazzo biegt, behutsam gesteuert vom Bootsführer in schwarzen Hosen mit weißem Sommerhemd und Strohhut, der das lange Ruder mit dem schlanken Blatt vom Heck aus kunstvoll durch die Forcula (Gabel) bewegt. "Wie ein ungeheurer und schwarzgefiederter Kondor" kam dem amerikanischen Dichter Edgar Allan Poe die Gondel vor, und Thomas Mann beschrieb sie mit den Worten: "Das seltsame Fahrzeug aus balladesken Zeiten ganz unverändert überkommen und so eigentümlich schwarz, wie sonst unter allen Dingen nur Särge sind – es erinnert an lautlose und verbrecherische Abenteuer in plätschernder Nacht, es erinnert noch mehr an den Tod selbst, an Bahre und düsteres Begängnis und letzte schweigsame Fahrt." Dabei war die Gondel in früheren Jahrhunderten als Statussymbol prächtig geschmückt in bunten Farben, mit kostbaren Vergoldungen und verhangenen Kabinen, bis der Doge Girolamo Priuli den zur Schau gestellten Reichtum 1562 ein für allemal verbot und den schwarzen Anstrich der Gondel verordnete. Von den einst über zehntausend Gondeln in Venedig, die die 177 Wasserstraßen über 45 km lang und unter 400 Brücken hindurch befuhren, sind heute nur noch knapp vierhundert geblieben. Gegen die motorisierte Konkurrenz haben die Gondeln keine Chance, obwohl sie die bessere ökologische Alternative sind, da sie wenig Sog und Wellenschlag verursachen. Teuer ist so ein schwarzlackiertes Schmuckstück allemal, mit 25000 bis 30000 DM kostet eine neue Gondel soviel wie ein Mittelklassewagen. Doch die Herstellung ist auch eine besondere

Prachtvolle Momentaufnahme des Canal Grande aus dem 18. Jh. von Canaletto: Prunkgondeln und der Bucintoro, die venezianische Staatsgaleere des Dogen

Bis heute wichtiges Verkehrsmittel in Venedig: die Gondel

Kunst, die nur noch von wenigen beherrscht wird und auf einer kleinen, Squero genannten Privatwerft geschieht. Aus acht verschiedenen Hölzern schlägt der sogenannte Axtmeister die Gondel. Aus Tannenholz, das sich im Wasser ausdehnt und fugendicht abschließt, wird der flache Boden gefertigt, die Rundplanken sind aus harter Eiche, um auch Rempeleien standzuhalten. Lindenholz wird für Bug und Heck verarbeitet, die Querspanten sind aus flexiblem Ulmenholz, für den Innenboden wird leichtes Birkenholz verwendet, die gebogenen Teile des Überbaus sind aus Kirschholz und die edle Abdeckung aus Mahagoni und Lärche. In gut zweimonatiger Arbeit entsteht aus 280 verschiedenen Teilen ein 10,87 Meter langes, mit Leinöl und vier weiteren sattschwarzen Farbschichten imprägniertes Boot mit einem Leergewicht von 350 Kilogramm, das eine Lebensdauer von etwa fünfzehn Jahren hat. Ihre eigenwillige Form erhält die Gondel nicht zuletzt durch ihre Asymmetrie, denn die linke Seite ist um 24 cm breiter als die rechte. Immer auf die rechte Seite geneigt, erhält das Boot sein Gegengewicht durch den Ruderer, der es allein mit einem Ruder manövrieren kann. Für die Wendigkeit der Gondel ist die **Forcula** von entscheidender Bedeutung. Ein Kunstwerk für sich, erlaubt diese auf den Körperbau des Gondoliere zugeschnittene Spezialdolle, durch eingearbeitete Vertiefungen das Ruder in acht verschiedenen Positionen einzusetzen. Die Verzierungen des wiegengleichen Gefährts, in der heute sechs Personen Platz haben, beschränken sich auf den eisernen Bugspriet in Form eines stilisierten Dogenhuts mit den sechs Zacken für die Stadtteile Venedigs und das Heckeisen in der Art eines Bischofsstabs, manchmal gibt es auch noch phantasievollen Schmuck an den Seiten.
Eine Gondelfahrt ist kein billiges Vergnügen, denn das Geschäft auf den Kanälen der Lagunenstadt ist hart. Die Ausbildung zum selbständigen Gondoliere dauert lange, der Unterhalt der Boote ist teuer, Standplätze und Lizenzen kosten ebenfalls Geld. Nicht nur wenn die Touristensaison zu Ende geht, arbeiten die genossenschaftlich organisierten Gondolieri für ein Zubrot als Traghetti-Führer. Mit dem gondelartigen Boot, etwas breiter und länger als die klassische Gondel, das 19 Personen stehend Platz bietet, setzen sie für ein paar hundert Lire Einheimische und Besucher über den Canal Grande.
Wer sich den Sinn für Romantik bewahrt hat, sollte eine organisierte Gondelfahrt bei Dunkelheit mit Musikbegleitung unternehmen, und vielleicht wird er dann beim Klang der Barcarole aus "Hoffmanns Erzählungen" in der venezianischen Sommernacht irgendwo im Fenster eines Palazzo die schöne Giulietta erblicken.

Reiches Maßwerk ziert den spätgotischen Palazzo Pisani Moretta.

Palazzo Giustinian Grimani (l)

Auch dieser Renaissancepalast gehörte der weitverzweigten Giustinian-Familie. Erbaut wurde der ausgewogen proportionierte und mit bunten Marmormedaillons verzierte Bau in den ersten Jahren des 16. Jh.s.

*Palazzo Corner Spinelli (r)

Doppelte Bogenfenster und geschwungene Brüstungen sowie kleine Ziertondi der oberen Stockwerke kontrastieren reizvoll mit dem rustikalen Sockel. Der 1490–1510 ausgeführte Palast, der bereits Renaissanceelemente zeigt, zählt zu den Hauptwerken Mauro Coduccis, der hier die Vorstufe für die gewaltigen Proportionen des Palazzo Vendramin Calergi schuf (s. S. 89). Für die Innenausstattung zeichnete 1542 Michele Sanmicheli verantwortlich. Bevor die wohlhabende Familie Spinelli das Anwesen übernahm, gehörte es Giovanni Corner, einem Neffen der Königin von Zypern, Caterina Cornaro. Heute hat hier die noble Stoffirma Rubelli ihren Sitz.

Palazzo Bernardo (l)

Als ein Paradebeispiel der gotischen Palastarchitektur gilt der um 1442 erbaute Palazzo Bernardo mit seinem eleganten Maßwerk sowie zwei seitlichen Toren und den wunderschönen Mehrbogenfenstern.

Palazzi Donà (l)

Hinter dem Rio della Madonetta passiert man die auf das 12. und 13. Jh. zurückgehenden Paläste Donà, die in späteren Jahrhunderten umfangreiche Veränderungen erfuhren. Auffallend sind die überhöhten Bögen der mittleren Fensterreihe und die schönen Kapitellornamente.

Palazzo Papadopoli Coccina (l)

Mit der Bauleitung des Palastes betraute die Familie Coccina Mitte des 16. Jh.s den aus Bergamo stammenden Giangiacomo Grigi. Für die Ausstattung des Festsaals im Piano nobile lieferte Veronese vier großformatige Bilder, die sich heute in Dresden befinden. In der zweiten Hälfte des 19. Jh.s erwarben die Grafen Papadopoli das Gebäude. Die vielgepriesene Münzsammlung des Hauses wurde später dem Museo Correr (⟶ Procuratie) vermacht.

Palazzi Tron (r)

Der erste Palast der Familie Tron wurde zu Beginn des 15. Jh.s erbaut, der zweite Bau im neogotischen Stil ist ein Werk des 19. Jh.s.

Palazzo Corner Contarini degli Cavalli (r)

Seinen Namen verdankt der 1445 begonnene Palast den Pferden im Familienwappen, das zu beiden Seiten des herrlichen Sechsbogenfensters im ersten Stock zu sehen ist.

*Palazzo Grimani (r)

"Das edelste aller Gebäude in Venedig ist das Haus Grimani" schrieb John Ruskin (1819–1900) in seiner kunstgeschichtlichen Abhandlung "The Stones of Venice" über den dreistöckigen Palast an der Einmündung des Rio di San Luca in den Canal Grande. Begonnen wurde er 1540 für den Prokurator Girolamo Grimani von Michele Sanmicheli. Die monumentale Fassade mit ihren gewaltigen Fensterbögen stellte ein Jahr später Giangiacomo Grigi fertig, der auch das zweite Stockwerk fortführte. Vollendet wurde der Palazzo aber erst 1575 von Giovanni Rusconi. Das Portal besitzt zwei Viktorien von Alessandro Vittoria. Heute beherbergt der Palast in seinen Mauern das Berufungsgericht von Venedig.

Palazzo Businello und Palazzo Barzizza (l)

Beide Paläste wurden im 17. Jh. auf den Mauern älterer Gebäude errichtet, so daß Teile der byzantinischen Vorgängerbauten erhalten sind wie die Kapitelle aus dem 12./13. Jahrhundert.

Palazzi Farsetti, Corner Loredan und Dandolo (r) (Municipio)

Das Rathausgebäude besteht aus den Palästen Farsetti und Loredan, in deren beider Erdgeschosse die venezianisch-byzantinische Grundform des 13. Jh.s erhalten blieb, während die oberen Stockwerke im 16. und 19. Jh. umgestaltet wurden. Im Vorgängerbau des Palazzo Dandolo kam vermutlich der Doge Enrico Dandolo (Dogat: 1192–1205) zur Welt.

Palazzo Bembo (r)

Die doppelte Frontalachse des langgestreckten spätgotischen Palastes betonen jeweils zwei Fünfbogenfenster, die zwar durch ein kurzes Mittel-

Traumhafte Kulisse für eine Gondelfahrt: Palazzi Corner Contarini degli Cavalli, Grimani, Bembo und Dolfin Manin (von rechts nach links)

Abschnitt S. 56/57, Palazzo Bembo (Fortsetzung)

stück voneinander getrennt sind, doch gleichzeitig durch eine durchgehende Brüstung verbunden werden. Die Familie stellte 1539 mit Pietro Bembo einen Kardinal und 1615 mit Giovanni Bembo einen Dogen.

Palazzo Dolfin Manin (r)

Zwischen 1532 und 1560 errichtete der Florentiner Sansovino (→ Berühmte Persönlichkeiten) im Auftrag Giovanni Dolfins den gewaltigen Palast mit einer eindrucksvollen Renaissancefassade. Das dreigeschossige Gebäude diente dem 120. und letzten Dogen, Ludovico Manin, während seiner Amtszeit 1789–1797 als Wohnsitz. Heute ist in dem Palastgebäude die Banca d'Italia untergebracht. Bei seiner Wahl zum Dogen tat Manin den Ausspruch: "Mich erfaßte bei dieser Wahl ein derartiges Angstgefühl, daß ich kaum wußte, was ich tat." Am 12. Mai 1797 hatte Manin dann die Pflicht, die tausend Jahre alte Republik von San Marco für aufgelöst zu erklären. Mit den Worten "Er wird nicht mehr gebraucht" gab er den Dogenhut zurück. Seinen Landsitz Campo Formio in Friaul mußte er für die Verhandlungen zur Verfügung stellen, die zu dem Ergebnis führten, daß Napoleon die Lagunenstadt als "Trostpreis" an Österreich weitergab.

Palazzo degli Dieci Savi (l)

Nachdem der Vorgängerbau 1513 einem Brand zum Opfer gefallen war, wurde der 'Palast der zehn Weisen', die die Abgabe des Zehnten überwachten, 1520–1522 durch ein Gebäude von Scarpagnino ersetzt.

*Ponte di Rialto

→ dort

Von der Rialtobrücke zum Bahnhof S. Lucia **Plan S. 58/59**

(l) = linkes Ufer (r) = rechtes Ufer

Fondaco dei Tedeschi

→ dort

*Palazzo dei Camerlenghi (l)

Der weiße, aufgrund der Innenkrümmung des Canal Grande übereck gebaute Marmorpalast neben der Rialtobrücke war einst Sitz der obersten venezianischen Finanzbehörde und ist heute Gerichtsgebäude. Der repräsentative 'Palast der Finanzsekretäre' wurde 1525–1528 von dem aus Bergamo stammenden Architekten Guglielmo Grigi an der Stelle eines 1513 abgebrannten Vorgängerbaus errichtet. Der Bau gefällt durch seine Halbreliefs, ein sehenswertes letztes Zeugnis der lombardischen Renaissanceornamentik, und seine ausgewogenen Proportionen.

***Rialtomarkt**

Fabbriche Vecchie e Nuove (l)

Schon im Mittelalter hatte man um die Rialtobrücke Bauten zur Lagerung der auf dem Rialtomarkt umgesetzten Waren errichtet, hatten sich hier zahlreiche Händler niedergelassen. Die Lastschiffe machten am Riva del Carbon (Kohlenufer), Riva del Vin (Weinufer) und Riva dell'Olio (Ölufer) fest, nur wenige Schritte vom regen Handel entfernt, der mit Fisch, Obst und Gemüse, edlen Stoffen, Schmuck und kostbaren Gewürzen betrieben wurde. Noch heute verweisen die alten Bezeichnungen der Straßen und Plätze im Rialto-Viertel auf die Handelstätigkeiten und noch immer gehört ein Bummel über den Rialtomarkt zu den schönsten Erlebnissen Venedigs. Den langgestreckten, mit 37 Fensterachsen versehenen Bau der Fabbriche Vecchie entwarf 1520 Scarpagnino, für die 1554–1556 mit Laubengängen erbaute dreigeschossige Fabbriche Nuove zeichnete Sansovino verantwortlich. Wer sich zum Abschluß eine Stärkung gönnen will, sollte eine der gemütlichen Weinstuben um Rialto aufsuchen wie den traditionsreichen Bàcaro Pinto auf dem Campo della Beccaria oder das elegante Poste Vechie neben der Pescheria.

*Pescheria (l)

Die 1907 am Riva dell'Olio in neogotisierendem Stil von Domenico Rupolo und Cesare Laurenti an der Stelle des traditionellen Fischmarktes erbaute Markthalle bildet mit ihrer ansprechenden Architektur und ihrem lebhaften Treiben zwischen den vielen Ständen einen markanten Schwerpunkt. Errichtet wurde die Anlage nach jahrhundertealter Methode auf rund 18000 Eichenholzpfählen (geöffnet: Di.–Sa. 5.00–11.00 Uhr).

Palazzi Valmarana und Michel delle Colonne

Bunte Stände auf dem Rialtomarkt

Palazzo Civran (r)

Der Entwurf für den im 18. Jh. erbauten Palast wird Massari zugeschrieben, der hier ein bereits bestehendes gotisches Gebäude im klassizistischen Stil umbaute. Heute beherbergt der Bau die Finanzbehörde.

Ca' da Mosto (r)

Der Palastbau geht auf das 12. Jh. zurück und wurde in venezianisch-byzantinischem Stil errichtet. Alvise da Mosto, der 1465 als erster Europäer die Kanarischen und Kapverdischen Inseln umsegelte, wurde 1432 in diesem Haus geboren. Zwischen dem 16. und 18. Jh. war im Ca' da Mosto das Albergo Leon Bianco eingerichtet, eines der elegantesten Hotels von Venedig. So logierte hier u. a. zwischen 1769 und 1775 der römisch-deutsche Kaiser und Sohn Maria Theresias, Joseph II., dem zu Ehren auf dem Canal Grande eine historische Regatta veranstaltet wurde.

Palazzo Valmarana (r)

Bekannt wurde der Palast vor allem als Wohnsitz des englischen Konsuls Joseph Smith, der sich als Kunstsammler und Mäzen einen Namen machte. Ihm verdanken der englische Hof und das Britische Museum einen Großteil ihrer venezianischen Gemälde, darunter vor allem Meisterwerke von Canaletto (⟶ Berühmte Persönlichkeiten). Smith ließ den Palast Mitte des 18. Jh.s von Antonio Visentini im klassizistischen Stil umbauen und die Innenräume von Antonio Selva aufwendig neu dekorieren.

Palazzo Michiel delle Colonne (r)

Der Beiname des Palastes, der im letzten Jahrzehnt des 17. Jh.s von Antonio Gaspari umgestaltet wurde, leitet sich von den auf ungewöhnlich hohen und schlanken Säulen ruhenden Bogenreihen des Untergeschosses ab. 1715 ging das Gebäude in den Besitz der Michiel über.

Palazzo Sagredo (r)

Daß die Fassade des Palazzo Sagredo mehrfach verändert wurde, zeigt die Mischung aus byzantinischen und gotischen Elementen. So sind die Fenster im Piano nobile noch byzantinisch mit einer nur leicht angedeuteten Zuspitzung im gotischen Stil, während das reichverzierte Vierbogenfenster im darüberliegenden Stockwerk gotisch ist.

Blick vom Palazzo Sagredo zur Ca' da Mosto

Palazzo Pesaro (r)

Der gotische Palast aus der Mitte des 15. Jh.s, der etwa zeitgleich mit der benachbarten → Ca' d'Oro entstand, war ursprünglich im Besitz der Giustinian und ging erst später an die Familie Pesaro über. Das oberste Stockwerk wurde im 19. Jh. ergänzt.

**Ca' d'Oro (r)

→ dort

*Palazzo Corner della Regina (l)

Der gewaltige Barockpalast wurde 1724 nach Plänen von Domenico Rossi errichtet. Im Vorgängerbau wurde Caterina Cornaro (1454–1510) geboren, die spätere Königin der für Venedig strategisch bedeutsamen Mittelmeerinsel Zypern. Die Familie Corner, ein alteingesessenes venezianisches Patriziat, war durch Zuckerrohrplantagen auf Zypern so reich und mächtig geworden, daß der Inselkönig Giacomo II. di Lusignano im Jahre 1472 die achtzehnjährige Caterina heiratete. Acht Monate später wurde der König vergiftet, ein Jahr darauf starb sein Sohn. Auf Drängen Venedigs überließ Caterina schließlich ihr Königreich der Republik und durfte dafür auf Schloß Asolo und später in ihrem Palast am Canal Grande ein standesgemäßes Leben führen. Der Palast ist heute städtisches Leihhaus.

*Ca' Pesaro (l)

→ dort

Palazzo Gussoni Grimani (r)

Den Entwurf für das monumentale Gebäude aus dem 16. Jh. lieferte vermutlich der Veroneser Michele Sanmicheli, die heute leider vollkommen verschwundenen Fassadenmalereien stammten von Tintoretto.

Palazzo Zulian (r)

Girolamo Zulian, der einstige Besitzer des im 17. Jh. erbauten Palastes, war ein großer Bewunderer des Bildhauers Antonio Canova.

Palazzo Barbarigo (r)

Aus der zweiten Hälfte des 16. Jh.s stammt der Palast an der Mündung des Rio della Maddalena. Seine einstige Fassadenbemalung, heute vollständig zerstört, schuf Camillo Ballini, ein Schüler von Palma il Giovane.

Der Palazzo Zulian wurde im 17. Jahrhundert erbaut.

*San Staè (l) (Sant' Eustachio)

Die Kirche wurde 1678 von Giovanni Grassi auf dem Grundriß eines griechischen Kreuzes erbaut. Dreißig Jahre später gestaltete der Baumeister Domenico Rossi die Fassade zum Canal Grande. Gestiftet wurde diese von dem 1700–1709 amtierenden Dogen Alvise Mocenigo II., dessen Grabmal sich auch hier befindet. Das Kircheninnere ist mit Werken des frühen 18. Jh.s ausgestaltet, u.a. "Martyrium des hl. Jakob" von Giovanni Battista Piazzetta, "Befreiung des hl. Petrus" von Sebastiano Ricci, "Marter des hl. Bartholomäus" von G. B. Tiepolo (⟶ Berühmte Persönlichkeiten) und "Die Kreuzigung des hl. Andreas" von Pellegrini.

*Palazzo Belloni Battagia (l)

Entworfen wurde der schöne Barockpalast 1647 von Baldassare Longhena. Der Umbau des bereits bestehenden gotischen Gebäudes dauerte bis 1663. Auftraggeber war Bartolomeo Belloni, dessen Familie 1647 für die stolze Summe von 150 000 Dukaten in das venezianische Patriziat aufgenommen worden war. Typisches Kennzeichen für den Barock sind die durchbrochenen Giebel über den dekorativen Fenstern des Piano nobile.

Deposito del Megio (l)

In dem zinnenbekrönten alten Kornspeicher, der im 15. Jh. entstand, lagerte die Seerepublik Getreide und Mehl für Notzeiten. Am Obergeschoß des kompakten Backsteinbaus zeigt ein Relief den Markuslöwen (Kopie eines 1797 zerstörten Originals).

*Palazzo Vendramin Calergi (r) (Casino)

Ein vollendetes Beispiel der venezianischen Renaissance liefert dieser 1480–1504 von Mauro Coducci ausgeführte Palast (Abb. S. 90). Nach dem Tod des Meisters wurde das Gebäude bis 1510 von der Werkstatt Lombardo fertiggestellt. Zunächst gehörte der Palast den Loredans, Anfang des 17. Jh.s erwarb ihn die Familie Calergi, 1783 ging er schließlich durch Heirat an Nicolò Vendramin über. Im zurückgesetzten Grimani-Flügel wohnte Richard Wagner von 1882 bis zu seinem Tode am 13. Februar 1883 – der Salon ist heute Museum. Zudem befindet sich hier im Winter die Spielbank von Venedig, die im Sommer auf dem ⟶ Lido logiert.

Renaissancekunst in höchster Vollendung: Palazzo Vendramin Calergi

*Fondaco dei Turchi (l)

⟶ dort

San Marcuola (Santi Ermagora e Fortunato) (r)

Die Kirche San Marcuola entstand in den Jahren 1728–1736 und wurde von dem geschätzten Baumeister Giorgio Massari errichtet; die Fassade zum Canal Grande blieb jedoch unvollendet. Die wichtigsten Kunstwerke des als Saalraum gestalteten Kircheninnern sind an der linken Seitenwand des Presbyteriums das "Abendmahl" (1547) von Tintoretto, seine früheste noch volkstümliche Version in der Art von Leonardo da Vincis Mailänder Bild (1495–1497), sowie gegenüber eine alte Kopie der "Fußwaschung" desselben Meisters. Beachtenswert ist auch, daß die Altäre nicht mit Bildern, sondern auf üppige Weise mit Skulpturen geschmückt sind.

Palazzi Gritti und Correr Contarini (r)

Beide Paläste stammen aus dem 17. Jahrhundert. Die Fassade im ersten Obergeschoß des Palazzo Gritti schmücken die Wappen der Familien Gritti und Dandolo. Der Contarini-Palast wird wegen der Form der Familienwappen auch 'Haus der Herzen' genannt.

Palazzo Marcello (l)

Laut Legende lebte hier zu Beginn des 16. Jh.s ein Metzger, der für seine Würste anstelle von Schweinefleisch das von Menschen verwendete – zur Strafe wurde er auf dem Markusplatz enthauptet.

*Palazzo Labia (r)

Etwas zurückgesetzt steht am einmündenden Canale di Cannaregio der Labia-Palast, der Ende des 17. Jh.s begonnen und im zweiten Viertel des 18. Jh.s vollendet wurde. Seit 1969 hat hier die Staatliche Rundfunkanstalt (RAI) ihren Sitz. Hauptaugenmerk gilt den kunstvollen Fresken im Ballsaal, die G.B. Tiepolo (⟶ Berühmte Persönlichkeiten) Mitte des 18. Jh.s ausführte. Die beiden Wandgemälde zeigen "Das Festbankett von Königin Kleopatra zu Ehren Marc Antons" (mit der blau gekleideten, zweiten Gestalt von links soll Tiepolo sich selbst porträtiert haben) und "Die Einschiffung Kleopatras nach Rom". Das Deckengemälde symbolisiert "Die

Palazzo Labia (Fortsetzung)

Zeit, die die Schönheit zurückweist" (Besichtigung nach Voranmeldung Mi.–Fr. 15.00–16.00 Uhr; Tel. 5242812).

Santa Geremia (l)

Die Kreuzkuppelkirche wurde 1753 von Carlo Corbellini begonnen, 1760 konnte die erste Messe gefeiert werden, aber erst 1871 waren die Arbeiten endgültig abgeschlossen. Im Kuppelraum rechts neben dem Chor hängt ein Gemälde von Palma d. J.: "Die Krönung der Venezia durch Heilige".

Palazzo Flangini (r)

Erbaut wurde der unvollendet gebliebene Barockpalast 1664–1682 unter Leitung von Guiseppe Sardi für die aus Zypern stammende Familie Flangini, die 1664 in das venezianische Patriziat aufgenommen wurde.

Chiesa degli Scalzi (Santa Maria di Nazareth) (r)

Die Barfüßerkirche wurde 1683–1705 als Spätbarockbau errichtet mit einer zweigeschossigen, von Doppelsäulen beherrschten Fassade und reicher Bauplastik. Das Innere wird durch monumentale, triumphbogenartige Arkaden gegliedert. Die Dekoration ist stark plastisch geprägt, wobei der Hochaltar mit seinen spiralförmig gedrehten Säulen die gesamte Chorbreite einnimmt. Das große Deckenfresko von G.B. Tiepolo ging 1915 verloren und wurde 1934 von Ettore Tito ersetzt. Reste von Tiepolos Ausmalung sind noch in der zweiten Kapelle rechts zu sehen.

Ponte Scalzi

Die 1934 aus istrischem Stein erbaute Brücke ersetzte eine Eisenkonstruktion von 1858. Hier starten alljährlich die Boote der 'Regata storica' – Zieleinlauf ist bei der Ca' Foscari.

San Simeone Piccolo (l)

Gegenüber dem Bahnhof steht der grünpatinierte Kuppelbau San Simeone Piccolo. Die Kirche wurde in den Jahren 1718–1738 von Giovanni Scalfurotto an der Stelle der mittelalterlichen Kirche Santi Simeone e Giuda erbaut. Die spätbarocke Ovalkirche, deren Architektur sich an dem Vorbild des römischen Pantheon orientiert, zeigt auch klassische Merkmale der Renaissance. Die hellen Stufen einer breiten Freitreppe führen

Für den Bau von San Marcuola zeichnete Giorgio Massari verantwortlich.

Canal Grande (Fortsetzung)

hinauf zum palladianischen Säulenportikus, an den sich der eigentliche Sakralbau anschließt. Das Kircheninnere birgt eine Pietà von Palma d. J.

Bahnhof (Ferrovia) (r)

Venedigs Bahnhof liegt direkt am Canal Grande. Den Verbindungsdeich zum Festland hatte man 1841–1846 angelegt, die erste Bahnstation nahm 1860 den Betrieb auf. Der heutige Komplex wurde 1954 fertiggestellt.

**Ca' d'Oro mit der Galleria Franchetti J 3

Lage
Canal Grande

Anlegestelle
Ca' d'Oro

Öffnungszeiten
Mo.–Sa. 9.00–19.30; So. 9.00–13.00

Der Palast ist Höhepunkt und Vollendung der venezianischen Gotik (s. Abb. S. 34). Seinen Namen verdankt das 'goldene Haus', das 1421–1440 im Auftrag Marino Contarinis unter Mitarbeit renommierter Architekten wie den Gebrüdern Bon und Matteo Raverti entstand, seiner reichen architektonischen Gestaltung und einer goldenen Bemalung. Diese existiert zwar nicht mehr, aber die kunstvollen Fensterfronten mit den Vierpässen und das Marmorfiligran, von Bartolomeo Bon geformt, sind noch immer beispiellos schön. Das Innere bietet einen lebendigen Eindruck von der Wohnkultur venezianischer Patrizier im ausgehenden Mittelalter. Sehenswert sind vor allem der kostbare Mosaikfußboden im Erdgeschoß – er hat denjenigen in der Markuskirche zum Vorbild – und im Hof der rote Marmorbrunnen mit den Allegorien der Kraft, der Gerechtigkeit und der Barmherzigkeit – in knapp 7 Monaten von Bartolomeo Bon ausgeführt.
Der Palast beherbergt heute die bedeutende Kunstsammlung der Galleria Franchetti, die aus einer Schenkung des piemontesischen Barons Giorgio Franchetti († 1922) hervorgegangen ist. Der wohlhabende Mäzen hatte 1896 das Gebäude erworben und nach historischen Vorgaben wiederhergestellt. Zu Franchettis illustren Gästen zählten u. a. der Münchner Maler Franz Lenbach und der Schriftsteller Gabriele d'Annunzio.
In der Kunstsammlung sind kostbare Möbel der gotischen und Renaissance-Zeit zu bewundern, flämische Wandteppiche und persische Teppiche sowie eine umfangreiche Gemäldesammlung. Besondere Beachtung verdienen hier Tizians "Venus vor dem Spiegel", "Die ruhende Venus mit Amor" von Paris Bordone, Veduten von Francesco Guardi, "Die Verkündigung" von Vittore Carpaccio, das zwischen 1622 und 1627 ausgeführte "Bildnis eines Edelmannes" von van Dyck und das halbfertige Gemälde "Martyrium des hl. Sebastian" (um 1550) von Andrea Mantegna. Marmorbüsten, Bronzen und Terrakotten von Bernini, Giambologna und Andrea Tullio Lombardo ergänzen die Sammlung. Daneben sind die allerdings nur noch fragmentarisch erhaltenen Fresken (1508) von Giorgione und seinem Schüler Tizian zu sehen, die einst die Fassade des ⟶ Fondaco dei Tedeschi zierten.

*Ca' Pesaro mit Galleria d'Arte Moderna und Museo d'Arte Orientale J 3

Lage
Fondamenta Mocenigo/Canal Grande

Anlegestelle
San Staè

An der Stelle dreier gotischer Gebäude wurde zwischen 1676 und 1710 von den Meistern des venezianischen Spätbarock, Baldassare Longhena und Antonio Gaspari, einer der größten und imposantesten Paläste am Canal Grande erbaut. Im Todesjahr Longhenas, 1682, wurden die Bauarbeiten eingestellt und erst wieder zu Beginn des 18. Jh.s von Gaspari aufgenommen, der das Gebäude mit der Errichtung des zweiten Obergeschosses nach Plänen von Longhena fertigstellte und nach eigenen Entwürfen die seitliche, dem inneren Kanal zugewandte Fassade vollendete. Als Vorbild für die pompöse Fassade des Barockpalastes diente Sansovinos Libreria Vecchia an der Piazzetta. Seit dem Tode des letzten Pesaro im Jahre 1830 wechselte der Palast mehrfach seinen Besitzer, bevor er 1902 von der Stadt Venedig erworben wurde.

Die aufwendig gestalteten Innenräume beherbergen heute im Erdgeschoß das Museum Moderner Kunst, das Ende des vorigen Jahrhunderts nach der ersten Biennale im Jahre 1897 gegründet wurde. Zu den umfangreichen Beständen gehören Gemälde, Graphiken und Plastiken des 19. und 20. Jh.s, darunter Gustav Klimts erotische "Salome" (Judith II), "Die Badenden" von Max Klinger, "Weißes Zickzack" von Wassily Kandinsky und Giacomo Favrettos "Spaziergang von San Marco" (1884) sowie Meisterwerke des Münchner Realisten Franz Lenbach, des Münchner Sezessionisten Franz Stuck und Arbeiten von Auguste Rodin und Marc Chagall.

***Galleria d'Arte Moderna**

Öffnungszeiten:
Di.–Sa.
10.00–17.00

Museum moderner Kunst im spätbarocken Pesaro-Palast: "Weißes Zickzack" von Wassily Kandinsky

Im dritten Stock ist das Museum für orientalische Kunst untergebracht mit einer ausgezeichneten Sammlung fernöstlicher Kostbarkeiten, darunter chinesisches Porzellan und Lackarbeiten, japanische Malerei der sog. Edo-Epoche (1614–1868) aus der Sammlung des Grafen Enrico von Bourbon und indische Plastiken.

***Museo d'Arte Orientale**

Öffnungszeiten:
Di.–So.
9.00–14.00

****Ca' Rezzonico** mit dem Museo del Settecento Veneziano G 5

Der mächtige Bau wurde 1667–1682 als Wohnsitz für Filippo Bon von Venedigs bedeutendstem Barockbaumeister, Baldassare Longhena, begonnen. Erst ein Jahrhundert später konnte Giorgio Massari den Herrschaftssitz für die 1687 in den Adelsstand erhobene Familie Rezzonico vollenden – ein illustres Mitglied der Familie brachte es als Clemens XIII. sogar zum Papst (1758–1769). Anfang 1752 war der zweite Stock des Palastes nach den Plänen Longhenas fertiggestellt, 1756 die wasserseitige Treppe. Den Teil zwischen Innenhof und rückwärtigem Garten führte Massari nach eigenen Entwürfen aus. Mitte des 19. Jh.s wechselte der Palast in den Besitz des englischen Balladendichters Robert Browning,

Lage
Rio di Santa Barnabà/Canal Grande

Anlegestelle
Ca' Rezzonico

Museo del Settecento Veneziano

Öffnungszeiten: Mo.–Do. 9.00–19.00, Fr.–So. 9.00–22.00

der dort bis zu seinem Tode im Jahre 1889 lebte. In den dreißiger Jahren ging das Anwesen in den Besitz der Stadt über, die es für museale Zwecke umgestaltete und 1995–1997 vollständig restaurieren ließ.
Passend zur Anlage und herrlichen Ausschmückung des Palastes ist die Sammlung des Museums, die einen reizvollen Überblick über das Leben in Venedig zur Zeit des Rokoko gibt, dem 'Settecento veneziano' – wenn 'Settecento' auch 700 bedeutet, so ist doch das 18. Jh. gemeint. Die rund 40 Räume vermitteln Salonkunst in höchster Vollendung mit prachtvollen Seidentapeten, flandrischen Bildteppichen, verspielten Schränken und Kommoden wie den kostbaren Möbeln des Andrea Brustolon, den in jener Zeit so beliebten Chinoiserien und Lackmöbeln, venezianischem Porzellan, Keramiken und Bronzearbeiten.
Eine elegante Freitreppe führt zu Massaris riesigem Ballsaal, der den Bau querseitig über die ganze Breite hin abschließt. Die von Giovanni Battista Crosato ausgeführte Deckenbemalung in diesem Raum stellt die vier Erdteile dar, zwischen denen der Wagen des Phöbus hindurchfährt. Die wunderschöne Hochzeitsallegorie im anschließenden Saal malte Giovanni Battista Tiepolo (⟶ Berühmte Persönlichkeiten) im Jahre 1758 und verewigte damit die aufwendig gefeierte Vermählung Ludovico Rezzonicos mit Faustina Savorgnan. Auch das Fresko im Thronsaal "Verdienst zwischen Adel und Tugend" stammt von Tiepolo.

Mondo-Novo-Szene von Giandomenico Tiepolo

Zu den Höhepunkten im zweiten Stockwerk gehören die humorvollen Genreskizzen Pietro Longhis (1702–1785) über den venezianischen Alltag (u. a. "Frühstücksschokolade", "Krapfenbäckerin", "Das Rhinozeros"), Canalettos Stadtansichten, Piazzettas großformatiges Historienbild "Alexander vor dem Leichnam von Darius" (1746) und der elegante Grüne Salon mit zierlichen Lackmöbeln aus dem Palazzo Calbo-Crotta. Besonderes Augenmerk gilt den 1791–1797 von Tiepolos Sohn Giandomenico für die Villa Zianigo ausgeführten Fresken, pastellfarbene, melancholische Impressionen wie die "Mondo-Novo-Szene", "Der Spaziergang" und "Die letzten Tage des Karnevals". Im dritten Stock sind eine Apotheke vom Campo Santo Stin und ein originalgetreu rekonstruiertes Marionettentheater aus dem 18. Jh. zu bewundern.

Ca' Rezzonico (Fortsetzung)

*Chioggia Q 2

Lage
45 km südlich von Venedig

Nahe dem Südende der Lagune von Venedig liegt auf zwei langgestreckten, parallel verlaufenden Inseln das lebhafte Städtchen Chioggia (2 m ü.d.M.; 55000 Einw.), ehemals Zentrum der venezianischen Salzproduktion. Laut Legende wurde die Hafenstadt von Clodius gegründet, und tatsächlich existierte eine Siedlung schon lange vor dem Eintreffen der Römer im ersten vorchristlichen Jahrhundert. Im 9. Jh. wurde der aufstrebende Handelsstützpunkt von den Truppen Pippins zerstört, aber bereits kurz darauf neu erbaut. Dank seiner Salzvorkommen erfuhr Chioggia ab dem 11. Jh. einen wirtschaftlichen Aufschwung, Ende des 12. Jh.s exportierten die rund 70 Salinen sogar ins Ausland. 1379 konnten die Genuesen die Stadt erobern, aber bereits zwei Jahre später war Chioggia wieder in venezianischer Hand und entwickelte sich vor allem nach dem Niedergang der Salinen zu einem bedeutenden Fischereihafen. Auch heute noch findet hier täglich außer Montag ein großer Fischmarkt statt.

Topi und Bragozzi

Für das Fischen in den seichten Gewässern der Lagune entwarfen die Fischer Chioggias besondere Bootstypen, darunter die traditionellen 'Topi', Segelboote, die in der Mitte des Decks genügend Freiraum für die Fischladung ließen, und die seit der zweiten Hälfte des 18. Jh.s eingesetzten 'Bragozzi', farbenfroh verzierte Fischerboote mit trapezförmigem Segel.

Rundgang durch Chioggia

Im 19. Jh. hielten viele venezianische Künstler wie Ettore Tito und Italico Brass die volkstümliche Atmosphäre Chioggias in stimmungsvollen Bildern fest. Auch heute kommen die meisten Besucher wegen der malerischen Gassen und dem Charme der Kanäle, die an Venedig erinnern. Am Anfang des arkadengesäumten Corso del Popolo, der von Cafés, Restaurants und Geschäften gesäumten Hauptstraße, steht die im 12. Jh. geweihte und im 17. Jh. von Longhena erneuerte dreischiffige Kathedrale Santa Maria, die Gemälde von Tiepolo, Palma d. J. und Piazzetta birgt. Am Campo del Duomo fällt der Blick zudem auf die kleine gotische Backsteinkirche San Martino, die um 1392 entstand. Gegenüber von San Giacomo steht das Geburtshaus der für ihre Pastelltechnik berühmten Malerin Rosalba Carriera (1675–1757), die wegen ihrer Bildniskunst an den Fürstenhöfen des 18. Jh.s sehr gefragt war. Gewohnheiten und Eigenarten der Bewohner Chioggias hat Venedigs gefeierter Dichtersohn Carlo Goldoni (⟶ Berühmte Persönlichkeiten) in seiner Komödie "Baruffechiozzote" äußerst amüsant festgehalten.

**Collezione Peggy Guggenheim im Palazzo Venier dei Leoni H/J 6

Lage
Canal Grande/ Fondamente Venier

Anlegestelle
Salute, Accademia

Begonnen wurde mit dem unvollendet gebliebenen, einstöckigen Palast im Jahre 1749 unter der Leitung von Lorenzo Broschetti. Obwohl behauptet wird, die Patrizierfamilie Venier habe hier in großen Käfigen Löwen gehalten, stammt der Beiname "dei Leoni" wohl eher von den steinernen Löwenköpfen, die die Fassade in Höhe des Wasserspiegels zieren.
Die amerikanische Kunstsammlerin Peggy Guggenheim (1898–1979) eröffnete Anfang 1938 ein Museum zeitgenössischer Kunst in London sowie im Oktober 1942 die Galerie "Art of This Century" in New York, aus der ihre venezianische Privatsammlung von Kubisten, Abstrakten und Surrealisten hervorgegangen ist. Im Jahre 1948 zeigte Peggy Guggenheim die Sammlung erstmals auf der Biennale in Venedig. Wenig später wurde der Palazzo

Öffnungszeiten
von April bis Okt.:
Mo., Mi.–So.
11.00–18.00

Venier dei Leoni das neue Domizil der Amerikanerin, wo sie die Privatsammlung der Öffentlichkeit zugänglich machte. Heute gehört die Sammlung zu der 1937 von Peggys Onkel in New York gegründeten Solomon R. Guggenheim Foundation, allerdings mit der Auflage, daß die Kunstwerke geschlossen in Venedig verbleiben.

**Kunstsammlung der klassischen Moderne

Man betritt das Anwesen durch ein Gittertor von Claire Falkenstein (1961) und passiert zunächst den idyllischen Garten, wo neben zahlreichen Plastiken des 20. Jh.s der byzantinische Thron steht, auf dem sich auch die Kunstmäzenin selbst ablichten ließ. Die ausgestellten Exponate der Kunstsammlung in den Privaträumen repräsentieren eine hervorragende Auswahl der klassischen Moderne. Der Kubismus ist mit Arbeiten von Picasso ("Der Dichter", 1911), Georges Braques ("Klarinette", 1912) und Fernand Léger ("Menschen der Stadt", 1919) vertreten, zu den führenden Künstlern des Dada zählen Francis Picabia ("Sehr seltenes Bild auf der Erde", (1915) und Marcel Duchamp ("Trauriger junger Mann im Zug", 1911/1912). Harmonische und rhythmische Kontraste der Farben und Formen kennzeichnen die nichtgegenständliche Malerei von Wasily Kandinsky ("Landschaft mit roten Flecken", 1913) und Paul Klee ("Bildnis der Frau P. im Süden", 1924, und "Zaubergarten, 1926). Die Dynamik des modernen Lebens spiegelt sich in den futuristischen Bildern von Gino Severini ("Meer = Tänzerin", 1913/1914) und Jean Metzingers "Radrennbahn" (um 1914) wider, während "Der Regen" (1911) von Marc Chagall eine naive Traumvision aus jüdischer Folklore und religiöser Kunst vermittelt. Piet Mondrians "Komposition" (1938) erzielt mit den Grundfarben, horizontalen und vertikalen Linien den größtmöglichen Ausdruck bei einem Minimum an Mitteln, einsam und bedrohlich wirkt derweil die Stimmung in De Chiricos "Roter Turm" (1913). Zu den ausgestellten Surrealisten gehören Salvador Dalí ("Die Geburt flüssiger Begierden", 1931/1932), René Magritte ("Reich des Lichtes, 1953 bis 1954), der katalanische Künstler Joan Miró ("Holländisches Interieur II", 1938) und Max Ernst ("Der Kuß", 1927, "Der Antipapst", 1941/1942), mit

"Mondvogel" des Katalanen Joan Miró

"Radrennbahn" von Jean Metzinger

"Frau P. im Süden" von Paul Klee

Collezione Peggy Guggenheim (Fortsetzung)

dem Peggy Guggenheim verheiratet war. Jackson Pollocks ("Mondfrau", 1942) erste Einzelausstellung erfolgte 1943 in der New Yorker Galerie von Peggy Guggenheim, die den Künstler besonders förderte. Bei den Skulpturen des Museums gilt das Hauptaugenmerk Constantin Brancusis "Maiastra" (um 1912; polierte Bronzeskulptur des gutherzigen Vogels aus einem rumänischen Märchen), Alberto Giacomettis anmutiger Figur "Gehende Frau" (1932), dem "Mondvogel" (1944/1946) von Joan Miró und Marino Marinis Reiterstandbild "Engel der Stadt" (1948) auf der Terrasse zum Canal Grande.

Fondaco dei Tedeschi K 4

Lage
Ponte di Rialto

Anlegestelle
Rialto

Der Fondaco dei Tedeschi (von arabisch "Funduk" = Warenbörse), die Warenbörse der Deutschen, wurde 1228 zum ersten Male urkundlich erwähnt – zu den 'deutschen' Kaufleuten zählten damals auch Polen, Tschechen und Ungarn. Heute ist in dem Gebäude die Hauptpost untergebracht. Während die Warenbörsen der meisten anderen Nationen über die ganze Stadt verstreut lagen, befand sich die der Deutschen unmittelbar am Canal Grande. Einen derart bevorzugten Platz konnte ansonsten nur die Warenbörse der Türken (⟶ Fondaco dei Turchi) und die der Perser für sich in Anspruch nehmen; letztere lag unmittelbar neben der deutschen, von ihr ist heute jedoch nichts mehr erhalten. Als die Deutsche Warenbörse 1505 abbrannte, übernahm die Republik Venedig die Kosten für den Wiederaufbau. Mit der Ausschmückung der Außenfassade wurden Giorgione und Tizian beauftragt – die nur in Fragmenten erhaltenen Fresken sind heute im ⟶ Ca' d'Oro zu besichtigen. Sowohl die exponierte Lage am Rialto als auch die Übernahme der Kosten für den Wiederaufbau sprechen für den wirtschaftlichen Nutzen, den Venedig aus der Deutschen Warenbörse zog: Bei jedem abgeschlossenen Handel, und dabei ging es zumeist

Fondaco dei Tedeschi (Fortsetzung)

um sehr beträchtliche Summen, mußte ein hoher Prozentsatz an den venezianischen Staat abgeführt werden. Nicht umsonst hieß der Fondaco im 16. und 17. Jh. “die goldene Arche des Senats”. Der Kaufhof war Handelsplatz und Herberge für die Kaufleute. Außerhalb des Fondaco durften sie weder einzeln auftreten noch sich kaufmännisch betätigen: Venedig wollte sein Handelswissen bewahren. Die Kaufleute waren strengen Regeln unterworfen, aßen und wohnten gemeinsam (nur Männer waren zugelassen) und unterstanden venezianischer Aufsicht. In der Öffentlichkeit trat die deutsche Kaufmannschaft als ‘Bruderschaft’ mit zugehöriger Kirche (⟶ San Bartolomeo) auf.
Die Fassade zum Canal Grande ist – venezianischer Tradition folgend – dreigeteilt. Ihre Mitte bildet ein fünfbogiger Portico, darüber lagen an den Ecken die Speisesäle. Eine zinnenähnliche Schmuckleiste bildet den Abschluß. Die Architektur des Gebäudes entspricht ganz dem funktionalen Zweck, dem es zu dienen hatte: 160 Räume sind auf vier Stockwerke verteilt, die einen Innenhof umschließen. In den Außenräumen des Erdgeschosses befanden sich die Läden, in den übrigen Räumen waren die Magazine untergebracht. Die oberen Räume wurden als Wohn- und Verwaltungsräume genutzt. Die Zollstelle lag an der Kanalseite.

*Fondaco dei Turchi mit dem Museo di Storia Naturale H 3

Lage
Fondamento del Megio/Rio Fortego dei Turchi

Anlegestelle
San Staè

Öffnungszeiten
Di.–So.
9.00–13.00

Das Gebäude stammt ursprünglich aus dem 9. Jh. und gehört damit zu den ältesten Bauwerken Venedigs. Seine heutige Form erhielt es um die Mitte des 13. Jh.s im Auftrag des wohlhabenden Kaufmanns Giovanni Palmieri. Im 14. und 15. Jh. diente der Bau den Herzögen von Ferrara als venezianische Residenz. Auf deren Einladung wohnte hier auch 1452 und 1469 Kaiser Friedrich III. während seiner Aufenthalte in Venedig. In den Jahren 1608 bis 1621 hatte in diesem Palast der kaiserliche Gesandte Georg Fugger seinen Amtssitz. 1621 wies der Rat der Republik das Gebäude den türkischen Kaufleuten als Unterkunft und Warenumschlagplatz zu – daher auch der Begriff ‘Fondaco’ (von arabisch “Funduk” = Warenbörse). Zu Beginn des 19. Jh.s weitgehend zerfallen, wurde der Palast von der Stadt übernommen, nach 1858 im Stil des 13. Jh.s rekonstruiert und ab 1880 dann zum Museum umfunktioniert.
Heute informiert hier das Naturgeschichtliche Museum über die faszinierende Unterwasserwelt der Adria und über Flora und Fauna sowie traditionelle Fischfangtechniken in der venezianischen Lagune. Besonders interessant sind auch die Saurierfunde aus der Sahara und die Großwildausstellung. Im Erdgeschoß ist zudem eine sehenswerte Ausstellung venezianischer Brunnen untergebracht.

**Gallerie dell'Accademia H 6

Lage
Canal Grande/ Porta dell'Accademia (Zugang)

Anlegestelle
Accademia

Öffnungszeiten
Tgl. 9.00–19.00
(Einlaß bis 18.00)

Die Gemäldegalerie der Kunstakademie, kurz Accademia genannt, besitzt die bedeutendste und umfassendste Sammlung venezianischer Malerei von der Gotik bis zum Rokoko. Grundlage der Sammlung bildete die 1750 von dem Maler Giovanni Battista Piazzetta gegründete Accademia di Belle Arti. Seit 1807 ist sie in der ehemaligen Kirche Santa Maria della Carità (1441–1452), dem Haus der 1260 gegründeten Laienbruderschaft Scuola Grande di Santa Maria della Carità (15. Jh.) und den angeschlossenen Konventsgebäuden der Lateranskanoniker (16. Jh.), untergebracht. Um 1800 wurden Kirche, Konvent und Bruderschaftshaus säkularisiert. 1802 richteten private Kunstliebhaber in den leeren Räumlichkeiten eine notdürftige ‘Sammelstelle’ für Kunstwerke ein, die nach der Aufhebung von Klöstern und Kirchen sowie nach der Räumung von Adelspalästen ‘heimatlos’ geworden waren. In kürzester Zeit fügte sich auf diese Weise eine einmalige Galerie zusammen, die durch Ankäufe und Stiftungen ständig

Allgemeines (Fortsetzung)

erweitert wurde. Im folgenden werden saalweise die wichtigsten Werke der venezianischen Malerei vorgestellt.

Saal 1
*Polyptychon von Paolo Veneziano

Von Paolo Veneziano (tätig 1333–1358), der ersten bedeutenden Malerpersönlichkeit Venedigs, stammt das großformatige, mehrteilige Altarbild (Polyptychon, um 1350) aus der Kirche Santa Chiara mit der Marienkrönung auf der Mitteltafel und je vier Szenen aus dem Leben Christi auf den Seitentafeln. Die Bekrönung zeigt von links nach rechts: Pfingstwunder, Evangelist Matthäus, Einkleidung der hl. Klara, Evangelist Johannes, Kleiderrückgabe des hl. Franziskus, Stigmatisation des hl. Franziskus, Evangelist Markus, Tod des hl. Franziskus, Evangelist Lukas, Christus als Weltenrichter. Zarte Farbgebung und dekorative Wirkung, aber auch ikonenhafte Unbewegtheit der Figuren vor allem in der Mitteltafel zeichnen Paolos Malerei aus, die unter dem Einfluß byzantinischer Formensprache steht, in den Christusszenen aber zunehmend an Lebensnähe gewinnt.

Die ikonenhafte "Marienkrönung" von Paolo Veneziano, der ersten bedeutenden Malerpersönlichkeit Venedigs, entstand um 1350.

Das Polyptychon (1357/58) mit der Verkündigung an Maria mit Gottvater (spätere Ergänzung) und zahlreichen Heiligen von Lorenzo Veneziano (nachweisbar: 1356–1372) steht noch in der byzantinischen, dekorativ-flächigen Tradition, steigert aber das Farbenspiel und läßt die Heiligen großfigurig als Nischenstatuen erscheinen. Die thronende Muttergottes mit Kind (1394) von Nicolò di Pietro (in Venedig nachweisbar: 1394–1427) zeigt sein neuartiges Bemühen um Körperlichkeit in Verbindung mit gefühlvoll-menschlichen Zügen bei der Gestaltung Mariens, des Christuskindes und der Engel. Ein Bildwerk im Stil der an den europäischen Höfen entwickelten Internationalen Gotik ist das Triptychon mit der Justitia zwischen den Erzengeln Michael und Gabriel (1421) von Jacobello del Fiore (nachweisbar: 1400–1439). Mit Schwert und Waage, assistiert von zwei Löwen als Symbolen der Weisheit, thront die Personifikation der Gerechtigkeit, die sich leicht mit der Personifikation Venedigs identifizieren läßt und deren

Saal 1 (Forts.), *Marienkrönung von Michele Giambono

Spruchband lautet: "Ich werde die Mahnungen der Engel und die heiligen Worte beherzigen und milde mit den Frommen, feindlich gegen die Bösen und stolz gegenüber den Hochmütigen sein." Die Marienkrönung im Paradies mit Chören von Engeln und Heiligen, den vier Kirchenvätern und den vier Evangelisten (um 1448) von Michele Giambono demonstriert das Streben nach räumlicher Tiefenillusion durch den Thronaufbau und die im Halbrund angeordneten Figurengruppen, wobei auch naturalistische Züge in der Wiedergabe von Mimik und Gestik der zunehmend individuell gesehenen Figuren nicht fehlen. Als kraftvolle Einzelpersönlichkeiten erscheinen auf einem weiteren fünfteiligen Tafelbild (1450) von Giambono der hl. Jakobus maior zwischen Johannes Evangelista und dem ehrwürdigen Filippo Benizi sowie den Heiligen Michael und Ludwig von Toulouse.

Saal 2
**Giovanni Bellinis Pala di San Giobbe

Den Wechsel von den klein- und mehrteiligen Tafelbildern der Spätgotik zum großformatigen Altarblatt der Renaissance macht die sogenannte Pala di San Giobbe (vor 1490) deutlich, eine der großen Schöpfungen venezianischer Malerei der Frührenaissance von Giovanni Bellini (1430 bis 1516). Die thronende Muttergottes mit Kind und musizierenden Engeln umgeben von links nach rechts die Heiligen Franziskus, der zur Anbetung der Madonna einlädt, Johannes den Täufer, dessen Lockenkopf sich dem Christuskind zuneigt, Hiob, der Patron der Kirche San Giobbe e Bernardino, für die diese Altartafel bestimmt war, Dominikus mit Buch als Sinnbild der Gelehrsamkeit, Sebastian als Verkörperung idealer, antikisch-christlicher Schönheit und Ludwig von Toulouse im Bischofsornat als Repräsentant der Kirche. Giovanni Bellini gelingt es zudem, den Bildraum realistisch als Kirchenraum zu gestalten, wobei das Goldmosaik der Apsiswölbung und die marmorne Wandverkleidung auf San Marco verweisen. In der goldenen Halbkuppel erscheinen Seraphime mit den Inschriften Ave Gratia Plena (sei gegrüßt, Gnadenreiche) und die lateinische Umschrift lautet: "Sei gegrüßt, reine Blüte jungfräulicher Reinheit". Mit der Darstellung einzelner Heiliger, die um die thronende Gottesmutter in einer Art heiliger Unterhaltung (Sacra Conversazione) gruppiert sind, schuf Giovanni Bellini den venezianischen Prototyp eines Renaissance-Altarbildes, das vielfach nachgeahmt wurde, zum Beispiel durch Giambattista Cima da Conegliano (um 1459/60–1517/18) mit seiner zwischen 1496 und 1499 gemalten thronenden Muttergottes mit Kind und musizierenden Engeln, mit den Heiligen Antonius Abbas, Sebastian, Lucia, Nikolaus, Georg und Katharina, oder durch Vittore Carpaccio (um 1465–1526) mit seiner Altartafel der Darbringung Jesu im Tempel mit Heiligen und musizierenden Engeln (1510).

*Madonna von Giambattista Cima da Conegliano

Von Giambattista Cima da Conegliano (1459/60–1517/18) ist ferner die Madonna mit dem Orangenbaum und den Heiligen Ludwig von Toulouse und Hieronymus (1495–1497) beachtenswert wegen der Ausgewogenheit der Komposition, der delikaten Farbwahl, der naturalistischen Landschaftswiedergabe und der kontemplativen Stimmung. Um 1505 schuf Cima da Conegliano "Christus mit dem Ungläubigen Thomas und dem hl. Bischof Magnus", eine großartige Licht-Schatten-Komposition, die die Figuren klassisch-würdevoll gegen den klaren Himmel und eine ferne Landschaft abhebt. Von Marco Basaiti (um 1470/75 bis nach 1530) stammen die Altargemälde mit der Berufung der Söhne des Zebedäus (1510) und Christus am Ölberg (1516), die weniger durch die Figurengestaltung als durch die Lichtstimmung und romantisch anmutende Landschaftswiedergabe bezaubern.

Saal 3

Der Saal enthält venezianische Tafelbilder der Renaissance in der Nachfolge Giorgiones, u.a. von Rocco Marconi "Ehebrecherin vor Christus".

Saal 4
*Hl. Hieronymus von Pietro della Francesca

Der aus Umbrien gebürtige Piero della Francesca (1416/17–1492) malte um 1450 im Frührenaissancestil den hl. Hieronymus mit einem Stifter vor einem Landschaftsprospekt, wobei er Vorder- und Hintergrund durch die zylindrischen Formen des Baumstumpfes mit dem Kruzifixus links und des großen Baumes rechts verklammert. Mit seiner perspektivischen Synthese aus Form, Farbe und Licht inspirierte er Giovanni Bellini.

Saal 4 (Forts.), *Hl. Georg von Andrea Mantegna

In einem girlandengeschmückten Portalrahmen mit Durchblick auf die Bergstadt Silena erscheint selbstbewußt der jugendliche hl. Georg als geharnischter Sieger über den Drachen in der von packendem Realitätssinn und genauer Beachtung der Linearperspektive geprägten Komposition von Andrea Mantegna (1431–1506), der als Schwager Bellinis den plastisch-konturbetonten Malstil der Toskana nach Venedig vermittelt.

*Madonna von Cosmé Tura

Von Cosmé Tura (1430–1495), einem Hauptvertreter der Malschule von Ferrara, stammt die Maria mit dem schlafenden Christuskind (1459–1463), auch Madonna des Tierkreises genannt, da im Bildgrund links Wassermann, Fische, Schütze und Jungfrau zu erkennen sind. Seine glasklare Komposition mit emailhaften Farben erzeugt eine fast greifbare Plastizität. Die naturalistisch gemalten, an Weintrauben pickenden Vögel (Distelfinken) verweisen auf den Opfertod Christi.

*Männerporträt von Hans Memling

Das Porträt eines jungen Mannes (um 1478) des Brügger Malers Hans Memling (1435/40–1494), der bei den Italienern als Bildnismaler beliebt war, zeugt vom Geist des Humanismus, der in den würdevollen, sanften und nachdenklichen Gesichtszügen zum Ausdruck kommt.

Noch spätgotisch geprägt ist dagegen die Muttergottes mit Kind (um 1448) von Jacopo Bellini (nachweisbar 1424–1470/71), dem Vater von Gentile und Giovanni, der eine weitere, schon stärker renaissancehafte Madonna mit dem segnenden Christuskind und Cherubim schuf.

Von Giovanni Bellini (1430–1516) stammt die Madonna mit stehendem, segnendem Christuskind (1475–1480) als stilles Beieinander von Mutter und Kind in zartem Farbenschmelz vor einer helldunkel getönten Berglandschaft. Das innige Verhältnis von Mutter und Kind, deren Blicke sich treffen, drückt auch die Muttergottes mit dem roten Cherubim (nach 1488) aus, die gleichfalls vor einer sich ins Unendliche ausdehnenden Hügel-

Gallerie dell' Accademia

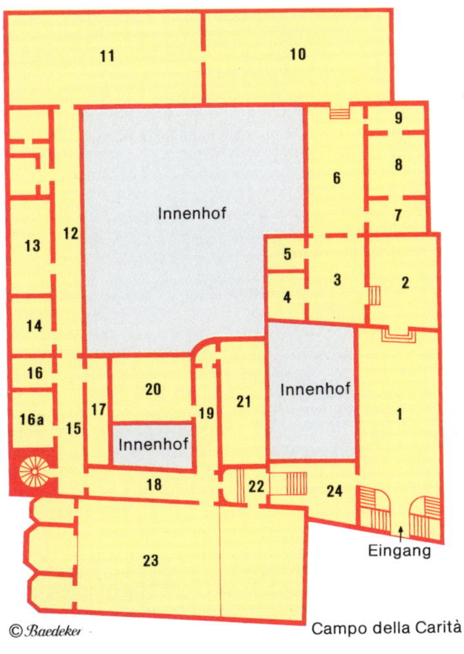

1 Tafelmalerei 14.–15. Jh.
2 Altarbilder der venezianischen Renaissance 15.–16. Jh.
3 Venezian. Tafelbilder 16. Jh. u. a. G. Bellini
4 Mantegna, Piero della Francesca, Hans Memling
5 G. Bellini, Giorgone
6 Venezian. Gemälde 16. Jh. u. a. Veronese, Tintoretto
7 Lorenzo Lotto, Bernardino Licinio
8 Palma d. A., Romanino
9 Schüler Tizians
10 Venezian. Meister 16. Jh., u. a. Veronese, Tintoretto, Tizian
11 Tintoretto, Strozzi, Tiepolo
12 Korridor: Landschaften 18. Jh.
13 Bassano, Tintoretto, Tizian
14 Frühes 17. Jh.
15 Korridor: Tiepolo, Pellegrini, Solimena
16 Frühwerke Tiepolos
16a A. Longhi, Piazzetta, Galgario
17 Canaletto, Guardi, Tiepolo, P. Longhi, Carriera
18 Bilder des 18. Jh.s
19 Montagna, G. A. da Lodi, Boccaccino
20 „Wunder der hl. Kreuzreliquie"
21 V. Carpaccio „Ursula-Legende"
22 Bücherstand
23 Ehem. Klosterkirche: G. Bellini, B. und A. Vivarini
24 Ehem. Saal der Caritas-Bruderschaft: A. Vivarini, Tizian, G. d'Alemagna

Saal 4 (Forts.),
*Madonna von Giovanni Bellini

landschaft erscheinen. Beeindruckend wegen der wirkunsvollen Farbgebung und der sich in weichem Licht silhouettenhaft vor dem dunklen Hintergrund abzeichnenden Figurendarstellung ist Giovannis Gemälde der Madonna mit Christuskind zwischen den Heiligen Katharina und Magdalena (um 1500).

Saal 5

Zahlreiche Madonnenbilder, meist Halbfiguren, von Giovanni Bellini belegen die große Ausdrucksspanne dieses wichtigsten Renaissancemalers Venedigs, darunter die "Madonna mit den Bäumchen" (1487) von großer atmosphärischer Wirkung und voll menschlicher Würde sowie die "Muttergottes mit Kind zwischen Johannes dem Täufer und einer Heiligen" (um 1505) vor dem Hintergrund einer bezaubernden Voralpenlandschaft. Interesse sowohl an der vom Menschen geprägten Umwelt als auch an spätgotischer Frömmigkeit belegt Bellinis "Pietà" (um 1505). Die Trauerklage der Gottesmutter mit dem Leichnam des Sohnes auf ihrem Schoß spielt sich vor einer weiten Landschaftskulisse ab als einer Kombination der Stadtansichten von Vicenza (Dom, Ratsbasilika) und Cividale (Nasone-Brücke).

**Das Gewitter von Giorgione

Neben Tizian ist Giorgione (1476/77–1510) der wichtigste Schüler von Giovanni Bellini. Giorgiones berühmtes Gemälde "Das Gewitter" (La Tempesta) ist kurz nach 1505 als Auftragswerk für Gabriele Vendramin entstanden, einem Mitglied jener kultivierten humanistischen Kreise in Venedig, die sich an geistvoll verschlüsselten Bildgegenständen erfreuten, was bis heute die Interpretation dieses Bildes erschwert. Auffallend ist der Spannungsgehalt des Werkes, angefangen von den Mann-Frau-Gegensätzen als Sinnbilder kraftvollen Handelns und mütterlicher Geborgenheit über die Ruinen als Symbol der Vergänglichkeit und den Säugling als Verkörperung neuen Lebens bis zur Gegenüberstellung von Stadt und Land, von Wasser und Feuer (Blitz), von Idylle und ungestümer Naturgewalt. Noch wichtiger ist, daß Giorgione zu einer neuartigen Synthese zwischen Farbe und Raum gelangt mittels übereinandergelegter und ineinanderfließender Farbschichten, was diesem Bild seine besonders dichte Atmosphäre verleiht. Von krassem Realismus geprägt ist dagegen Giorgiones Porträt einer alten Frau, deren Schriftband soviel bedeutet wie "das hat die Zeit aus mir gemacht", was deren Bildnis damit zugleich als Allegorie der Vergänglichkeit ausweist. Allegorisch zu verstehen sind auch die vier kleinen Täfelchen von Giovanni Bellini: um Virtus (Tugend) und Luxuria (Ausschweifung) geht es in der Darstellung von Bacchus, der einem jungen Krieger Früchte anbietet; die von Putten umspielte Frau in einem winzigen Boot mit großer Kugel ist die Allegorie des unbeständigen Glücks oder der Melancholie; die auf einem Sockel stehende nackte Frau mit Spiegel wird als Allegorie der Klugheit oder der Vanitas (Vergänglichkeit) gedeutet; der sich durch eine Muschel – Sinnbild des Lebens und der Fortpflanzung – windende Mann wird als Allegorie der Weisheit verstanden.

Saal 6
*Ringübergabe von Paris Bordone

Zu den Werken des Manierismus zählt die legendäre "Übergabe des Rings an den Dogen" (1545–1550) durch einen vom Evangelisten Markus beauftragten Fischer, die Paris Bordone (1500–1571) aus Treviso inmitten eines phantastischen Architekturprospektes in erlesener kühler Farbigkeit inszenierte. Von gleicher erzählerischer Qualität ist das "Gastmahl des reichen Mannes" (1543–1545) von Bonifacio de' Pitati, ein Gleichnis zwischen dem reichen Prasser mit Musikanten in lustiger Gesellschaft unter dem Portikus seiner Villa und dem zerlumpten, vergeblich auf sein Almosen wartenden armen Lazarus. Die Falkenjagd und das Liebespaar im Garten spielen auf die Annehmlichkeiten des Lebens an, während die in Brand stehenden Gebäude im Hintergrund wohl auf das Höllenfeuer verweisen.

*Johannes d. T. von Tizian

Anklänge an die Plastik Michelangelos zeigt dagegen Tizians manieristische Gestaltung des kraftvollen Johannes des Täufers.

Saal 7
*Edelmann von Lorenzo Lotto

Ein manieristisches Meisterwerk der Bildniskunst ist das Porträt eines jungen Edelmannes im Studierzimmer von Lorenzo Lotto (1480–1556), das sich durch kühles Kolorit und feine Melancholie auszeichnet. Als kraftvoll realistische Gestalten, die vom Licht modelliert hervortreten, erscheinen

Saal 7 (Forts.)

die Heiligen Antonius Abbas und Paulus der Eremit (1520) in einem Bild von Girolamo Savoldo (1480 bis um 1550).

Saal 8

Unter den gezeigten Werken des 16. Jh.s beeindrucken von Bonifacio de'Pitati der Bethlehemitische Kindermord, von Palma Vecchio (1480 bis 1528; auch Palma d. Ältere genannt, eigentlich Jacopo Negretti) die "Heilige Familie mit der hl. Katharina und Johannes dem Täufer" als Spätwerk in langgezogener Dreieckskomposition mit diffusem Licht und vollendeter Farbharmonie sowie von Girolamo Romani, genannt Romanino, die "Beweinung Christi mit Heiligen" (1510), das erste bekannte Werk des aus der Lombardei gebürtigen Künstlers in einem sonoren Farbklang.

Saal 9

Die Bilder in diesem Saal sind überwiegend von Schülern Tizians gemalt, darunter auch eine "Himmelfahrt" von Tizians Bruder Francesco Vecellio.

Saal 10

**Veroneses Gastmahl des Levi

Unterschiedliche Positionen der Malerei im Zeitalter der Gegenreformation werden deutlich im Vergleich zwischen Paolo Caliari (1528–1588), genannt Veronese, und Jacopo Robusti (1514–1594), genannt Tintoretto. Die Schmalseite des Saales schmückt ein riesiges Gemälde von Veronese, Gastmahl im Hause des Levi genannt, das als Auftragswerk für das Refektorium der Dominikanerkirche Santi Giovanni e Paolo im April 1573 vollendet wurde, um ein zerstörtes Abendmahlsbild zu ersetzen. Knapp drei Monate später wurde Veronese unter dem Verdacht der Häresie vor das Heilige Offizium zitiert, da seine Darstellung des Abendmahls allzu freizügig ausgefallen sei und kanonischer Tradition widerspreche angesichts des Auftretens von Figuren wie einem Narr mit Papagei, deutschen Landsknechten und Hunden. Trotz Veroneses leidenschaftlicher Verteidigung unter Berufung auf die künstlerische Freiheit erhielt er den Befehl, das Bild innerhalb von drei Monaten auf eigene Kosten zu ändern. Seine einzige Korrektur war die Änderung des Bildtitels, wohl in Absprache mit den gelehrten Dominikanern als Auftraggebern, mit Verweis auf das 5. Kapitel des Lukas-Evangeliums: "Und Levi richtete ihm ein großes Mahl zu in seinem Haus." So wurde aus dem Abendmahl ein Gastmahl, ein Bildthema, das Veronese häufiger gestaltete in Form einer festlich-prächtigen Inszenierung. Figürliche und szenische Elemente bilden trotz des Riesenformats dank der kraftvollen architektonischen Gliederung und der aufeinander abgestimmten Farben eine großartige Einheit. Dramatik und Irrealität bestimmen dagegen das Bildgeschehen bei Tintoretto. Das für den Kapitelsaal der Scuola Grande di San Marco 1548 geschaffene Gemälde "Der hl. Markus befreit einen Sklaven" stellt eines der Markuswunder dar, wonach der Evangelist einen frommen Sklaven, der sich zur Verehrung der Markusreliquien verbotenerweise von seinem Herrn entfernt hatte, vor der Strafe der Blendung und Beinzertrümmerung bewahrte. In der von heftigen Farbkontrasten und unnatürlicher Beleuchtungsregie geprägten Komposition steigert sich die Unruhe noch durch den vom Himmel effektvoll herabstürzenden Markus, dessen Gestalt in extremer Untersicht wiedergegeben ist, ein Bildelement, das für die venezianische Deckenmalerei richtungsweisend wurde. Nicht minder spektakulär sind die ungewöhnlichen Raumfluchten, der Gewitterhimmel mit zuckenden Blitzen und das spannungsreiche szenische Arrangement zwischen den in panischer Angst Flüchtenden und den kraftvoll zupackenden, unerschütterlich weiterziehenden Venezianern in Tintorettos Wiedergabe der "Entführung des Leichnams des hl. Markus aus Alexandria" (1562). Wohl im selben Jahr ist auch Tintorettos Bild "Der hl. Markus errettet einen gläubigen Sarazenen aus Seenot" entstanden, ein neuerliches Beispiel für seine erregte Schilderungskraft unter Verwendung eines intensiven Rot-Blau-Gelb-Farbklangs. Die erschütternde Pietà-Darstellung, das letzte, unvollendet gebliebene Werk von Tizian (1488/90–1576; eigentlich Tiziano Vecellio), zeigt in gedämpften Farben und diagonaler Anordnung, das Absinken vom Leben zum Tode verdeutlichend, die Gruppe der Trauernden mit dem Leichnam Christi vor einer Nischenarchitektur mit den Statuen von Moses und einer Sibylle. Gegenüber der mitreißenden Lebensfreude im Frühwerk, z. B. bei

**Tintorettos Markuswunder

*Pietà von Tizian

Saal 17 (Forts.), *Guardis Bacino von San Marco

schuf, darunter der "Bacino von San Marco mit San Giorgio und der Giudecca" (vor 1774). Die Ansicht des "Rio dei Mendicanti mit der Scuola di San Marco" (um 1740) von Bernardo Bellotto (1720–1780) zeigt dagegen eine fast photographisch exakte Beobachtungsgabe. Rosalba Carriera (1675–1758) erwarb sich großen Ruhm durch ihre hochgeschätzten Pastellporträts, die in ihrer Ausdrucksbreite vom heiteren zarten Kinderstück in schimmernden Pastelltönen bis zum psychologisch vertieften Blick im Erwachsenenbildnis reichen. Kaum ein anderer hat sich als so scharfsichtiger Chronist des venezianischen Alltags im 18. Jh. hervorgetan wie Pietro Longhi (1702–1785). Seine Genreszenen sind köstliche, ans Karikaturistische grenzende Wiedergaben privater und öffentlicher Lebensäußerungen, sei es im Bild des Apothekers, des Wahrsagers oder der Tanzstunde.

*Pastellporträts von Carriera

*Pietro Longhis Genreszenen

Saal 18

Dieser Saal enthält weniger bedeutende Gemälde des 18. Jahrhunderts.

Saal 19

Bartolomeo Cincani, genannt Montagna (nachweisbar: 1459–1523), malte Anfang des 16. Jh.s den segnenden "hl. Petrus mit Stifter", wobei die menschliche Figur harmonisch mit Architektur und Landschaft verbunden wird. Giovanni Agostino da Lodi, tätig um die Wende des 15./16. Jh.s, vermittelt u.a. mit seiner Darstellung der "Fußwaschung der Apostel" die Renaissance-Formensprache Bramantes und Leonardos nach Venedig. Der aus Cremona stammende Boccaccio Boccaccino (um 1465–1524) malte ebenfalls in Renaissancemanier die "Mystische Vermählung der hl. Katharina" (1508/1509).

Saal 20
**Wunder Heiligkreuzreliquie von Gentile Bellini, Carpaccio u.a.

Einzigartig ist der Gemäldezyklus zu den Wundern der Heiligkreuzreliquie als großangelegte Selbstdarstellung der Stadt Venedig und ihrer Bewohner, den namhafte venezianische Meister zwischen 1494 und 1502 für die Sala dell'Albergo der Scuola di San Giovanni Evangelista schufen, in der eine Reliquie des Kreuzes Christi seit 1369 aufbewahrt wurde. Gentile Bellini (1429–1507) malte die Prozession auf dem Markusplatz mit einer detailgetreuen Wiedergabe der Piazza aus der Zeit um 1500. Über den fünf Portalen der Markuskirche leuchten noch die mittelalterlichen Mosaiken des 13. Jh.s, die später ersetzt wurden. Links davon bestehen noch die Bogengänge der alten Prokuratien ohne den später angebauten Uhrenturm, während rechts der Kirche eine Ecke des Dogenpalastes sichtbar wird mit der farbig gefaßten Porta della Carta und der dahinterliegenden bunt verzierten spätgotischen Hoffassade des Ostflügels. An den Campanile schließt sich noch unmittelbar das Hospiz des Orseolo anstelle der heutigen Markusbibliothek und der Neuen Prokuratien an. Die Bilderchronik Venedigs setzt sich fort mit Gentiles Darstellung des Wunders der Kreuzreliquie am Ponte San Lorenzo, wo im Menschengedränge bei der alljährlichen Prozession das Reliquiar ins Wasser gefallen war, sich von selbst wieder dem suchenden Hochmeister der Scuola in die Hand fügte und ihn ans Ufer zog. Als Zeugen dieses Ereignisses erscheinen links im Bild Catarina Cornaro, die Königin von Zypern, mit ihrem Gefolge und rechts porträtierte Mitglieder der Scuola. Die wunderbare Heilung des Pietro de Ludovici verlegt Gentile in den Innenraum einer Kirche, vermutlich handelt es sich dabei um San Giovanni Evangelista. Vittore Carpaccio (1465–1526) läßt das Wunder der Heilung eines Besessenen durch die Heiligkreuzreliquie (ganz links im Bild) an der Rialtobrücke stattfinden und zeichnet ein präzises Bild der städtebaulichen Situation im geschäftigen Kaufmannsviertel. Noch existieren die 1458 errichtete Rialtobrücke aus Holz mit beweglichem Mittelteil zur Durchfahrt großer Boote, die 1524 einstürzte und durch die heutige Steinbrücke ersetzt wurde, sowie das 1505 durch Brand zerstörte Fondaco dei Tedeschi, die Handelsniederlassung der deutschen Kaufleute, ganz rechts im Bild. Darüber hinaus vermitteln die zahlreichen Gondeln, die Wäschestangen, die dichtgedrängten, zum Teil ins Gespräch vertieften Menschen, darunter vornehm gekleidete Kavaliere, Muselmanen mit Turbanen und Johanniterritter, einen Eindruck vom kosmopolitischen, pulsierenden Leben im Rialto-Viertel. Als ein eher stei-

Saal 20 (Forts.)

fes Zeremoniell auf dem Vorplatz der Kirche erweist sich dagegen Lazzaro Bastianis (nachweisbar 1449–1512) "Schenkung der Kreuzreliquie an die Mitglieder der Scuola di San Giovanni Evangelista". Von Giovanni Mansueti (um 1485–1527) stammt die Darstellung des Wunders der Kreuzreliquie auf dem Campo San Lio, als während eines Leichenzuges durch Zweifel an der Echtheit der Reliquie diese so schwer wurde, daß sie vorübergehend in der Kirche San Lio deponiert werden mußte. Bei der Wiedergabe der wunderbaren Heilung der gelähmten Tochter des Benvegnudo da San Polo gewährt Mansueti einen Blick in das Innere eines venezianischen Patrizierpalastes. Im Innenhof eines Palazzo vollzieht sich auch das Wunder der Heilung des vom Dachboden gestürzten kleinen Sohnes des Alvise Finetti, das Benedetto Rusconi, gen. Diana (um 1482–1525), malte.

Saal 21
✱✱Vittore Carpaccios Ursulinenzyklus

Der für die Scuola di Sant'Orsola geschaffene Zyklus zum Leben der hl. Ursula ist das alleinige Werk von Vittore Carpaccio (um 1465–1526). Der Legende nach willigte Ursula, die christliche Prinzessin der Bretagne, in ihre Heirat mit dem heidnischen englischen Fürstensohn Aetherius ein unter der Bedingung, daß dieser sich taufen ließe und mit ihr und ihrem Gefolge von Jungfrauen eine Wallfahrt nach Rom unternähme. Auf der Rückfahrt erleiden Ursula und ihre Jungfrauen vor den Toren des von Hunnen belagerten Köln das im Traum vorausgesagte Martyrium. Unter Verwendung zeittypischer Renaissancearchitektur oder stimmungsvoller Landschaften schildert Carpaccio in der Art von Historienbildern mit zeitgenössischen Menschendarstellungen die Ankunft der Gesandten des englischen Königs, ihre Verabschiedung, die Rückkehr der Gesandtschaft an den englischen Hof, die Begegnung von Ursula und Aetherius und die Abreise der Pilger, den Empfang der Pilger durch Papst Cyriacus vor den Mauern von Rom mit der exakten Wiedergabe der Engelsburg, den Traum der Ursula als reizvolle Interieurszene, die Ankunft in Köln, das Martyrium der Ursula und ihre Bestattung sowie die Apotheose der hl. Ursula.

Saal 23

Der ehemalige Kirchenraum von Santa Maria della Carità enthält Werke der venezianischen Frührenaissance, darunter mehrteilige Altarbilder aus den 1460er Jahren als Frühwerke von Giovanni Bellini und seiner Werkstatt, u.a. das Triptychon des hl. Sebastian zwischen den Heiligen Antonius Abbass und Johannes dem Täufer. Als frühes Werk von Gentile Bellini, dem älteren Bruder von Giovanni, gilt die porträthafte ganzfigurige Wiedergabe des seligen Lorenzo Giustiniani als würdevoller alter Mann in strengem Profil. Lebhafte Farbigkeit und betonte Plastizität der Figuren trotz Beibehaltung des traditionellen Goldgrundes zeichnen das Polyptychon von 1477 des Bartolomeo Vivarini (um 1430 bis nach 1491) aus mit dem segnenden Kirchenvater Ambrosius und Stiftern zwischen den Heiligen Ludwig, Petrus, Paulus und Sebastian. Alvise Vivarini (1442/1453–1504/1505) schuf 1480 die "Madonna mit Heiligen" als Sacra Conversazione. Die thronende Muttergottes umgeben die hll. Ludwig von Toulouse, Antonius von Padua, Anna, Joachim, Franziskus und Bernhardin von Siena.

✱Madonna von Alvise Vivarinis

Saal 24

Im noch vollständig erhaltenen Saal der Carità-Bruderschaft sollte man zuerst den Blick auf das von Antonio Vivarini (1415/1420–1476/1484) und seinem Schwager Giovanni d'Alemagna (nachweisbar: 1441–1450) gemalte große Triptychon lenken mit thronender Muttergottes zwischen den Kirchenvätern Gregor, Hieronymus, Ambrosius und Augustinus von 1446. Spätgotische Zierfreude und dekoratives byzantinisches Erbe verbinden sich mit naturalistischer Menschendarstellung und perspektivischen Errungenschaften der Frührenaissance zu einem großartigen Ganzen. Stilistisch der Hochrenaissance zuzurechnen ist Tizians breitformatiges, die gesamte Stirnwand des Saales einnehmendes Gemälde "Tempelgang Mariens" (1534–1538), wobei die Komposition von Anfang an auch die beiden Türen des Saales berücksichtigen mußte. In differenzierter, lichtintensiver und gesättigter Farbgebung entsteht eine genau kalkulierte Bildspannung aus Architektur und Landschaft, aus Gruppenbild und Einzelfigur, aus Nah- und Fernsicht, aus Ruhe und Bewegung.

✱✱Tizians Tempelgang Mariens

Die Jesuitenkirche zeigt Einflüsse des römischen Barock.

Ponte dell'Accademia

Jahrhunderte hindurch war der → Ponte di Rialto die einzige Brücke, die über den Canal Grande führte. Erst 1854 entschloß sich die österreichische Besatzungsmacht – seit 1815 gehörte Venedig zum habsburgischen Königreich Lombardo-Venetien – zum Bau einer zweiten Fußgängerüberführung. Es entstand die eiserne Akademiebrücke, die man 1932 durch eine Holzbrücke ersetzte.

*I Gesuiti · Santa Maria Assunta K/L 3

Lage
Campo Gesuiti

Anlegestelle
Ca' d'Oro

Der Grundstein für das Gotteshaus wurde schon im 13. Jh. gelegt, 1714 bis 1729 wurde die Kirche von Domenico Rossi nach der Art des römischen Barock für die Jesuiten neu erbaut. Der tonnengewölbte Saalbau mit Seitenkapellen, Querhaus und Chor beeindruckt durch seine kostbare Ausstattung: Wandverkleidungen aus grünem und weißem Marmor, mächtige Säulen, Pilastergliederung, Vergoldungen sowie ein Hochaltar mit Altarbaldachin und plastischem Altaraufsatz. Hauptaugenmerk gilt unter den Gemälden in der ersten Kapelle links Tizians "Marter des hl. Laurentius" (1558–1560): Neben dem gepeinigten Heiligen verkündet in der dunklen Nacht ein heller Lichtschimmer die himmlische Botschaft, die Hoffnung der Seele auf ewiges Leben. Besondere Beachtung verdienen außerdem "Die Himmelfahrt Mariens" von Tintoretto im linken Querschiff sowie die Wand- und Deckengemälde von Palma d. J. in der Sakristei.

**Tizians Laurentiusmarter

*Il Ghetto G/H 2

Etwas von der jüdischen Lebenssphäre ist immer noch spürbar, wenn man durch die enge Gasse der Calle del Ghetto Vecchio mit ihren hochaufra-

Lage
Ghetto Vecchio und Ghetto Nuovo

Anlegestelle
San Marcuola

genden Fassaden über eine schmale Brücke schließlich den weitläufigen kreisförmig anmutenden Campo di Ghetto Nuovo betritt, das Herz des venezianischen Judenviertels. In dem Laden gleich rechts an der Ecke kann man koschere Lebensmittel kaufen, ein paar Schritte weiter bietet ein kleines Restaurant Erfrischungen. Nur wenige der heutigen rund 520 Juden in Venedig leben noch in diesem Viertel, darunter einige Pensionäre im neuzeitlichen Gebäude des Altenheims, der Casa Israelitica de Riposo. 1516 wurden auf Beschluß der venezianischen Regierung die jüdischen Pfandleiher, Gewürzhändler, Weber und Kesselschmiede mit ihren Familien auf dem Gelände einer ehemaligen Kanonengießerei einkaserniert. Das von Wasser umgebene Viertel war ursprünglich nur über zwei Brücken erreichbar und wurde nachts mittels zweier Tore verschlossen. Die große Raumnot im Ghetto zwang die Bewohner zum Bau von bis zu achtstöckigen Wohnhäusern mit häufig engen und niedrigen Zimmern, denn im 17. Jh. lebten hier zeitweilig 5000 Menschen. Verblaßte Inschriften wie die der "Banco rosso" bei der Hausnummer 2912 erinnern an die jüdischen Bankhäuser, die nach der Farbe ihrer Kreditquittungen "Banco verde, negro" oder "rosso" hießen und an alle Schichten Venedigs Geld verliehen. Hinter unscheinbaren Fassaden verbergen sich auch die drei Synagogen im Ghetto Nuovo und zwei weitere im Ghetto Vecchio, die im Sinne von Versammlungsgebäuden zum Gebet mit angegliederter Talmud-Schule schlicht als Scola bezeichnet werden.

**Synagogen

Die Scuola Grande Tedesca, erkennbar an ihren fünf großen Bogenfenstern in der Fassade, wurde 1528 im Ghetto Nuovo von deutschstämmigen Juden errichtet. Der unregelmäßige Innengrundriß wird durch eine umlaufende Empore gemildert. Aus der Renaissancezeit stammen noch die Gebetsbänke, die Wandvergoldungen sind barock und rahmen mit Gedenk- und Lobinschriften den von zwei Fenstern flankierten Tora-Schrein (Aron) und die schöne Gebetskanzel (Bima) ein.

Campo di Ghetto Nuovo – Herz des alten jüdischen Stadtviertels, das 1516 auf Beschluß der venezianischen Regierung angelegt wurde.

Baedeker Special

Shylocks Heimat: das jüdische Ghetto

Shylock, der berühmteste Jude Venedigs, ist zwar eine Erfindung von William Shakespeare, aber er trägt durchaus Züge eines wirklichen Menschen, der aufgrund fortdauernder Demütigungen und Verletzungen schließlich zu hassen beginnt. Sein Gegenspieler, der reiche venezianische Kaufmann Antonio, der Shylock auf offener Straße beschimpft und bespeit, nur weil er Jude ist, ihn aber später privat um ein hohes Darlehen ersucht, repräsentiert jene scheinheilige Moral einer Gesellschaft, die sich christlich nennt, aber in der Verachtung und Erniedrigung des Mitmenschen nichts Verwerfliches findet. Shakespeares Schauspiel "Der Kaufmann von Venedig" (1596/1597) zeigt nur eine dramatisch verdichtete Momentaufnahme, das Zusammenleben zwischen Venezianern und Juden verlief in Wirklichkeit anders.

In Venedig waren Juden als Geldverleiher seit dem 13. Jh. durchaus erwünscht, ja sogar unerläßlich für den weiteren wirtschaftlichen Aufschwung der Lagunenstadt, da den christlichen Kaufleuten Kreditgeschäfte gegen Zins nach kanonischem Recht verboten waren. Vor allem im 14. Jh. angesichts der kostspieligen Kriege mit Verona und Genua und der Wirtschaftsprobleme durch die Pestepidemien brauchte die Kommune Geld, und die jüdischen Bankiers brachten immer wieder frisches Kapital in die Stadt. Die Zinsbedingungen wurden allerdings von der Regierung vertraglich festgesetzt und kontrolliert. Der jeweils mit kurzen Laufzeiten ausgehandelte Vertrag (condotta) zwischen den jüdischen Bankiers und der Republik Venedig sah z.B. für 1382 vor, daß bei Pfandleihen die maximale Zinshöhe 10 % und bei Darlehen gegen Schuldschein 20 % betrug, darüber hinaus konnte die venezianische Regierung auch noch Zwangsdarlehen erwirken. Nachdem große Kreditgeschäfte zunächst im Vordergrund standen, gab es seit 1389 auch jüdische Banken für Kleinkredite.

In krassem Gegensatz zu ihrer Unersetzlichkeit als Geldverleiher stand jedoch die soziale Ächtung der Juden, auch in einem so weltoffenen Klima wie in Venedig, wo "der Gewinn und Handel dieser Stadt auf allen Völkern beruht", wie der Kaufmann Antonio durchaus richtig feststellt. Für ihre Aufenthaltserlaubnis und ihre Geschäftstätigkeit in der Markusrepublik mußten die Juden hohe Sonderabgaben an die Kommune entrichten. Da ihnen der Erwerb von Grundbesitz nicht erlaubt war, verlegten sie sich gezwungenermaßen auf die Ansammlung großer Geldvermögen, was ihnen hohe Liquidität und große Mobilität ermöglichte. Das führte andererseits zu ständigem Mißtrauen bei den Geschäftspartnern und das venezianische Patriziat sah in den jüdischen Kaufleuten und Händlern überwiegend lästige Konkurrenten. Hinzu kam noch der religiös motivierte Antisemitismus, verbunden mit Anfeindungen und Verfolgungen der Juden als Ketzer, Christusmörder und Brunnenvergifter während der Pestepidemien.

Gegen Ende des 14. Jh.s häuften sich in Venedig wieder einmal die Klagen über das Geschäftsgebaren der Geldverleiher, weil sie den Armen angeblich nicht genügend Geld liehen, so daß sich die Kommune 1397 zur Ausweisung der Juden entschloß, die sich daraufhin im nahen Mestre niederließen, um von dort aus Geldgeschäfte in Venedig zu tätigen. Neue Schikanen und Vorschriften schränkten ihre Handlungsfreiheit aber weiter ein. So waren sie gezwungen, während ihrer meist in mehreren

Monatsabständen bewilligten zweiwöchigen Aufenthalte ein Abzeichen zu tragen, einen aufgenähten gelben Kreis, später sogar einen auffallenderen gleichfarbigen Spitzhut.

Als Anfang des 16. Jh.s Venedig durch kostenträchtige Kriegsführungen in Finanznot geriet, kam es jedoch zum überraschenden Beschluß der venezianischen Regierung vom 29. März 1516, den Juden einen abriegelbaren Wohnbezirk in der Stadt zuzuweisen: "Die Juden müssen alle gemeinsam in dem Komplex von Häusern wohnen, die sich im Ghetto bei San Girolamo befinden; und damit sie nicht die ganze Nacht umhergehen, sollen an jener Seite des Ghetto Vecchio, wo es eine kleine Brücke gibt, und gleichermaßen an der anderen Seite der Brücke zwei Tore errichtet werden, das heißt je eines für die beiden genannten Orte. Jedes Tor muß morgens beim Klang der Marangona-Glocke geöffnet und abends um 24 Uhr durch vier christliche Wachen zugesperrt werden, die dafür von ihren Juden angestellt und bezahlt werden zu dem Preis, der unserem Kollegium angemessen erscheint." So entstand auf rund 35000 m^2 das erste Ghetto der Welt in Venedig. Die Namensgebung leitet sich von der ursprünglichen Nutzung dieses inselartigen Stadtviertels her als Standort von Gießereien (gettare = gießen; getto = Gußarbeit). Erst später wurde aus dieser Standortbezeichnung des Judenviertels ein Synonym für leidvolle Diskriminierung und menschenverachtenden Terror.

Das venezianische Judenviertel teilte sich in drei Bereiche: in das zuerst entstandene, vorwiegend von deutsch- und italienischstämmigen Juden bewohnte Ghetto Nuovo, dann in das seit 1541 den levantinischen Kaufleuten und den spanischen Inquisitionsflüchtlingen zugewiesene Ghetto Vecchio sowie in das Ghetto Nuovissimo, wo sich seit 1633 wohlhabende Sephardim-Familien niederlassen konnten. Nach wie vor durften Juden keinen Grundbesitz erwerben, erhielten aber weitgehende Mietrechte. Als ihre Interessenvertretung wählten die Ghettobewohner die Università, ein Gremium von anfänglich zwölf, später sechs Mitgliedern mit weitreichenden sozialen, religiösen und wirtschaftlichen Befugnissen. Sie waren Verhandlungspartner für die venezianische Regierung und regelten intern die Verteilung der finanziellen Lasten, die ihnen von der Kommune als Steuern und Zwangsdarlehen aufgebürdet wurden. Trotz zahlreicher Reglementierungen nahm die Zahl der Bewohner im Ghetto rasch zu: 1516 wurden 700 gezählt, 1536 hatte sich die Zahl bereits mehr als verdoppelt und erreichte 1630 den Höchststand mit 5000 Einwohnern. Damit hatten die Juden im 17. Jh. einen Anteil zwischen 2,5 und 3,3 % an der Gesamtbevölkerung Venedigs, der im 18. Jh. wieder auf 1,2 % sank.

Neunarmiger Leuchter für das Chanuccàfest (Museo Ebraico)

In den meist überfüllten Häusern des Ghettos – zeitweilig lebten dort 897 Personen pro Hektar im Vergleich zu 236 Personen im Rest der Stadt – herrschte ein buntes Gemisch aus Menschen und Sprachen der Mittelmeerländer, von Polen und Deutschland vor. Diese multikulturelle jüdische Gemeinde Venedigs brachte bedeutende Rabbiner, Gelehrte und Dichter hervor, zog aber auch Kaufleute und Abenteurer an. Die spirituelle Führung der Gemeinschaft war durch die Rabbiner gegeben, die zugleich auch Lehrer, Prediger und Richter waren. Der berühmte Rabbiner ▶

Baedeker Special

Am Campo di Ghetto Nuovo kann man koschere Lebensmittel kaufen.

Leone da Modena (1571–1648) mit seinem vielbesuchten Talmud-Seminar zählte ebenso dazu wie der umfassend gebildete Rabbiner Simone Lazzatto (1583–1663), dessen historisch-politische Betrachtungen und Wirtschaftsanalysen in Venedig von großer Bedeutung waren, oder der Rabbiner Simone Calimani (1699–1784), der durch sein umfangreiches Schrifttum Vorurteile gegenüber jüdischem Religionsleben und jüdischer Kultur abzubauen versuchte. Ungemein aufschlußreich für die jüdisch-christlichen Beziehungen ist auch der Briefwechsel zwischen der jungen Schriftstellerin Sara Coppia Sullam (1590–1641) und dem fast 30 Jahre älteren katholischen Edelmann, Dichter und Übersetzer Ansaldo Cebà aus Genua. In eine mystische, messianische Gedankenwelt führen dagegen die Schriften des Mosè Zacuto (1625–1692) und die Visionen des Mosè Chaim Luzzatto (1707–1746). Zur Verbreitung dieser Ideen war der hebräische Buchdruck unerläßlich, der in Venedig sein wichtigstes Zentrum hatte für die Herausgabe von Werken der Philosophie, Grammatik, des religiösen Denkens und anderer Schriften jüdischer Gelehrter aus ganz Europa. Das Streben nach Bildung verdeutlicht auch die Tatsache, daß an der Venedig unterstellten Universität von Padua zwischen 1517 und 1721 immerhin 250 jüdische Studenten ihre Doktorprüfung ablegten. Die Venezianer ließen sich denn auch ganz gern trotz aller gebotenen Vorsicht im Umgang mit Juden von hervorragend ausgebildeten jüdischen Ärzten behandeln. Auch die adligen Damen schlichen hin und wieder ins Ghetto, um sich bei den Schneidern extravagante Seidenroben nähen zu lassen.

Wenngleich die Jüdische Gemeinde auch in Venedig weiterhin Anfeindungen ausgesetzt war, von den Hetzpredigten mancher Ordensleute bis zu den diffusen Vorbehalten gerade im einfachen Volk gegenüber jüdischer Lebensweise, Sprache, religiösen Riten, Speisen und Kleidung, lebten die Juden in relativer Sicherheit, denn ihr Leben war nicht bedroht. Auch in den Senatsprotokollen, mit häufig erpresserischen Geldforderungen der Serenissima, wird immer wieder zur Toleranz gegenüber den Juden gemahnt, vor allem in Krisenzeiten. Doch auch jüdisches Kapital konnte den wirtschaftlichen Niedergang Venedigs im 18. Jh. nicht aufhalten. Immerhin zahlte die jüdische Gemeinde zwischen 1669 und 1700 die ungeheure Summe von 800 000 Golddukaten aus. Als in den folgenden Jahrzehnten angesichts der Türkenkriege die Zwangsdarlehen noch zunahmen, die Steuerlast immer erdrückender wurde, waren auch die finanziellen Möglichkeiten jüdischer Geldgeber erschöpft. Die Leihbanken waren praktisch bankrott, denn die Einnahmen der jüdischen Kaufmannsfamilien konnten die Kredite nicht mehr absichern. Gegen Ende des 18. Jh.s wohnten noch 1620 Juden im Ghetto, von denen etwa ein Drittel gut situiert war, während die anderen am Rande der Armut lebten. Es bedurfte schließlich eines Kraftaktes von außen, um ihr Schicksal zu ändern. Am 7. Juli 1797 rissen französische Soldaten aus der Armee Napoleons die Ghettotore nieder und pflanzten auf dem Campo di Ghetto Nuovo einen Freiheitsbaum als Symbol für eine neue Zeit, in der nun auch Juden als gleichberechtigte Mitbürger ihren Platz in der venezianischen Gesellschaft einnehmen sollten.

Synagogen (Fortsetzung)

Die Scola Ganton – der Name geht möglicherweise auf die Stifterfamilie oder den Standort an einer Ecke zurück – wurde 1531 gegründet, aber mehrfach umgebaut. Die oft restaurierte Bima des 17. Jh.s ruht auf fünf Holzstufen unter einem von Doppelsäulen getragenen Bogen.
Fünf breite Fenster und eine Kartusche mit der Inschrift "Santa Communità italiana" kennzeichnen die 1571–1575 erbaute Scola Italiana, deren Bima eine kleine Kuppel verziert. Die Scola Levantina mit ihrem mehreckigen Erker befindet sich im Ghetto Vecchio. Im Innern beeindruckt das reich geschnitzte Lesepult (Tewa) auf spiralförmigen Säulen von Andrea Brustolon aus Belluno.
Die größte venezianische Synagoge ist die sogenannte Scola Spagnola aus der 2. Hälfte des 16. Jh.s., die 1635 vom berühmten Barockbaumeister Baldassare Longhena umgestaltet wurde. Messingleuchter, vergoldete Holzgegenstände, vielfarbiger Marmor und eine aufwendige Balustradendekoration schmücken das Innere.

Museo Comunità Ebraica

Öffnungszeiten: Mo.–Fr. 10.00–19.00, So. 10.30–12.30

Empfehlenswert ist ein Besuch im Museum der jüdischen Gemeinde, wo auch alle 30 Minuten ab 10.30 Uhr die Führungen durch die Synagogen beginnen. In dem kleinen Museum werden Kultgegenstände, Handschriften und Dokumente zur Geschichte der venezianischen Juden gezeigt, darunter in Venedig 'Magiolere' genannte Ölleuchter, Kronen und Fialen für die Gesetzesrollen sowie eine auf das 5. Jh. v. Chr. datierte Schutzhülle für die Esterrolle, in der die Errettung der persischen Juden durch Königin Esther erzählt wird.

Mahnmal

Zwischen 1943 und 1944 fielen fast 200 venezianische Juden dem Holocaust zum Opfer, woran die Bronzereliefs (Deportation, Konzentrationslager, Zwangsarbeit, Hinrichtung, Massengräber) des Bildhauers Arbit Blatas an einer mit Stacheldraht bestückten Mauer als Mahnmal im Ghetto erinnern.

Der Italia-Pavillon gehört zu den Ausstellungsbauten der Volksgärten, wo alle zwei Jahre die "Biennale für zeitgenössische Kunst" veranstaltet wird.

Baedeker Special

Biennale der zeitgenössischen Kunst

Das älteste internationale Forum für zeitgenössische Kunst, die Biennale von Venedig, auf Initiative des venezianischen Literaten, Künstlers und Bürgermeisters Riccardo Selvatico 1895 zur Förderung des Kulturaustausches gegründet, kann inzwischen auf eine über einhundertjährige, wechselvolle Geschichte zurückblicken, die sowohl geprägt war von der Präsentation avantgardistischer Malerei und Plastik als auch von Großmacht- und Kunstmarktpolitik. Als sich am 30. April 1895 auf dem Gelände der Giardini di Castello am Rande des historischen Zentrums die Tore zur ersten Biennale unter der Schirmherrschaft von Italiens König Umberto I. und seiner Frau Margherita von Savoyen öffneten, waren in einem einzigen, klassizistisch gestalteten Pavillon 516 Werke von 285 Künstlern zu sehen, die unerwarteterweise fast 225 000 Besucher anlockten. Insgesamt wurden 186 Kunstwerke verkauft, und unter den 156 beteiligten Ausländern wurde der deutsche Maler Max Liebermann mit dem Preis der Provinz Venedig ausgezeichnet.

Der Publikumserfolg hielt auch bei den folgenden Biennalen an, 1909 kamen gar 457 960 Kunstinteressierte nach Venedig, ein Rekord, der erst 1976 gebrochen wurde. Anfangs wurde die Kunstschau noch nach Themen und nicht nach Nationalitäten organisiert, wobei man die Werke in Absprache mit einheimischen und ausländischen Künstlerverbänden auswählte. Doch die stark besuchten Kunstausstellungen weckten schnell allerhöchstes politisches Interesse, so daß beispielsweise Kaiser Wilhelm II. im November 1905 exklusiv die Biennale besuchte, um allerdings feststellen zu müssen, daß seine Lieblingsmaler Adolph Menzel, Anton von Werner und Hermann Joseph Wilhelm Knackfuß nicht mit Arbeiten vertreten waren.

Die Folge war, daß es mit der Biennale von 1907 erstmals National-Pavillons gab, deren Zahl sich inzwischen auf 26 erhöht hat, die von Länderkommissaren betreut werden. Den deutschen Pavillon, der zunehmend zum Instrument der offiziellen Kulturpolitik des Deutschen Reiches genutzt wurde, gibt es offiziell seit 1912. Dort trafen sich 1934 auf der 19. Biennale mit 4222 Werken und knapp 362 000 Besuchern auch Adolf Hitler und Benito Mussolini vor den Skulpturen von Kolbe und Wackerl sowie vor den Bildern von Pötzelberger und Heise, die der Biennale-Kommissar Eberhard Hanfstaengl als deutsche Beiträge ausgesucht hatte. Die nationale Repräsentanz spielte auch bei den Veranstaltungen nach dem Zweiten Weltkrieg eine entscheidende Rolle.

Giardini Pubblici · Biennale-Gelände

O–Q 6/7

Lage
Riva dei Sette Martiri

Anlegestelle
Giardini

Die sogenannten Volksgärten wurden von Napoleon I. am Südostende der venezianischen Hauptinsel angelegt. Sie sind heute zu einem beträchtlichen Teil mit den modernen Ausstellungsgebäuden der alle zwei Jahre stattfindenden Internationalen Kunstausstellung, der "Biennale", überbaut. Dennoch bleibt genügend Platz für Statuen aus dem Rokoko und der Gründerzeit und natürlich für Spaziergänge unter Palmen, Akazien und Platanen. Am Nordwestende der Grünanlage erinnert ein 1855 enthülltes Denkmal an Giuseppe Garibaldi.

Weltkrieg eine entscheidende Rolle. Kritiker dieser Kunstschau bemängeln immer wieder, daß wenig Neues gezeigt werde und statt dessen aus nationalem Prestige überwiegend arrivierte Künstler und Künstlerinnen ihre Werke ausstellten. Die Biennale diene denn auch weniger dem Experiment, dem internationalen Dialog oder der Veränderung des kulturellen Bewußtseins als vielmehr den Geschäftsinteressen des Kunstmarkts und der Maximierung des Tourismus. Immerhin haben im deutschen Pavillon so unterschiedliche Künstler wie Günther Uecker 1970, Joseph Beuys 1976, Felix Droese 1988 oder Martin Honert, Katharina Fritsch und Thomas Ruff 1995 ihre Werke präsentiert. Im Vergleich zur Vorkriegszeit zeigen die deutschen Kulturmacher inzwischen mehr Offenheit bei internationalen Kulturkontakten, und das federführende Bonner Außenministerium berief den Schweizer Jean-Christophe Ammann, Direktor des Frankfurter Museums für Moderne Kunst, zum Kommissar des deutschen Pavillons für 1995. Auch die Gesamtleitung der Jubiläumsveranstaltung der 46. Biennale von 1995 (1916, 1918, 1944 und 1946 fielen die Biennalen aus) übernahm ein Nichtitaliener, der Franzose Jean Clair, Direktor des Picasso-Museums in Paris. Neben den Länderbeiträgen mit 134 Künstlern aus 51 Nationen beeindruckte 1995 eine kunstgeschichtliche Überblicksschau von hundert Jahren unter dem Titel "Einssein und Anderssein – Bilder des Körpers 1895–1995". Wie in den Jahren zuvor, mit Ausnahme der Zeit von 1970 bis 1984, vergab die vierköpfige internationale Biennale-Jury zahlreiche Preise: der goldene Löwe für Malerei ging an Ronald B. Kitaj (USA), der goldene Löwe für Skulptur an Gary Hill (USA), der Preis der Länder wurde Ägypten zuerkannt, der Preis 2000 für einen Künstler oder eine Künstlerin unter 40 Jahren wurde Kathy Pendergast (Irland) verliehen und ehrenvolle Erwähnungen mit Plaketten erhielten Nunzio (Italien), Hiroshi Senju (Japan), Jheon Soo Cheon (Südkorea) und Richard Kriesche (Österreich). Trotz aller Kritik, daß mit Kunst Politik und Geschäft betrieben wird, wartet die Kunstwelt mit Spannung auf die nächste spektakuläre Schau internationaler zeitgenössischer Kunst in der Lagunenstadt 1999.

Plakat der Biennale 1995

Giardini Pubblici, Biennale-Gelände (Fortsetzung)

Der Haupteingang ist ein Werk Gianantiono Selvas aus dem Jahre 1810. Zu den markantesten Ausstellungspavillons der Biennale-Anlage gehören gleich rechts vom Eingang der venezolanische Pavillon (1954–1956) von Carlo Scarpa und daneben der russische Pavillon im Gründerzeitstil (1914). Folgt man vom Eingang der breiten Allee direkt geradeaus, erreicht man den italienischen Pavillon im klassizistischen Stil (Abb. S. 113). Zu den renommierten Architekten, die für die Ausstellungsbauten verantwortlich zeichneten, gehörten ferner Josef Hoffmann mit dem österreichischen Pavillon (1934), Gerrit Thomas Rietvals mit dem niederländischen Komplex (1954) und Alvar Aalto mit dem finnischen Bau. Die Pläne für den gläsernen Bücherpavillon lieferte der Glasgower James Stirling.

La Giudecca E–L 7/8

Anlegestellen
Zitelle, Redentore, Palanca, Sant' Eufemia, Sacca Fisola

Ursprünglich hieß die Insel 'Vigano' oder 'Spina Lunga' (langer Dorn) wegen ihrer langgestreckten Form. Ihren heutigen Namen verdankt sie vermutlich den 'Giudicati', den aus Venedig Verbannten, die sich hier zunächst zwangsweise ansiedelten. Vom Stadtgebiet ist die 78 ha große Klosterinsel durch den breiten Canale della Giudecca abgetrennt und durch Rii in acht nebeneinanderliegende Inseln aufgeteilt. Seit dem 14. Jh. bauten auf der zum Stadtzentrum weisenden Seite wohlhabende venezianische Patrizier ihre Villen und Lustgärten, während die Seite zur Lagune von sieben Klöstern und kleinen Palazzi der literarischen Akademie eingenommen wurde. Im 19. und 20. Jh. siedelten sich mehrere Gewerbebetriebe hier an, darunter die markante Nudelfabrik Stucky, eine längst verwaiste Eisbereitungsanlage und die Nobelmanufaktur Fortuny.

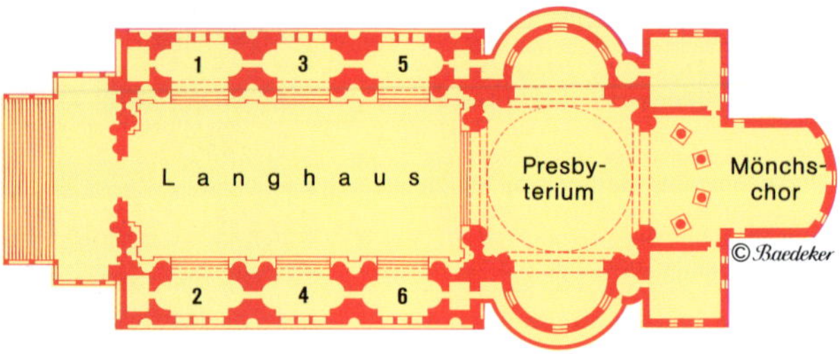

Il Redentore

Altarbilder

1 "Verklärung Christi" aus der Schule Tintorettos

2 "Geburt Christi" von Francesco Bassano

3 "Auferstehung Christi" von Francesco Bassano

4 "Taufe Christi" von Veronese

5 "Grablegung Jesu" von Palma il Giovane

6 "Geißelung Christi" aus der Schule Tintorettos

*Il Redentore

Lage
Campo Redentore

Anlegestelle
Redentore

Die weiße Franziskanerkirche gilt als eines der Hauptwerke von Andrea Palladio (⟶ Berühmte Persönlichkeiten). Er orientierte sich an den Vorbildern der Antike, vor allem an den zehn Büchern der Baukunst des römischen Architekten Vitruv aus der Zeit von Kaiser Augustus. Infolgedessen fügte Palladio auch die Front der Erlöserkirche aus drei ineinandergestellten Tempelfassaden zusammen. Doppelten Giebel und Attika übernahm Palladio vom römischen Pantheon, das Zentrum der einschiffigen Saalkirche bildet die dominante Kuppel zwischen Langhaus und Mönchschor.
Das Erlöserfest und die Kirche haben ihren Ursprung in einer Pestepidemie von 1576. Der Senat gelobte damals den Bau des Gotteshauses und eine Feier für den Erlöser (Redentore) – der Franziskanerorden übernahm die gottesdienstliche Betreuung. Begonnen wurde mit der Kirche im Juli 1577, seinen Abschluß fand der Sakralbau im Jahre 1592. Die Bauleitung übernahm nach dem Tode Palladios 1580 der Architekt Antonio da Ponte. Zu beiden Seiten des Langhauses, dessen Gestalt an einen römischen Thermensaal erinnert, liegen jeweils drei längsovale Seitenkapellen. Ihre Altarbilder stellen Szenen aus dem Leben Christi dar. Besondere Erwähnung verdienen hier die "Taufe Christi" aus der Werkstatt Veroneses und die beiden Altarblätter "Geißelung" und "Verklärung Jesu" aus der Schule Tintorettos. Während der spätbarocke Hauptaltar erst 1680 geschaffen wurde, stammt die bronzene Kreuzigungsgruppe vom Ende des 16. Jh.s. Sie ist ebenso wie der Hochaltar eine Arbeit Girolamo Campagnas (1550–1623). Beachtung verdient auch ein Madonnengemälde von Alvise Vivarini.

La Giudecca (Fortsetzung), setzung), Festa del Redentore

Nach Einweihung der Kirche zog der Doge alljährlich mit den Spitzen des Staates hierher zum Dankgottesdienst. Noch heute wallfahren die Venezianer am dritten Sonntag im Juli hierher, um dem Erlöser für das Ende der Epidemie zu danken. Es wird eine Schiffsbrücke vom Zattere über den Canale della Giudecca gebaut, auf der die Prozession zur Erlöserkirche zieht. Das Fest endet am Abend mit einem prächtigen Feuerwerk und einer Parade von beleuchteten Booten.

Zitelle (Santa Maria della Presentazione)

Auch die rund 500 m östlich gelegene 'Kirche der Jungfrauen' (Anlegestelle: Zitelle) soll in der Fassadengestaltung auf Andrea Palladio zurückgehen, die der Architekt Jacopo Bozzetto jedoch stark veränderte. Der Sakralbau ist ansonsten im wesentlichen ein Werk des 18. Jh.s.

Sant' Eufemia

Etwa 600 m westlich der Erlöserkirche erreicht man das im 9. Jh. gegründete, der römischen Märtyrerin Euphemia geweihte Gotteshaus (Anlegestelle: Sant' Eufemia). Die dreischiffige Kirche wurde im 18. Jh. von Tommaso Temanza umgebaut und von Giambattista Canal nach dem Vorbild von ⟶ Il Gesuiti ausgemalt. Auf dem ersten Altar im rechten Seitenschiff ist ein Rochusbild (1480) von Bartolomeo Vivarini zu bewundern.

Mulino Stucky

Ein lohnender Spaziergang führt vorbei an "Harry's Dolci" mit allen Cipriani-Produkten (s. S. 179) und der 1919 gegründeten Fortunyfabrik (Nr. 804; vgl. S. 137) zum riesigen Mulino Stucky. Der wohlhabende Nudelproduzent Giovanni Stucky ließ die Anlage 1895 von dem Hannoveraner Architekten Ernst Wullekopf im neogotischen Stil erbauen. Bis zum Zweiten Weltkrieg war es eine der größten Nudelfabriken Italiens, die 1954 allerdings geschlossen werden mußte. 1994 wurde die Anlage an niederländische Investoren verkauft.

Inseln in der Lagune — Q–R 1/2

Venedigs Archipel

Wie verwunschene Oasen liegen mehr als 30 kleine Inseln in den seichten Wassern der venezianischen Lagune. Emilio Casteler besang sie als "schwimmende Gärten, verankert in diesem Meer der unauslöschlichen Erinnerung und der ewigen Poesie", und Venedigs englischer Dauergast Lord Byron sah die Inseln "aus den Wassern steigen, wie von einer Fee beschworen". Neben den seit alters her dicht besiedelten größeren Inseln ⟶ Burano, ⟶ Murano und ⟶ Torcello werden heute nur noch wenige der kleineren Laguneninseln genutzt. Wer die einsamen, grün überwucherten Inselchen sieht, würde nie glauben, daß dort in früheren Jahrhunderten reges Leben herrschte. So dienten die Inseln vor der Stadt für die unterschiedlichsten Zwecke: dorthin wurden Pilger, Kranke und Verbannte ausgelagert, ebenso gefährliche Güter und feierliche Anlässe wie etwa 1782, als man auf San Giorgio in Alga einen großen Empfang für den aus Wien heimkehrenden Papst Pius VI. gab. Längst verlassen sind auch die seit dem Mittelalter für den Schutz der Serenissima zu achteckigen Forts und halbkreisförmigen Batterien ausgebauten Eilande. Für die Sanierung und neue Nutzungsmöglichkeiten der Inselwelt soll das 'Consorzio Nuova Venezia', ein Verbund staatlicher und privater Firmen, bis zum Ende der neunziger Jahre ein Konzept erarbeiten. Die größeren Inseln der Lagune sind an das Netz der 'Vaporetti' angeschlossen. Wer eine Fahrt zu den abseits gelegenen Inseln plant, sollte sich nach Exkursionen erkundigen. Für Erkundungen auf eigene Faust kann man auch Boote mieten.

**Burano

⟶ dort

*La Giudecca

⟶ dort

Lazzaretto Nuovo

Die ersten Inselbewohner waren Eremiten, ab 1486 wurden hier in einem Quarantänelager Waren zwischengelagert, bei denen man nicht sicher

Lazzaretto Nuovo (Fortsetzung)

war, ob sie Krankheiten übertrugen. Während der Pestepidemie 1576 wurden hier auch Pestverdächtige isoliert, tatsächlich Erkrankte kamen dann nach Lazzaretto Vecchio. Heute hat die Natur die bewehrte Insel weitgehend zurückerobert.

Lazzaretto Vecchio und La Grazia

Die vielen Pilger, die sich im Mittelalter von Venedig ins Heilige Land einschifften, fanden auf den Inseln La Grazia und Lazzaretto Vecchio eigene Unterkünfte. Wie der Name 'Lazarett' schon ankündigt, wurden hier bei Epidemien Krankenhäuser eingerichtet. Heute befindet sich hier der kommunale Hundezwinger.

**Murano

⟶ dort

Die Glasbläserhochburg Murano gehört zu den meistbesuchten Inseln.

*San Francesco del Deserto

Die Legende erzählt, daß sich auf dieser winzigen Insel südlich von ⟶ Burano der hl. Franziskus von Assisi nach seiner Rückkehr aus dem Heiligen Land im Jahre 1220 ausgeruht habe. Vom 13. bis 15. Jh. bewohnten Franziskanermönche die Klosterinsel, danach blieb sie bis zum 19. Jh. verwaist. Die kleine Kirche aus dem Jahr 1228, inmitten stolzer Zypressen gelegen, besitzt eine zauberhafte Atmosphäre. Nach Besichtigung des Franziskanerkonvents ist es üblich, den Mönchen eine kleine Geldspende zu geben (geöffnet: tgl. 9.00–11.00, 15.00–17.00 Uhr).

*San Giorgio Maggiore

⟶ dort

*San Lazzaro degli Armeni

Im 12. Jh. richteten Mönche auf San Lazzaro ein Leprakrankenhaus ein, 1717 übernahmen armenische Mechitaristenmönche die Insel. Im Klostermuseum ist heute die größte und wertvollste armenische Handschriftensammlung des Abendlandes zu bewundern mit mehr als 150000 Bänden sowie eine Druckerei vom Ende des 18. Jh.s. Ein Ausstellungsraum ist zudem Lord Byron gewidmet, der hier viel Zeit verbrachte und die armenische Sprache lernte.

Inseln in der Lagune (Fortsetzung), *San Michele

Die zypressenbestandene Toteninsel wurde im Mittelalter von Kamaldulensern bewohnt, später diente sie als Gefängnis, seit 1870 ist sie die Friedhofsinsel von Venedig. Zu den berühmten Persönlichkeiten, die hier ihre letzte Ruhe gefunden haben, gehören u.a. der russische Ballettmeister Sergej Diaghilew (1829–1929), sein Landsmann, der begnadete Komponist Igor Strawinski (1882–1971), und der amerikanische Dichter Ezra Pound (1885–1972). Vom einstigen Kloster stehen noch der gotische Kreuzgang aus dem 15. Jh. und die hübsche Renaissancekirche San Michele, die Mauro Coducci 1469–1478 errichtete. Sehenswert ist ferner die mit rotem und grünem Marmor ausgeschmückte, sechseckige Cappella Emiliana, die 1530 von Guglielmo Bergamasco angefügt wurde.

Sant' Erasmo und Le Vignole

Seit Jahrhunderten sind die beiden Inseln gegenüber dem Lido-Hafen für ihr Gemüse bekannt, insbesondere für Spargel und Artischocken.

*Torcello

⟶ dort

Lido

Plan s. S. 120

Anlegestelle
Santa Maria Elisabetta (ab Riva degli Schiavoni)

Pkw-Fähre
ab Venedig-Tronchetto

Der knapp 12 km lange und bis zu 4 km breite Lido ist ein schmaler, flacher Sandstreifen, der die venezianische Lagune vom Meer trennt. Im 19. Jh. entdeckten Schriftsteller wie Lord Byron, Shelley und Musset die Insel, die sich zu einem mondänen Seebad der Belle Epoque entwickelte. Fast die Hälfte der Insel sind feine, flache Sandstrände. Neben dem üblichen Badebetrieb – die Strandteile sind überwiegend den Hotels zugeordnet – gibt es eine Vielzahl von Sportmöglichkeiten, darunter Reitbahn, Golf- und Tennisplätze.

Der Goldene Löwe

Venedig war und ist immer wieder bevorzugte Kulisse der Kinogeschichte (vgl. S. 47) und bietet seit über einem halben Jahrhundert ein Forum von Weltrang für den Filmwettbewerb. Das erste venezianische Filmfestival wurde Anfang August 1932 mit großem Erfolg im Luxushotel Excelsior veranstaltet. Drei Jahre später konnte auf dem Lido der von Luigi Quagliata entworfene **Palazzo del Cinema** eröffnet werden, in dem heute alljährlich Ende August, Anfang September der berühmte 'Premio Leone d'Oro di San Marco', die italienische Variante des amerikanischen 'Oskar', für die besten Filme und Schauspieler verliehen wird (Palazzo del Cinema, Lungomare Marconi, Tel. 5267887, Fax 5267898). Große Regisseure wie John Ford, Louis Malle, John Cassavetes, De Sica, Fellini und Visconti feierten auf der 'Mostra del Cinema' rauschende Triumphe. Und auch heute gehört der 1968 abgeschaffte, inzwischen aber längst wieder eingeführte 'Goldene Löwe' zu den begehrtesten Auszeichnungen der Filmkunst.

Der bauliche Charakter des Lido wird geprägt durch Gründerzeitbauten, Liberty-Villen und das monumentale Gebäude des Sommercasinos (im Winter befindet sich das Casino Municipale im Palazzo Vendramin-Camerlenghi, s. S. 89) sowie imposante Hotelkomplexe der Jahrhundertwende, allen voran das neomaurische Grand Hotel Excelsior und die Nobelherberge Des Bains, einst bevorzugter Treffpunkt der High Society Europas und illustrer Schauplatz von Thomas Manns Novelle "Der Tod in Venedig", die von Luchino Visconti verfilmt wurde (s. S. 47).

San Nicolò

⟶ dort

Lido (Forts.), *Cimitero Israelitico

Der Friedhofswärter des Jüdischen Friedhofs bei San Nicolò öffnet die Eisengitter zu einem verwunschenen Park, in dem inmitten üppigen Grüns Grabsteine aus istrischem Kalkstein leuchten – der älteste stammt von 1389. An die Pestepidemie von 1630 bis 1631 mit fast 2000 jüdischen Opfern erinnert eine schlichte Steinplatte über einem Massengrab.

*Madonna dell'Orto · Santa Maria dell'Orto J 2

Lage
Fondamenta della Madonna dell'Orto

Anlegestelle
Madonna dell'Orto

Daran, daß der Sakralbau ursprünglich dem hl. Christophorus geweiht war, erinnert eine Heiligenfigur von Bartolomeo Bon über dem Portal. Die reizvolle Ziegelfront der 1462 vollendeten Kirche, die eine Mischung aus Gotik und Renaissance darstellt, zieren die Figuren der zwölf Apostel, die Jacobello dalle Masegne und seiner Werkstatt zugeschrieben werden.
In der dreischiffigen, flachgedeckten Säulenbasilika ist in der Kapelle rechts vom Presbyterium 1594 der Maler Tintoretto (⟶ Berühmte Persönlichkeiten) beigesetzt worden; ihm zur Seite ruht sein Sohn Domenico. Schon in jungen Jahren schuf Tintoretto für diese Kirche das "Jüngste Gericht" (im Chor rechts), die "Anbetung des Goldenen Kalbes" (im Chor links), "Die Erweckung des Licinius, Sohn eines römischen Präfekten, durch die hl. Agnes" (vierte Kapelle links) und den "Tempelgang Mariens" (um 1552) über dem Eingang der Markuskapelle im rechten Seitenschiff. Beachtung verdienen auch eine Madonna (1480) von Giovanni Bellini (⟶ Berühmte Persönlichkeiten) in der letzten Kapelle des linken Seitenschiffs und ein Tafelbild "Johannes der Täufer mit Heiligen" (1493) von Cima da Conegliano am ersten Altar rechts.

**Mercerie K 4

Das klassische Einkaufsviertel Venedigs (s. auch S. 180 ff.) erstreckt sich zwischen der ⟶ Ponte di Rialto, deren Südseite ein kleiner Platz mit dem

Denkmal für Carlo Goldoni (⟶ Berühmte Persönlichkeiten) ziert, und der ⟶ Piazza San Marco. Hier mündet die von kleinen Schmuckläden und Souvenirgeschäften gesäumte Merceria dell'Orologio unter dem Uhrturm in den weiten Markusplatz ein. In der westlich der Merceria dell'Orologio abzweigenden Calle Fiubera kann man elegante Mode, kunstvolle Karnevalsmasken und Kostüme erstehen. Die nördliche Fortsetzung zur Rialtobrücke bilden derweil die Mercerie San Zulian und San Salvatore, wo man ebenfalls Masken, teuren Schmuck, Leder und Muranoglas findet. Als erste Einkaufsadresse Venedigs gelten die westlich vom Markusplatz abzweigende Flanierzeile Calle Vallaresso und ihre Fortsetzung, die für die Lagunenstadt ungewöhnlich breite Via Larga XXII Marzo. Hier haben sich Topdesigner, noble Ledergeschäfte, Juweliere und exquisite Antiquitätenläden angesiedelt. Je weiter man sich vom Zentrum des Einkaufsviertels entfernt, desto preisgünstiger werden in der Regel auch die Angebote – man bezahlt allerdings überall in der Lagunenstadt einen überdurchschnittlichen Preis. Wer nach einem ausgiebigen Bummel eine gemütliche Pause einlegen möchte, den erwartet neben den vielen Geschäften eine reiche Auswahl an kleinen Konditoreien und Restaurants mit unwiderstehlichen Delikatessen und einheimische Spezialitäten.

Mercerie (Forts.)

Lage: zwischen Rialtobrücke und Piazza San Marco

Anlegestelle
Rialto/San Marco

**Murano N/O 1 (A/B 7/8)

Die berühmte Glasinsel erinnert durch ihren Hauptkanal, an den viele kleine Seitenkanäle anschließen, an das Stadtzentrum Venedigs. Folgt man von der Anlegestelle dem Rio dei Vetrai (Kanal der Glasbläser), kommt man an zahlreichen Werkstätten vorbei, wo man den Glasbläsern bei der Arbeit zusehen kann – und natürlich einen Blick in den Verkaufsraum wirft, um eventuell ein gläsernes Souvenir zu erstehen.

Wo schon im 10. Jh. Salinen und Fischfang ein reges Handelszentrum hatten entstehen lassen, fand Ende des 13. Jh.s die venezianische Glasher-

Anlegestelle
Murano (Linien 12 und 13 ab Fondamenta Nuove)

Baedeker Special

Cristallo, Aventurin und Millefiori

Die Glasherstellung war in Venedig bereits Ende des 10. Jh.s bekannt und führte nach dem vierten Kreuzzug in Anlehnung an orientalische Techniken zum Ausbau einer heimischen Glasfabrikation. Den großen Stadtbrand von 1291 nahm die Republik zum Anlaß, alle Werkstätten der Glasbläser nach Murano zu verlegen – laut offizieller Mitteilung, um der Brandgefahr entgegenzuwirken, inoffiziell und der Wahrheit wohl näherkommend, um der Spionage effektiv vorbeugen zu können. Aus dieser Zeit sind auch die ersten Zunftregeln bekannt, die in besonderen Büchern festgehalten waren, wie dem "Mariegola", eine in Samt und Silber gefaßte Ausgabe von 1441, die man heute im Museo Correr bewundern kann. Schon um die Mitte des 14. Jh.s galt Muranoglas längst als begehrter Luxusartikel, der bis nach Rußland und China exportiert wurde. Haupterzeugnisse waren neben Perlen und Brillengläsern ab dem 15. Jh. verstärkt die prunkvoll gerahmten Spiegel. Ihre Herstellung geht auf Muzio da Murano zurück, der im 14. Jh. als erster die Entdeckung machte, daß man durch Auftragen einer Zinnquecksilberlösung auf Glas eine reflektierende Oberfläche erhält.

Mitte des 15. Jh.s entwickelte Angelo Barovier ein als **Cristallo** bezeichnetes blasen- und farbstichfreies Glas, dessen Reinheit und Brillanz, wie der Name es schon sagt, an Bergkristall erinnert. Hergestellt wurde das transparente Glas aus Tessinkiesel, Soda und piemontesischem Manganoxyd als Entfärbungsmittel. Etwa zur selben Zeit kreierte ein anderer Meister den **Calcedonio**, ein mehrfarbiges Glas ähnlich dem Achat. Der durch Beimischen einer Goldlösung rosa getönte **Rubino** war eine Erfindung des 16. Jh.s, das mit Kupferteilchen gesprenkelte, geheimnisvoll schimmernde **Aventurin**-Glas wurde im 17. Jh. von dem Venezianer Briani entwickelt. Zu den raffiniertesten Techniken der Muraner Glaskunst gehört die mit Spitze vergleichbare, seit dem 16. Jh. bekannte **Filigrana** der Netz- und Reticellagläser, wobei feine weiße und farbige Fäden auf der Oberfläche des geblasenen Glases aufgetragen werden. Bei der sehr alten, Murrine oder **Millefiori** genannten Technik werden gefärbte Stäbchen in durchsichtiges Glas eingearbeitet. **Lattimo** ist milchigweißes Glas, das im 15. Jh. meist mit Lackverzierungen versehen wurde und dann wie Porzellan aussah.

Hauptrohstoffe für das venezianische Glas sind Quarzsand (bis zum 17. Jh. vor allem aus Kieseln des Tessinflusses),

Modernes Muranoglas nach Entwürfen von Martin Bradley

Kalk und Soda. Sie werden zusammen mit anderen Substanzen bei 1400°C im Ofen zu einer rotglühenden Schmelze erhitzt. Die Formgebung erfolgt nach Abkühlung zwischen 1000 und 500°C, bevor man die modellierten Gegenstände im Kühlofen langsam erstarren läßt. Durch Zusatz von Metalloxyden können die unterschiedlichen Farbgebungen erzielt werden.

Bis ins 17. Jh. hinein war die Glasfabrikation das bestgehütete Geheimnis des Senats. Die Glasbläser wurden glänzend bezahlt und genossen große Privilegien, durften das Schwert tragen und in venezianische Patrizierfamilien einheiraten. Unter Todesstrafe war es ihnen jedoch verboten, die Lagune zu verlassen, damit ihr Wissen um das blühende Handwerk, das sich längst zu einer wirtschaftlichen Haupteinnahmequelle Venedigs entwickelt hatte, unter keinen Umständen ausgeplaudert werden konnte. So besagt eine Verordnung des Rates der Zehn aus dem Jahre 1454: "Ein Glasbläser, wenn er zum Schaden der Republik eine Fertigkeit in ein anderes Land bringt, soll aufgefordert werden, heimzukehren; weigert er sich, sollen seine nächsten Verwandten ins Gefängnis geworfen werden, damit sein Familiensinn ihn zur Rückkehr bewege; verharrt er in seinem Ungehorsam, sind heimliche Maßnahmen zu ergreifen, um ihn, wo immer er sich aufhält, aus dem Weg zu räumen."

Trotz aller Drohungen gelang aber schon im 16. Jh. einigen die Flucht nach Nordeuropa, wo sie alsbald florierende Betriebe besaßen. Im 17. und 18. Jh. waren die kunstvollen Spiegel und Kronleuchter aus Venedig so gefragt, daß Frankreich und Böhmen sogar intensiv alles unternahmen, Glasbläser aus der Lagunenstadt anzuwerben, um die teuren Importe durch eigene Glasmanufakturen zu ersetzen. Eine erstarkte ausländische Konkurrenz und das Ende der Republik 1797 bedeuteten schließlich den Niedergang der Glasherstellung auf Murano, die erst Mitte des 19. Jh.s durch das Engagement traditionsreicher Glasbläserfamilien wie die Barovier, Seguso, Salviati und Teso einen erneuten Aufschwung erfuhr. Heute gibt es auf der Insel fast 100 Glashütten mit rund 6000 Beschäftigten, die überwiegend für den Export arbeiten. Ein lohnendes Unternehmen, gilt Muranoglas doch wie vor Jahrhunderten wieder als Luxusartikel erster Güte.

Allgemeines (Fortsetzung)

stellung einen neuen Standort. Sie beherrschte bis zum 18. Jh. den europäischen Markt und zählt auch heute zu den Hauptattraktionen der Lagune. Im 16. Jh. avancierte Murano zur bevorzugten Sommerfrische reicher venezianischer Patrizier, die hier Prunkvillen und Lustgärten besaßen – schließlich wurde hier sogar Italiens erster botanischer Garten angelegt.

Murano erinnert mit seinen Kanälen an das Stadtzentrum Venedigs.

****Museo d'Arte Vetrario**

Öffnungszeiten: Mo., Di., Do.–So. 10.00–17.00

Wer sich über die Geschichte der venezianischen Glasbläserei informieren möchte, sollte unbedingt das Museum am Canale di Donato aufsuchen im ehemaligen Palazzo Giustinian, den sich ein Bischof von Torcello im 17. Jh. erbauen ließ. Gezeigt werden hier an die 4000 Exponate von der Römerzeit bis heute, darunter auch Arbeiten böhmischer und maurischer Glasbläser. Hauptaugenmerk gilt dem Barovier-Pokal, einem Hochzeitsbecher des 15. Jh.s aus dunkelblauem Glas, das emaillierte Medaillons mit Bildern der Eheleute und allegorische Szenen zieren. Wahrscheinlich handelt es sich um eine Arbeit der Tochter von Angelo Barovier (s. S. 123).

*Santi Maria e Donato

Die zunächst nur Maria, ab dem 12. Jh. auch dem hl. Donatus geweihte Kirche, die zu den ältesten Sakralbauten der Lagune zählt, entstand zwischen dem 7. und 12. Jahrhundert. Das dreischiffige Bauwerk mit aufwendig gestalteter Apsis verbindet venezianisch-byzantinische und frühromanische Elemente. Beachtung verdienen die Säulen aus griechischem Marmor mit venezianisch-byzantinischen Kapitellen, die die beiden Seitenschiffe vom Hauptschiff trennen. Wie ein orientalischer Teppich erscheint der wunderschöne Mosaikfußboden aus dem 12. Jh. mit lebhaften Tiergestalten und kunstvollen Ornamenten. Die bemalte Reliefikone des hl. Donatus über dem ersten Altar links ist auf 1310 datiert und gehört demnach zu den frühesten Werken venezianischer Malerei. Laut Legende brachten venezianische Kreuzfahrer den Leichnam des hl. Donatus von Euböa nach Venedig und stifteten ihn der Basilika, zusammen mit den Gebeinen eines von Donatus getöteten Drachen, die an der Wand hinter dem Hochaltar aufbewahrt werden. Sehenswert sind ferner ein byzantini-

Murano, Santi Maria e Donato (Fortsetzung)

sches Mosaik "Betende Madonna" (um 1450), das Altarbild "Tod der Jungfrau Maria" (spätes 14. Jh.) an der Wand des linken Seitenschiffes, am Eingang des Baptisteriums eine "Madonna mit Heiligen" (1484) von Lazzaro Bastiani und im Baptisterium ein Sarkophag aus Altinum, der früher als Taufbecken benutzt wurde.

San Pietro Martire

Der im 14. Jh. begonnene, nach einem Brand 1511 neu errichtete Kirchenbau am Fondamenta Cavour beherbergt im rechten Seitenschiff von Giovanni Bellini die "Thronende Madonna mit dem hl. Markus und dem Dogen Agostino Barbarigo" (1488) und die "Himmelfahrt Mariens", die der Künstler zwischen 1505 und 1513 ausführte. Von Veronese sind im linken Seitenschiff die Bilder "Der hl. Hieronymus in der Wüste" und "Die hl. Agathe im Kerker" zu bewundern.

*Palazzo Contarini del Bovolo J 5

Lage
Calle della Vida/ Rio dei Barcaroli

Anlegestelle
Rialto

Der Palazzo Contarini de Bovolo ist wohl der einzige Palast in Venedig, dessen Innenhof interessanter ist als die Schauseite zum Kanal, wobei es sich hier um den Rio dei Barcaroli handelt. Im Innenhof befindet sich die bezaubernde Scala di Bovolo, eine Außenwendeltreppe, die um 1500 von dem Architekten Giovanni Candi erbaut wurde und deren Schmuck (bóvolo = Schnecke oder Spirale) dem Palast seinen Beinamen gab.

**Palazzo Ducale L 5

Lage
Piazzetta

Anlegestelle
Riva degli Schiavoni

Öffnungszeiten
Tgl. 9.00–19.00
Einlaß bis 18.00

Der Dogenpalast vereinte im Lauf seiner Geschichte unterschiedliche Funktionen: er war Regierungsgebäude, Justizpalast, viele Räume gehörten zum Staatsgefängnis, außerdem befand sich hier die Wohnung des Dogen. Der heutige Palast, der während drei entscheidenden Bauphasen entstand, hatte zwei Vorgängerbauten. Diese besaßen einen kastellartig wehrhaften Charakter und waren weniger repräsentativ angelegt. Der erste Bau wurde 814 als düstere Holzkonstruktion mit massiven Wehrtürmen errichtet. Ringsum war er von Kanälen geschützt, im Süden von der Lagune, während den Zugang im Norden eine Zugbrücke bildete. Brände zerstörten häufig große Teile der Wasserburg, die immer wieder neu aufgebaut wurde.

Im 12. Jh. wurde der Palast unter dem Dogen Sebastiano Ziani im byzantinischen Stil und weniger abgeschottet neu erbaut. Das genaue Aussehen ist nicht sicher zu rekonstruieren; Türme und Bogenreihen waren bestimmende Motive. Als die Zahl der Mitglieder des Großen Rates bis auf 900 angestiegen war, wurde ein Neubau mit geräumigem Versammlungssaal nötig, so daß man ab 1340 den Bau des Südflügels mit der Sala del Maggior Consilio begann. Der Doge Francesco Foscari initiierte die zweite große Bauphase. In Anpassung an die neue Südfassade ließ er, nachdem der alte Westflügel abgerissen war, zwischen 1424 und 1438 einen neuen errichten. Foscari beschloß, als architektonisches Bindeglied zwischen Markuskirche und Dogenpalast sowie als Zugang zum Innenhof die Porta della Carta einzufügen. Damit war die Gestaltung der Westfassade abgeschlossen.

Während des dritten abschließenden Bauabschnitts ist der Ostflügel errichtet worden. Ein Brand hatte 1483 die alte Bausubstanz dieses Seitentraktes in großen Teilen zerstört, so daß die neuen Planungen, die in Händen des Bildhauers Antonio Rizzo lagen, einem Neubau gleichkamen. In diesem Zusammenhang entstand auch die repräsentative Dogentreppe, die Scala dei Giganti, die zum Schauplatz wichtiger Zeremonien werden sollte. Mit Vollendung der Bauarbeiten an diesem Flügel gewann der Dogenpalast seine heutige Gestalt. Zwar haben Brände im 16. Jh. im Palast immer wieder großen Schaden angerichtet, diese betrafen in der

Majestätische Schönheit: der Dogenpalast

Allgemeines (Fortsetzung)

Hauptsache aber nur die Innenausstattungen. Die Anlage des Dogenpalastes wirkt quadratisch, obwohl er nur aus drei Flügeln besteht: der leider wenig beachteten Ostseite am Rio di Palazzo, der Hauptansicht am Molo und der Westfassade an der Piazzetta. Den östlichen Abschluß bildet die ⟶ Basilica di San Marco.

Außenansicht

Die Wirkung des monumentalen und dennoch leicht und filigran erscheinenden Baus (71x75m) wird maßgeblich durch die rhythmische Gliederung, das Material und die dezente Farbigkeit der Architektur bestimmt: Im untersten Geschoß die Spitzbogenarkatur, die auf niederen Säulen ruht, darüber die offene Loggia des zweiten Geschosses mit der schlankeren und enger stehenden Säulenarkatur. Auf einen Bogen unten kommen zwei im oberen Geschoß zu stehen. Vierpaßöffnungen sind in die Zwickel der oberen Loggia eingefügt. Die Marmorwand darüber nimmt etwa die Höhe der beiden unteren Geschosse ein. Weite einfache Spitzbogenfenster und kleinere Oculi mit eingepaßten Vierpässen sind in die Wandfläche geschnitten. Die mittlere Spitzbogenöffnung ist an beiden Fassadenseiten durch einen kleinen Balkon und durch eine aufwendige Fensterrahmung besonders betont. Optisch verfeinert wird der obere Teil der Fassade durch das Rautenmuster aus weiß-rot-grünen Inkrustationen. Den markanten oberen Abschluß bilden die durchbrochenen, leichten Zierzinnen.

Ostfassade

Die Fassade zum Rio di Palazzo entwarf Mauro Coducci. Das Wassergeschoß besteht aus einem rustizierten Sockel, darüber wechseln Rechteckfelder mit rechteckigen Fenstern ab. Über einem durchgehenden Gesims betonen Segmentgiebel und Tondi die Fensterachse. Weitere drei Geschosse folgen, die eine rhythmische Gliederung durch große Rundbogenfenster, Rechteckfelder oder Rechtecköffnungen, aufgesetzte Oculi

Ostfassade (Fortsetzung)

und Segmentgiebel erhalten. Breite Gesimse betonen die Horizontale des Baus. Die mittlere Achse ist vertikal durch den Wassereingang unten und durch Balkone in den oberen Geschossen akzentuiert.

Ponte dei Sospiri

1603 schuf Antonio Contin die Verbindung des Dogenpalastes mit dem Gefängnisneubau durch die berühmte Seufzerbrücke (Abb. S. 130). Die elegante Wirkung ist durch den Korbbogen, der den Übergang trägt, erzielt und durch den Schwung des Giebels, der die untere Bogenform wiederholt. Dem Giebel sind kleine barocke Voluten aufgesetzt.

**Südfassade

Die Südfassade – Hauptansicht von der Lagune – gehört zum ältesten Teil der Außenansicht. Allein der Balkon durchbricht die Flächigkeit des oberen Baukörpers. Eine Inschrift zeichnet ihn als Stiftung des Dogen Michele Steno von 1404 aus, der sich selbst auf einem Devotionsbild (heute zerstört) darstellen ließ. Die Werkstatt von Pierpaolo dalle Masegne hatte den Auftrag für die gotische Fensterrahmung bekommen. Nach dem Brand von 1577 mußten große Teile des Schmuckes erneuert werden, die Figurenbekrönung der Justitia von Alessandro Vittoria kam neu hinzu, ebenso die Allegorie der Caritas und der hl. Georg.
Der Skulpturenschmuck der Gebäudeecken stellt im Südosten den Erzengel Raphael mit dem jungen Tobias oben dar, unten die Verspottung des trunkenen Noah durch seine Söhne, im Südwesten den Erzengel Michael, der den Luzifer besiegt, darunter den Sündenfall von Adam und Eva. Jeweils in zwei Registern übereinander sind Tugend (oben) und Laster (unten) gegenübergestellt.
Zu beachten sind die Kapitelle der Arkadensäulen aus dem 14. Jahrhundert. Unterschiedliche Motive – Laubkapitelle, Kaiserbüsten, Tiere, Allegorien von Tugend und Laster, Jahreszeiten und Lebensalter – sind hier frei kombiniert ohne feste Ordnung durch ein strenges Programm. Einige Originale der Kapitelle sind heute durch Repliken ersetzt.

Antonio Rizzos monumentale 'Treppe der Giganten' krönen die beiden Kolossalstatuen Mars und Neptun von Jacopo Sansovino.

**Westfassade

Die zwischen 1424 und 1438 in Entsprechung zur Südseite ausgeführte Fassade zur Piazzetta hat eine einfachere Balkonumrahmung in der oberen Wandzone erhalten, geschmückt durch ein Relief mit dem Markuslöwen (eine neue Ausführung nach dem 1798 zerstörten) und die Bekrönung durch Justitia (Abb. S. 127).
Die Skulpturen an der Nordwestecke, der Erzengel Gabriel, darunter das Urteil des Salomon, sollen auf die Justiz als zentrales Element der Regierung hinweisen. Die Kapitelle behandeln auch auf dieser Seite allegorische Themen oder sind mit Ornamentmustern versehen.

Porta della Carta

Die Porta della Carta führt in den Innenhof des Palastes und stellt architektonisch das Bindeglied zwischen der Markuskirche und dem Dogenpalast dar. Sie gilt neben der Ca' d'Oro als das wichtigste Werk der venezianischen Gotik. 1438–1442 wurden Giovanni und Bartolomeo Bon mit der Ausgestaltung betraut. Zwei große Strebepfeiler rahmen den Eingang und das darüberliegende Fenster. Über dem Tor kniet der Doge Francesco Foscari vor dem Markuslöwen, die Unterordnung des Individuums unter die Staatsmacht demonstrierend. Die 1797 zerstörte Gruppe wurde im 19. Jh. wieder rekonstruiert. Lotrecht darüber präsentieren über dem Fenster drei Engel einen Tondo, auf dem der segnende Markus zu sehen ist. In den Nischen sind Tugenden aufgestellt, Justitia, auf dem Wimperg stehend, überragt den Eingang. Das Erscheinungsbild des Portales ist wesentlich durch filigrane Ornamente und Figürchen bestimmt.
Der Name 'Tor des Papiers' stammt von den Bittstellern, die den Palast nicht betreten durften. An dieser Pforte nahmen die Rats- und Regierungsmitglieder die schriftlich formulierten Gesuche und Petitionen entgegen. Eine weitere Bezeichnung dieses Eingangs ist 'Porta aurea', die auf die ehemalige, heute sehr verblaßte Vergoldung der Verzierungen anspielt. Vor diesem Tor, an der Ecke zur Markuskirche, wurden die Gesetze der Republik verkündet.

*Arco Foscari

Von der Porta della Carta gelangt man durch einen dunklen Gang in den Innenhof des Dogenpalastes. Am Ende des Durchgangs erreicht man den Arco Foscari mit seinem an der Triumphbogenarchitektur orientierten Aufbau. Die Ausstattung der genau der Scala dei Giganti gegenüberliegenden Fassade wurde auf die politisch wichtige Treppe abgestimmt, auf der der Doge bei seiner Inthronisation niederkniete mit Blick auf den Arco. In den Nischen des unteren Geschosses sind die Figuren des Antonio Rizzo, Adam und Eva (heute stehen hier Repliken, die Originale sind im Andito del Maggior Consiglio zu sehen). Im zweiten Geschoß über der Tür war die 1797 zerstörte Figur des Dogen Moro vor dem Markuslöwen angebracht, auf Türmchen und Postamenten stehen Allegorien von Tugenden und Knappen. Der segnende hl. Markus überragt die Pforte. Der hierarchische Aufbau spiegelt die irdische Welt in der unteren Zone, die Mittlerrolle des Dogen, an dessen Vernunft und Tugend appellierend, und die himmlische Sphäre in der obersten Zone wieder. Säulen, Bögen, Nischen, Türmchen sind bestimmende Vertikalen, denen in der Horizontalen eine Balustrade und Gesimse entgegengesetzt werden. Der Arco wurde unter Cristoforo Moro zwischen 1462–1471 vollendet. Die Seite zum Hof hin wurde Anfang des 17.Jh.s verkleidet.

*Scala dei Giganti

Gegenüber dem Foscari-Bogen hat Antonio Rizzo ab 1483 die Scala dei Giganti entworfen (Abb. S. 127). Diese monumentale Treppe war bedeutender politischer Schauplatz, denn auf deren obersten Stufe wurden die Dogen mit dem Dogenhut gekrönt. Dabei hatte der neugewählte Doge gemäß dem alten Brauch nach der Krönungsformel den Schwur abzuleisten, danach wurde ihm vor aller Augen die bestickte 'zoia' oder 'corno ducale' aufgesetzt, die von den Nonnen von S. Zaccaria bestickte Kopfbedeckung in Form einer stilisierten phrygischen Fischermütze.
Die Bezeichnung der Treppe ist durch die beiden Kolossalstatuen Mars und Neptun (1550) von Jacopo Sansovino zu erklären, die Venedigs Herrschaft zu Wasser und zu Lande verkörpern. Der geflügelte Markuslöwe mit

Scala dei Giganti (Fortsetzung)

offenem Buch über dem Rundbogen, der die als Stufenthron zu verstehende Treppe abschließt, steht inhaltlich in enger Beziehung zu den Figuren sowie zum zeremoniellen Geschehen auf der Treppe. Beachtenswert ist der feine Reliefschmuck der Treppengeländer und Sockel aus reichem floralem Renaissanceornament.

Die Westfassade zur Piazzetta hin schmücken ein Relief mit dem Markuslöwen und die Bekrönung durch Justitia.

Innenhof

Die Architektur des Innenhofes veranschaulicht unterschiedliche Bauphasen des Palastes: Süd- und Westflügel nehmen die zweigeschossige Arkadengliederung der Außenfassaden wieder auf, Backsteinmauerwerk mit verschiedenen Fensteröffnungen bestimmt die oberen Geschosse. Die Schauwand hinter der Scala dei Giganti dagegen führte Mauro Coducci im 15. Jh. aus, ihre reiche Ausstattung ist eventuell auf die Funktion des Innenhofes, auch einen Rahmen für die öffentlichen Auftritte der Signoria zu bieten, zurückzuführen. Die unteren Arkadenreihen sind in leichten Varianten von den gegenüberliegenden gotischen Bauabschnitten übernommen worden. In den oberen Stockwerken sind die Mauerflächen zwischen den rundbogigen Fenstern mit variantenreichem Ornamentschmuck versehen. Breite Gesimse trennen die einzelnen Geschosse voneinander.
Die ursprüngliche Raumaufteilung ist auch an der äußeren Gliederung abzulesen, wodurch die Unregelmäßigkeiten zustande kommen, die die Lebendigkeit der Fassade erklären. Im Palasthof stehen zwei große Zisternen aus Bronze, gegossen von Alfonso Alberghetti und Niccolò dei Conti in der Zeit zwischen 1554 und 1559.

Cortile dei Senatori

Links des Haupthofes liegt der Cortile dei Senatori mit der Spätrenaissancefront: Arkaden im Erdgeschoß, im Obergeschoß mit Dreiecksgiebeln bekrönte Fenster und die abschließende Balustrade, hinter der sich ursprünglich eine kleine Dachterrasse befand. In diesem kleinen Hof versammelten sich die Senatoren vor Empfängen. Die kleine anschließende Kapelle war die Privatkapelle des Dogen (heute geschlossen).

Eckskulptur an der Südseite: Adam und Eva

Die legendäre Seufzerbrücke

Säle des Dogenpalastes

Die offiziellen Säle des Palazzo Ducale können heute auf einem markierten Rundgang besichtigt werden. Das gesamte Bildprogramm der Räume ist ikonographisch auf den Dogen und den Stadtstaat ausgerichtet und demonstriert eindringlich deren Repräsentationsbedürfnis.

Itinerari secreti

Information an der Kasse des Dogenpalastes, dort auch Voranmeldung, die unbedingt erforderlich ist. Zweimal täglich (10.00 und 12.00) werden die Itinerari secreti (geheime Wege) angeboten, die die Besichtigung weiterer wichtiger Räumlichkeiten umfassen. Auf dem geführten Rundgang werden die Räume der Kanzler, Diener, Wächter, Schreibstuben, die Sala della Cancelleria, Säle der Capi del Consiglio, der Inquisitori sowie die Folter- und Bleikammern, aus denen Giacomo Casanova floh, vorgestellt. Hier kann man das eindrucksvolle Mobiliar und die reichen Verzierungen der nicht offiziellen Zimmer kennenlernen. Außerdem wird im Dachgeschoß die Technik des äußerst komplizierten Hängesystems des venezianischen Soffitto (Flachdecke mit Gemälden) vorgestellt, das in allen offiziellen Häusern und in den Palazzi zu finden ist, wo aber nur die bemalte Schauseite zu besichtigen ist.

*Scala d'Oro

In der Mitte des Ostflügels führt eine Prunktreppe von der Loggia in die ehemalige Dogenwohnung und zu den repäsentativen Räumen der oberen Stockwerke, die nur von Ratsmitgliedern und Ehrengästen des Dogen benutzt werden durften. Den Namen erhielt die Anlage aufgrund ihrer vergoldeten Stuckdekoration. Entscheidend am Entwurf war sicher Sansovino beteiligt, die Bauleitung wurde P. Guberni übertragen. Die Dekoration der kassettierten Tonnenwölbung besteht aus Stukkaturen mit figürlichen Reliefs und Groteskenmalereien, Emblemen und Allegorien. Verantwortlich zeichneten hier Alessandro Vittoria und Battista Franco. In Nischen, auf Sockeln und Podesten stehen Skulpturen aus der Mythologie oder Tu-

Scala d'Oro (Fortsetzung)

gendallegorien – alle auf die Verherrlichung der venezianischen Regierung und der Stadt abzielend.

Atrio Quadrato

Die Scala d'Oro endet in dem quadratischen Vorraum, von dessen ursprünglicher Ausstattung sich der Soffitto erhalten hat. Wie in Venedig üblich ist die Decke in Felder aufgeteilt, die mit aufwendigen Rahmen versehen sind. In die verschiedenförmigen Flächen sind Ölgemälde eingepaßt. Das Hauptbild des zwischen 1559 und 1567 ausgestatteten Raumes ist von Jacopo Tintoretto und zeigt, wie dem Dogen Girolamo Priuli im Beisein seines Namenspatrons Hieronymus und der Justitia das Schwert durch Venetia überreicht wird. Eine Frauendarstellung als Personifikation der Venetia ist auf vielen Bildern des Dogenpalastes zu sehen und gehört zu einem zentralen Bestandteil der venezianischen Herrscherikonographie. Raffiniert hielt der Künstler unterschiedliche Ansichten der Figuren fest und konzipierte damit nicht nur einen möglichen Standpunkt des Betrachters, sondern erreichte, daß die Komposition von unterschiedlichen Orten des Raumes erfaßt werden kann.

Sala delle Quattro Porte

Die vier mit marmornen Säulen gerahmten Türen geben dem möglicherweise von Palladio entworfenen Saal seinen Namen. Auffallend ist die Decke, die nicht flach, sondern leicht gewölbt ausgeformt ist. Neben dem plastischen Schmuck, den Skulpturen über den Portalen und der goldunterlegten Stuckdekoration der Decke sind die Gemälde von besonderer Bedeutung. Das Soffitto aus der Werkstatt Tintorettos stellt im Zentrum dar, wie Jupiter der Venezia die Herrschaft über die See verleiht, die runden Bilder zeigen allegorische Hervorkehrungen der Macht Venedigs und die kleinen Ovale präsentieren Städte und Landschaften aus dem Besitz Venedigs. Das wichtigste Wandgemälde des Saales, ein Votivbild des Dogen Antonio Grimani, hängt an der Nordwand und wurde von Tizian begonnen, aber von anderen Künstlern vollendet. Urprünglich hatte der Raum die Funktion eines Sitzungszimmers, nach der Restaurierung, die nach dem Brand des Ostflügels 1574 erfolgte, ist er als Versammlungs- und Vorzimmer für das Collegio genutzt worden.

* Sala dell' Anticollegio

Diese schön ausgestattete Sala diente als Warteraum für ausländische Gesandte. Die Wandgemälde verdienen besonderes Augenmerk. Von Tintoretto stammen die beinahe quadratischen Bilder mit mythologischen Themen: "Minerva trennt Krieg und Frieden", "Schmiede des Vulkan", "Merkur und die drei Grazien" und die "Vermählung von Bacchus und Ariadne durch Venus". Die 1577/1578 für das Atrio Quadrato gemalten Bilder sind als politische Allegorien zu interpretieren, die die Staatstugenden verherrlichen. Im Gegensatz zu anderen Werken Tintorettos sind diese Arbeiten auf wenige Figuren beschränkt, deren Sinnlichkeit und Körperlichkeit in einem ruhigen, undramatischen Ambiente den Gemälden eine feierliche und friedliche Note verleihen.
An der Wand gegenüber den Fenstern hängt der "Raub der Europa" von Paolo Veronese. Das eigentlich höchst dramatische und leidenschaftliche Thema ist hier distanziert und festlich in einer idyllischen Landschaft wiedergegeben. Anstatt der Handlung werden hier Luxus und Prachtentfaltung in den Vordergrund gestellt.
Daneben fällt der Blick auf die "Rückkehr Jacobs aus Kanaan" von Jacopo Bassano. Das Fest ist in eine weit ausgebreitete Landschaft eingebettet, der auf dem Gemälde die größere Bedeutung zukommt.

* Sala del Collegio

In diesem Saal tagte das 'Collegio' (eine Art Staatsrat) unter dem Vorsitz des Dogen, außerdem wurden hier die höchsten Besucher empfangen. Dieser Funktion entsprechend ist der Raum, dessen Einheitlichkeit und ausgewogene Proportionierung hervorstechen, besonders schön und vornehm ausgestattet worden. Mit der Konzeption war ab 1574 Antonio da Ponte beauftragt, der sich wahrscheinlich von Palladio und Rusconi beraten ließ. Zu festlichen Anlässen wurde die Rückwand des Gestühls (Dorsale) des Tribunals mit erlesenen Tapisserien behängt.

Sala del Collegio (Fortsetzung)

Auf dem großen Wandbild über dem Thron des Dogen verewigte Paolo Veronese den Dogen Sebastiano Venier, der in der Schlacht von Lepanto (1571) Oberbefehlshaber der venezianischen Flotte war, worauf am unteren linken Bildrand verwiesen wird. Der Komandant steht vor Christus, umgeben von dem hl. Sebastian und der hl. Giustina, an deren Festtag der Sieg errungen wurde. Die Bedeutung der Venezia ist durch ihre zentrale Plazierung besonders hervorgehoben. Mehrere Gattungen treffen sich in diesem Gemälde: Die Verherrlichung des Sieges tritt zugunsten des Votiv- und Andachtsbildes und der Bildnismalerei zurück.
Gegenüber auf dem großen breitformatigen Bild kniet der Doge Andrea Gritti vor Maria. Der hl. Markus empfiehlt den Dogen dem Schutz der Muttergottes an, die hll. Bernhard, Alvise und Marina verfolgen das Gesche-

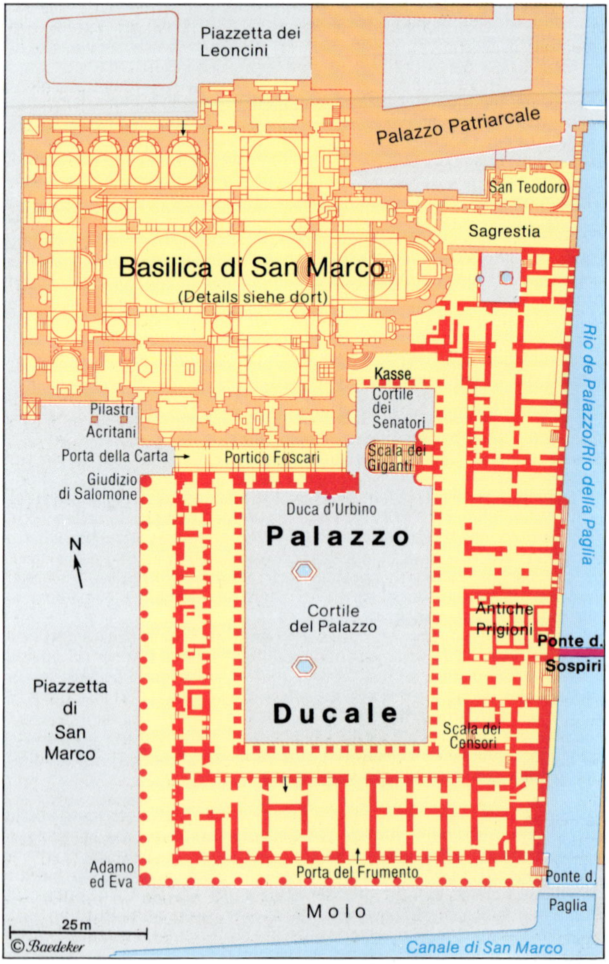

Sala del Collegio (Fortsetzung)

hen. Diese Komposition wie auch die drei Votivbilder an der Seite gegenüber den Fenstern sind Tintoretto und seiner Werkstatt zuzuschreiben. Die Bilderfolge der Decke, für die Veronese verantwortlich zeichnete, bezieht sich inhaltlich wieder auf die Ideale des venezianischen Staates. Auf der zentralen Achse: "Mars und Neptun" repräsentieren die Macht der Stadt zu Wasser und zu Lande, die "Personifikation des Glaubens" als das Fundament des Staates, "Venetia umgeben von Justitia und Pax" sollen die gerechte und friedvolle Herrschaft symbolisieren. In den Randfeldern sind Tugendpersonifikationen abgebildet: der Hund steht für Treue, das Füllhorn für Entwicklung und Erfolg, der Kranich für Wachsamkeit, das Spinnengewebe für Fleiß, der Adler für Mäßigung, das Zepter für Großmut, die Taube für Friedfertigkeit, das Lamm für Sanftmut.

*Sala dei Senato

Im Senatssaal versammelte sich zweimal pro Woche der Senat, der aus 40, dann 60 und später 100 Mitgliedern bestand. Im Gestühl der Schmalseite saßen der Doge und das Kollegium, während die Senatoren, gekleidet in purpurne Gewänder, an den Bänken der Längsseite Platz nahmen.
Die großen Wandgemälde sind wieder als Dogen-Votivbilder gestaltet. Über dem Gestühl der Schmalseite beten auf der Komposition von Jacopo Tintoretto bzw. dem jüngeren Palma (Zuschreibung umstritten) die Dogen Pietro Lando und Marcantonio Trevisan den von Engeln zur Auferstehung getragenen Leichnam Christi an. Zwei Dogen sind auf dem sehr breiten, querformatigen Bild vereinigt, das einen zweiachsigen, streng symmetrischen Bildaufbau hat und dadurch einen geschickt inszenierten Blickfang des Saales darstellt. Auf dem Gemälde der gegenüberliegenden Wand beten die Dogen Lorenzo und Girolamo Priuli Christus an, der von Maria und dem hl. Markus flankiert ist. Die gemalten Nischenfiguren in Chiaroscuro (Hell-Dunkel-Malerei) sind Personifikationen von Tugenden der Regierung. Die Gemälde der Längswand gehören alle der Gattungen des Dogen-Votivbildes an. Die Wanduhr soll an die Endlichkeit des Menschenlebens mahnen.
Die Malereien des Soffitto stammen von Tintoretto und seiner Werkstatt. Im Zentrum wird Venezia von den olympischen Göttern als Herrin der Meere eingesetzt, flankiert von der Darstellung der Münzprägung (Münzhoheit) in der Zecca und der Verehrung der Eucharistie durch den Dogen Paquale Cigogna. Die Waffenmacht und der Schutz über Geist und Literatur wird in den schmaleren Bildern demonstriert. Der sehr groß dimensionierte Raum wirkt durch die überaus plastisch gestalteten, bewegten Rahmungen weniger streng und durch die vorherrschende goldene Farbe feierlich.

Privatkapelle

Die Hauskapelle (meist nur auf Anfragen bei der Aufsicht zugänglich; Eingang rechts neben dem Dogenthron) plante Scamozzi 1593 mit einem auffälligen Altarhaus, auf dessen Mensa eine beachtenswerte Maria mit Christus und Johannesknaben von Jacopo Sansovino steht. Im späten 18. und frühen 19. Jh. sind die Fresken der Wand und der Decke erneuert worden, die einige Motive der Frührenaissance aufgreifen.

Sala del Consiglio dei Dieci

In diesem Saal tagte der Rat der Zehn, ein wichtiges Korrektiv der venezianischen Verfassung. Ihm unterstanden die Sicherheitsdienste und die Bereiche des öffentlichen und privaten Lebens. Das Gestühl des Rates ist hier abweichend zu den anderen Räumen apsidial gerundet. Der Funktion des Raumes angepaßt ist das mittlere Deckenbild, auf dem Jupiter seine Pfeile gegen die Laster schleudert. Es ist umgeben von kleinformatigeren Gemälden mit allegorischen Themen, alle von Veronese und seinem Umkreis. Auffallend ist die strenge klare Gliederung der Decke und der sehr zurückhaltende Rahmen, was auf eine frühe Datierung verweist. Die drei Wandgemälde über dem halbkreisförmigen Gestühl stellen die "Anbetung der Hll. Drei Könige" dar, links davon die Ankunft venezianischer Gesandter vor Papst Clemens VII. und Kaiser Karl V. in Bologna, rechts segnet Papst Alexander III. den Dogen Sebastiano Ziani, nachdem dieser Barbarossa überwunden hatte.

Sala della Bussola

Der Name des Raumes stammt von dem hölzernen Einbau in der rechten hinteren Ecke. Die Türen dahinter führen in ein Amtszimmer und in die Sala del Consiglio dei Dieci. Die Sala della Bussola hatte die Funktion eines Warteraums für die vorgeladenen Angeklagten und Zeugen.
Die Dekoration der Wand bezieht sich auf die Geschichte der Stadt und der Dogen, das sehr große Hauptbild der Decke zeigt den hl. Markus umgeben von den theologischen Tugenden (Kopie, Original von Veronese, heute im Louvre in Paris). Bekannt ist die Bocca di Leone am Eingang, ein Schlitz, in den Denunzianten ihre schriftlichen Anklagen oder Verleumdungen anonym einwerfen konnten.

Sale d'Armi

In den folgenden Räumen ist ein Teil des beeindruckenden Waffenarsenals (über 2200 Exponate) aus der Zeit der Republik ausgestellt. Wohlgeordnet werden unzählige Rüstungen und Waffen, Schwerter, Lanzen, Hellebarden, Feuerwaffen, Harnische und Trophäen präsentiert, die ein Bild von der venezianischen Waffentechnik und einen interessanten kulturhistorischen Einblick in das Militärwesen gewähren.

Andito del Maggior Consiglio

Von den Sale d'Armi gelangt man über eine Treppe in das zweite Stockwerk mit dem Andito del Maggior Consiglio, einem Gang, der den Mitgliedern des Großen Rates als Aufenthaltsraum vor Sitzungen oder während Pausen diente. Hervorzuheben ist die vergoldete, mit ornamentalen Malereien versehene Balkendecke. Im hinteren Teil des L-förmigen Ganges, dem sog. Liago, stehen die Originale der Bronzefiguren Adam und Eva (um 1470) von Antonio Rizzo.

Sala della Quarantia Civil Vecchia

Die Sala della Quarantia Civil Vecchia ist der erste Raum, der links vom Andito abgeht. Hier trat die Zivilgerichtsbarkeit zusammen, ein Gremium, das aus 40 Personen (quaranta) bestand. Das Andachtsbild, die Madonna in einem Ädikularahmen, ist ein Fresko des ausgehenden 15. Jh.s. Die restliche Ausstattung stammt aus dem 17. Jahrhundert.

Sala del Guariento

In dem zweiten Seitenraum des Andito waren ursprünglich Waffen gelagert. Heute sind dort die Fragmente des Wandgemäldes des Paduaners Guariento (daher der Name des Saales) aufbewahrt, das für die Sala del Maggior Consiglio im 14. Jh. gefertigt wurde. Beim schweren Brand des Südflügels 1577 kam es sehr zu Schaden und verschwand dann unter dem Gemälde "Paradies" von Tintoretto. Erst zu Beginn des 20. Jh.s wurde es von seinem verborgenen Ort abgelöst und an dem neuen Aufstellungsort aufgehängt. Auf dem schadhaften, personenreichen Bild ist in der Mitte noch die Krönung Mariens zu erkennen.

***Sala del Maggior Consiglio**

Beeindruckend wirkt die Sala del Maggior Consiglio durch ihre gewaltigen Ausmaße (54 m lang, 25 m breit). Die ausgewogene Proportionierung und die rhythmische Verteilung der Fenster geben dem Raum ein harmonisches Gefüge. Die Größe zielte nicht allein auf repräsentative Darstellung, sondern hatte praktische Gründe: Der Saal hatte die wahlberechtigte Bürgerschaft zu fassen, die sich hier zu Sitzungen versammelte und aus bis zu 1800 Mitgliedern bestand. Der Doge saß mit den obersten Beamten auf dem Stufenpodest der Schmalseite der östlichen Wand. Die Ratsmitglieder fanden Platz auf dem Gestühl, das ehemals in der Mitte, an den Längsseiten und an der Westwand aufgestellt war. In diesem Saal wurden wichtige Entscheidungen der Republik beraten und gefällt, auch ihre folgenreichste, nämlich ihre Auflösung 1797.
Für die Ausmalungen des 1340–1355 erbauten Saals waren zunächst Guariento, später Bellini, Carpaccio, Alvise Vivarini, Gentile da Fabriano und Pisanello herangezogen worden. Der große Brand von 1577 vernichtete aber bis auf das Fresko von Guariento (s. Sala del Guariento) die gesamte Ausstattung. Unter Leitung des Baumeisters Niccolò da Ponte wurden die Bauarbeiten rasch aufgenommen und Tintoretto, Veronese,

Glorreiche Personifikation von Ruhm und Macht: "Die Verherrlichung Venedigs" von Paolo Veronese ▶

Palazzo Pesaro degli Orfei, Museo Fortuny (Forts.)

Anlegestelle
Sant' Angelo

Derzeit wegen Restaurierung geschlossen (Tel. 5200995)

tuny. Der in Granada geborene Designer erhielt seine Malerausbildung in Paris, bevor er nach Venedig kam und hier eines der schönsten Frauenkleider aller Zeiten entwarf: Sanft, elegant und sehr erotisch umschmeichelt das 1907 aus einem zopfartig gedrehten Stoff entworfene Delphoskleid den Frauenkörper, ganz ohne ein beengendes Korsett. Fortuny entwarf auch arabesk bedruckte Stoffe, wie sie noch heute auf ⟶ La Giudecca hergestellt werden.
Das Museum im kunstvoll eingerichteten, ehemaligen Atelier Fortunys im Piano nobile des Palastes erzählt anschaulich über Leben, Wirken und Ideen des Allroundgenies.
Die legendären Plisseekleider und die orientalisch anmutenden, nach Fortuny-Mustern handbemalten Lampen sind bei Venetia Studium (Calle Larga XXII Marzo 2403) erhältlich, Fortuny-Stoffe bei V. Trois (Campo San Maurizio 2666).

Eine der berühmtesten Teilnehmerinnen der alljährlichen Frauenregatta auf dem Canal Grande war die viermalige Siegerin Maria Boscolo. (Vedute von Gabriele Bella, 18. Jh.)

*Palazzo Querini-Stampalia mit Biblioteca und Pinacoteca L 5

Lage
Campiello Querini-Stampalia

Anlegestelle
Rialto

Die wasserarme griechische Karstinsel Stampalia (heute Astypalaia) befand sich vom 13. bis Anfang des 16. Jh.s im Besitz der Querinis, die sich Mitte des 16. Jh.s den schönen Renaissancepalast erbauen ließen. Durch eine Schenkung ging das Anwesen 1868 samt der Querini-Bibliothek und -Kunstsammlung in den Besitz der Stadt über. Erdgeschoß und Garten wurden von dem venezianischen Architekten Carlo Scarpa (1906 bis 1978) in den siebziger Jahren neu gestaltet. Den Innenhof verwandelte Scarpa in eine Grünanlage mit arabischen und japanischen Akzenten wie Kirschbaum, Magnolie und Granatapfelbaum. Eine bis 1993 von Mariapia Cunico durchgeführte Restaurierung des Gartens hat ihm seine bezaubernde Atmosphäre zurückgegeben.

Im ersten Stockwerk ist die reiche Bibliothek untergebracht. Sie umfaßt über 120000 Bände, Manuskripte und Handschriften, vorwiegend aus dem venezianischen Raum (geöffnet: Mo.–Sa. 14.30–23.30 Uhr, So. 15.00–19.00 Uhr).

*Biblioteca Querini-Stampalia

Der zweite Stock beherbergt eine kostbare Gemäldesammlung venezianischer Malerei aus dem 14.–18. Jh., die weitgehend von Giovanni Querini-Stampalia zusammengetragen wurde. Besondere Beachtung verdienen die Veduten von Gabriele Bella aus der ersten Hälfte des 18. Jh.s, darunter die berühmte "Frauenregatta auf dem Canal Grande" und die "Karnevalsfeier am Gründonnerstag auf der Piazzetta". Vertreten sind ferner Donato Veneziano ("Marienkrönung, 1372"), Giovanni Bellini ("Madonna mit Kind" und "Darbringung Christi im Tempel"), Palma der Ältere ("Porträt von Francesco Querini und seiner Gemahlin") und Lorenzo di Credi ("Maria mit Kind und Johannesknaben") sowie Pietro Longhi mit fast 30 ansprechenden Genreszenen (derzeit wegen Restaurierung geschlossen).

*Pinacoteca Querini-Stampalia

**Piazza San Marco — K 5

**Herzstück der Lagunenstadt

Anlegestelle San Marco

Mittelpunkt des venezianischen Lebens ist der von Napoleon als "schönster Salon Europas" gerühmte Markusplatz, auch kurz la Piazza genannt, da alle anderen Plätze Campo heißen. Wohl keine andere Stadt der Welt kann mit einem vergleichbaren Entree aufwarten. Gleich der erste Blick auf die von Campanile und Dogenpalast flankierte Piazzetta und die dahinter aufragenden Prunkbauten von Markusbasilika, Uhrturm und Prokuratien hinterläßt einen unvergeßlichen Eindruck. In ihrer Pracht vermittelt die Platzanlage ein vollendetes Bild von der einstigen Macht und Größe Venedigs, gruppieren sich doch um ihn die Zentren des staatlichen und religiösen Lebens der Republik. Auf drei Seiten begrenzen ihn nahezu gleichartige Arkadenbauten: im Norden der Uhrturm und die Alten Prokuratien mit den Cafés Lavena und Quadri, im Westen der Napoleonische Flügel mit dem Museo Correr, im Süden die Neuen Prokuratien mit dem Museo Archeologico, dem Café Florian und der Biblioteca Nazionale Marciana. Von der Markuskirche zur Ala Napoleonica hin verjüngt sich der Platz, wodurch er noch wesentlich an Tiefe gewinnt (im Durchschnitt ist er 175 m lang, bei der Kirche 82 m, beim Napoleonflügel 56,6 m breit). Die Ostseite des Platzes beherrscht die monumentale Westfassade der ⟶ Basilica di San Marco. Den Übergang zur Piazzetta bildet der hochaufragende Campanile mit der eleganten Loggetta. Kein Denkmal lenkt von der architektonischen Geschlossenheit des mit Trachyt- und Marmorplatten belegten Platzes ab, keine Straßenführung unterbricht den harmonischen Zusammenhalt. So war und ist die Piazza San Marco allein den Schauenden vorbehalten und natürlich den berühmten Tauben, die zu Tausenden den Platz bevölkern.
Bis zum Ende der Republik war der Markusplatz vor allem Marktplatz. Heute ist er Flanierzeile und 'Festsaal' für Konzerte und Theateraufführungen. Jeder Besucher sollte sich wenigstens einmal das Vergnügen gönnen, in einem der Konzertcafés ringsum bei einer Tasse Kaffee den Walzermelodien und Evergreens zu lauschen. Auch die besagten Tauben von San Marco gehören dazu, und ihre Fütterung bleibt ein Spaß für Groß und Klein. Ob sie nun von jenen Tauben abstammen, die im 5. Jh. die venezianischen Urväter auf der Flucht vor Attila in die Lagunen führten, oder von jenen, die die Dogen am Palmsonntag immer in die Freiheit entließen, vielleicht aber auch von jenen, die 1204 die Kunde von der Einnahme Konstantinopels in die Lagunenstadt brachten: Sie sind eine Institution.

Baugeschichte

Einst war der Platz von Obstbäumen bedeckt und von einem Kanal durchzogen. Mit der Fertigstellung der Markusbasilika und dem Ausbau des Dogenpalastes begann auch die Gestaltung des Platzes. Im Jahre 912 wurde der Campanile begonnen, 1204 die Alten Prokuratien. Die Obst-

Blick auf die Alten Prokuratien und den Napoleonischen Flügel

Baugeschichte (Fortsetzung)

bäume verschwanden, der Kanal wurde zugeschüttet und der Platz 1267 gepflastert. 1583 entstanden die Neuen Prokuratien, 1735 erhielt der Boden sein Marmorpflaster, wobei die großen weißen Quadrate ursprünglich die Fläche bestimmten, auf der die einzelnen Handwerkerzünfte ihre Marktbuden aufbauen durften. Mit dem Bau des Napoleonischen Flügels schließlich bekam der Platz sein heutiges Gesicht.

*Procuratie

Die Nord- und Südseite der Piazza San Marco begrenzen die Prokuratien, einst die Amtsgebäude der Prokuratoren, der höchsten Verwaltungsbeamten der Republik. Der seit dem 10. Jh. gewählte Procurator war nach dem Dogen der zweithöchste Mann im Staat und hatte sich vor niemandem zu verantworten, auch nicht vor dem Großen Rat. Er war 'Vermögensverwalter des hl. Markus', jenes Vermögens, das sich aus öffentlichen und privaten Spenden, Erbschaften und laufenden Einnahmen in den Truhen der Markuskirche ansammelte. Dabei handelte es sich um ungeheure Summen, denn es galt für jedermann als selbstverständlich, nach geglückten und gewinnbringenden Unternehmen dem hl. Markus als Dank eine Spende zuzuführen. Mit diesem riesigen Vermögen finanzierte der Staat seine Besitzungen, den Bau von San Marco sowie sämtliche Wohlfahrtseinrichtungen wie Spitäler, Almosenverteilung, Obdachlosenasyle, Alten- und Waisenhäuser. Die Arbeitsmenge, die sich im Laufe der Zeit aus der Verwaltung der öffentlichen Mittel ergab, konnte bald kein einzelner mehr bewältigen. So gab es im 13. Jh. schon vier Prokuratoren, 1319 wurden es sechs, 1442 neun.

Procuratie Vecchie

Schon 1204 wurde an der heutigen Stelle der Alten Prokuratien das erste Gebäude, zunächst zweigeschossig, errichtet. Der jetzige dreigeschossige Bau entstand 1480–1517 im Stil der venezianischen Frührenaissance nach einem Entwurf von Mauro Coducci. Für die Fertigstellung zeichnete Bartolomeo Bon verantwortlich. Der 150 m lange, mit 50 Arkaden im Erdgeschoß und je 100 in den beiden oberen Stockwerken aufgelockterte Bau ist Standort der illustren Cafés Quadri und Lavena (s. S. 142).

Procuratie Vecchie (Fortsetzung), *Caffè Quadri, *Caffè Lavena

***Torre dell' Orologio**

Derzeit wegen Restaurierung geschlossen

Der mächtige Uhrturm wurde von Mauro Coducci wohl als Abschluß der Alten Prokuratien im Stil der Renaissance geplant und 1496–1499 ausgeführt. Das oberste Stockwerk mit dem sternenübersäten blauen Mosaikfeld und dem Markuslöwen fügte Giorgio Massari 1755 hinzu. Die beiden Bronzemohren auf der Plattform, die jede volle Stunde gegen die Glocke hämmern, goß Paolo Ranieri zwischen 1494 und 1497. Man kann auf die Dachterrasse des Uhrturms hinaufsteigen und sich die Mohren aus der Nähe ansehen. Die große Prunkuhr, nach der der Turm seinen Namen erhielt, ist ebenfalls ein Werk Ranieris und seines Sohnes. Sie zeigt Stunden, Mondphasen und den Sonnenstand in den Tierkreiszeichen an. Im anschließenden Feld ist eine vergoldete Madonna zu sehen. In der Himmelfahrtswoche sowie am Dreikönigstag ziehen zu jeder vollen Stunde die Heiligen Drei Könige, von einem Engel angeführt, um die Madonna.

Procuratie Nuove

Nachdem die Alten Prokuratien zu klein geworden waren, begann man 1583 mit dem Bau der Neuen Prokuratien an der Südseite des Platzes. Baumeister Vincenzo Scamozzi nahm sich dabei die Bibliothek seines Lehrers Sansovino zum Vorbild; er setzte lediglich noch ein drittes Stockwerk auf und schloß mit einem Gesims statt einer Balustrade ab. Baldassare Longhena stellte 1650 den Bau nach Scamozzis ursprünglichen Plänen fertig. Zwischen 1805 und 1814 wohnte in den Neuen Prokuratien Napoleon I., wenn er Venedig in seiner Eigenschaft als "König von Italien" einen Besuch abstattete. Die Stadt war neben Mailand seine zweite Residenz in Italien. Heute lockt im Erdgeschloß das Caffè Florian mit Walzerklängen und unwiderstehlichem Backwerk (s. S. 142).

*Caffè Florian

Beliebte Treffpunkte der Lagunenstadt sind die historischen Cafés unter den barocken Bogengängen der Prokuratien.

***Museo Archeologico**

Öffnungszeiten: Tgl. 9.00–14.00

Im Ostteil der Neuen Prokuratien ist das Archäologische Museum eingerichtet, das auf eine bedeutende Schenkung griechischer und römischer Funde von Kardinal Domenico Grimani und Giovanni Grimani aus dem 16. Jh. zurückgeht. Zu den ausgestellten Exponaten gehören elf in Chitone gehüllte Koren aus der klassischen Zeit Griechenlands (5. Jh. v. Chr.), antike Gemmen mit figürlichen Darstellungen, römische Büsten aus der Zeit der Republik und der Kaiserzeit, byzantinische Elfenbeinschnitzereien ("Evangelist Johannes und der hl. Paulus", 10. Jh.), assyrische Reliefs (8. bis 7. Jh. v. Chr.) und Kentaurenreliefs von T. Aspetti (Eingang von der Biblioteca Marciana).

Lavena, Quadri und Florian

Klassische Treffpunkte Venedigs sind die historischen Cafés unter den barocken Bogengängen der Prokuratien. Zu jedem der drei Kaffeehäuser gehört in den Sommermonaten eine eigene Kapelle, die mit bekannten Melodien die stimmungsvolle Atmosphäre des Markusplatzes unterstreicht.
Als erstes Kaffeehaus öffnete 1720 das heute unter Denkmalschutz gestellte Café **Florian** als 'Venezia trionfante', bevor es den Namen seines Besitzers Floriano Francesconi annahm. Die thematisch dekorierten Innenräume wie das chinesische, türkische und Senatszimmer haben seit langem einen festen Platz in der Weltliteratur inne. So tranken hier u. a. einst Goethe, Honoré de Balzac, Marcel Proust, Thomas Mann, Ernest Hemingway und Mark Twain ihren Kaffee. Die Lage vis-à-vis vom Café 'Florian' spiegelte im 19. Jh. auch eine politische Gegensätzlichkeit wider, als die venezianischen Patrioten Manin und Tommaseo das 'Florian' bevorzugten, während die österreichischen Offiziere im 'Quadri' verkehrten. Atmosphäre vergangener Zeiten atmet also auch das nur ein halbes Jahrhundert jüngere **Quadri**, bekannt für sein unwiderstehliches Backwerk. Den Namen verdankt das Kaffeehaus seinem ehemaligen Besitzer Giorgio Quadri, einem Levantiner aus Korfu, der seinerzeit den besten 'Kaffee auf türkische Art' zuzubereiten wußte. Das 1750 gegründete und 1990 liebevoll restaurierte Café **Lavena** erinnert mit seiner nostalgischen Einrichtung an die k.u.k.-Zeit, als sich das Lokal noch 'Ungheria' nannte. Hier war Giuseppe Verdi oft zu Gast sowie Richard Wagner mit seiner Frau Cosima und Schwiegervater Franz Liszt.

Ala Napoleonica

Den westlichen Abschluß des Platzes bildet die Ala Napoleonica, ein 1810 auf Wunsch Napoleons von Giuseppe Soli eingefügter Verbindungsbau. Soli führte die ersten beiden Stockwerke der Neuen Prokuratien einfach weiter, ließ, um die Proportionen der Alten Prokuratien nicht zu stören, das dritte Stockwerk weg und setzte, um die Höhe zu halten, ein breites Band mit Steinreliefs obenauf. Ein Kunstwerk ist zwar nicht entstanden, aber der Platz hat durch diesen Bau dennoch gewonnen.

***Museo Civico Correr**

Öffnungszeiten: Mo., Mi–So. 10.00–17.00

Eine breite Freitreppe führt hinauf zu der von Teodoro Correr (1750 bis 1830) ins Leben gerufenen Sammlung Correr, die heute eine interessante Sammlung zur Kulturgeschichte Venedigs präsentiert sowie eine bedeutende Gemäldegalerie ihr eigen nennt. Die Räume im ersten Stockwerk sind der Lokalgeschichte gewidmet. Im Vorraum ist eine auf 1500 datierte Stadtansicht von Jacopo de' Barberi zu sehen. Es folgen zwei Säle mit Veduten von Antonio Canova, der auch die Marmorgruppen "Orpheus und Eurydike" und "Dädalus und Ikarus" für den Ballsaal sowie im Speisesaal das Gemälde "Amor und Psyche" und das Porträt von Amedeo Svajer ausführte. In den beiden anschließenden Räumen wird über die Dogen Vene-

Museo Civico Correr (Fortsetzung)

digs berichtet, darunter ein Porträt von Francesco Foscari (s. S. 22). Nun passiert man die Bibliothek, den Kostümsaal mit Amtstrachten und die respektable Münzsammlung mit Exponaten aus dem 12.–18. Jahrhundert. Die Seemacht Venedig wird in den nächsten Sälen wieder lebendig, wo man u.a. ein Modell und die Reste des 35 m langen und 7 m breiten letzten 'Bucintoro' sehen kann, jenem Prunkschiff, auf dem sich die Dogen alljährlich am Sonntag nach Himmelfahrt 'Zur Vermählung mit dem Meer' zum ⟶ Lido hinausrudern ließen. Zu bewundern sind ferner mehrere historische Darstellungen der Schlacht von Lepanto (1571). Es folgt die umfangreiche Waffensammlung, darunter Rüstungen und prunkvolle Schwerter des Türkenbezwingers Francesco Morosini (Dogat: 1688 bis 1694) aus dem 17. Jahrhundert.
Zu den Höhepunkten der Gemäldegalerie im zweiten Stock zählen gleich zu Beginn die venezianisch-byzantinischen Tafelbilder von Paolo und Lorenzo Veneziano ("Schlüsselübergabe", 1369) und eine gotische "Madonna mit Kind" von Jacobello del Fiore. Für die Frührenaissance stehen die ausdrucksstarke "Pietà" von Cosmé Tura und das "Porträt eines jungen Mannes" von Baldassare Estense. Der Venezianer Bartolomeo Vivarini ist mit einer "Thronenden Madonna mit Kind" vertreten, von Jacopo Sansovino sind zwei Madonnenreliefs ausgestellt. Den drei Bellinis ist ein eigener Saal gewidmet, darunter "Christus mit zwei Engeln" von Giovanni Bellini und das Porträt des Dogen "Giovanni Mocenigo" (s. S. 23) von Gentile Bellini. Besonderes Augenmerk gilt auch Alvise Vivarinis "Hl. Antonio" (um 1480), Marco Basaitis "Madonna mit Kind" (um 1502) und Vittore Carpaccios eigenwilligem Bild "Zwei venezianische Patrizierinnen" (um 1510; Abb. S. 37). Schließlich sollte man noch einen Blick auf die schönen Majolikaarbeiten des 16. Jh.s werfen.

Museo del Risorgimento

Im angeschlossenen Risorgimento-Museum wird über die politische Entwicklung Venedigs vom Ende der Republik (1797) bis zum Anschluß an das Königreich Italien (1866) berichtet, darunter umfangreiches Material zur napoleonischen Ära und über den venezianischen Freiheitskampf unter Daniele Manin.

**Basilica di San Marco

⟶ dort

***Campanile**

Öffnungszeiten: Tgl. 10.00 bis 16.00

Bindeglied zwischen dem Markusplatz und der Piazzetta ist der viereckige, hochaufragende Campanile (Abb. S. 144). Begonnen wurde mit dem Bau bereits im 10. Jh., die Arbeiten dauerten indes bis zum 12. Jh., im 15. Jh. wurde schließlich die spitze Turmhaube angefügt, die schon von weitem die herannahenden Schiffe grüßte und ihnen mit ihrer vergoldeten Spitze den Weg wies. Am 14. Juli 1902 stürzte der Turm in sich zusammen und zerschlug dabei die Loggetta zu seinen Füßen sowie einen beträchtlichen Teil von Sansovinos Libreria Vecchia. Erst nach zehn Jahren war der sorgfältige Wiederaufbau beendet. Heute fährt ein Aufzug den knapp 99 m hohen Campanile hinauf zur 'Glockenstube', die einen herrlichen Rundblick über die Stadt präsentiert.

Loggetta

Die von Sansovino zwischen 1537 und 1540 geschaffene kleine Marmorhalle wurde zunächst für die Mitglieder des Großen Rates errichtet, damit diese sich dort, geschützt vor Regen und Schnee, nach Belieben versammeln konnten, um dann geschlossen zu den Sitzungen zu gehen. Schon 1569 aber wurde der elegante Bau, der ein Kunstwerk für sich darstellt, zum Wachlokal der Garde des Dogenpalastes degradiert. Diese Funktion hatte er bis zum Ende der Republik im Jahre 1797 inne. 1902 wurde die Loggetta von den herabstürzenden Gesteinsmassen des Campanile schwer in Mitleidenschaft gezogen, doch konnte sie wieder mit den originalen Steinen und Skulpturen errichtet werden. Wiederaufgebaut, dient sie heute den Touristenmassen, die auf den Campanile-Aufzug warten. Beachtenswert sind die vier Bronzestatuen (Minerva, Apollo, Merkur und Friede) zwischen den Säulenpaaren, die Sansovino schuf.

**Piazzetta

Die reizvolle Platzanlage ist der eigentliche Empfangssalon Venedigs. Offen zum Meer mit den beiden Säulen am Molo, rechts begrenzt vom maurisch-gotischen → Palazzo Ducale, links von der Alten Bibliothek und dem dahinter aufragenden Campanile. Hier geht das noble Entree in die Piazza San Marco über und gilt den Venezianern daher als Teil davon. Ihre heutige Form erhielt die Piazzetta erst mit dem Bau der Bibliothek. Im frühen Mittelalter noch zog sich am Dogenpalast entlang bis zur Markuskirche ein breiter, sturmsicherer Stichkanal.

Colonne di Marco e Teodoro

Eigentlich waren es drei Säulen, die 1125 der Doge Michieli aus Tyrus (heute Libanon) mitbrachte. Doch beim Ausladen fiel eine ins Meer und versank in der Tiefe der Lagune. Die beiden anderen wurden am Molo aufgestellt: Die eine davon mit dem Markuslöwen gekrönt – wohl ein frühmittelalterliches Fabeltier aus Persien, dem man Flügel einsetzte und ein Buch zwischen die Pranken schob. Bis ins 18. Jh. hinein war die 1985–1991 restaurierte Bronzestatue des Löwen vergoldet. Auf die zweite Säule kam der hl. Theodor zu stehen, der erste Patron Venedigs, ehe der hl. Markus ihn ablöste. Die leuchtendweiße Statue ist vermutlich zusammengesetzt: Der Kopf gehört zu einem römischen Kaiser, der Rest samt Drachen zu einem frühen hl. Georg.

***Libreria Vecchia di San Marco**

Die altehrwürdige Bibliothek an der Westseite der Piazzetta gegenüber dem → Palazzo Ducale gilt als Hauptwerk des Architekten und Bildhauers Sansovino (→ Berühmte Persönlichkeiten), der das prächtige Profangebäude ab 1536 erbaute. Nach dem Tod Sansovinos führte Vincenzo Scamozzi die Arbeiten 1583–1588 nach den ursprünglichen Plänen des Meisters zu Ende.
Die Bibliothek stellt die eigentliche Wende in der venezianischen Architektur und den endgültigen Bruch mit dem gotischen Venedig dar. Sansovino war Florentiner, er orientierte sich an der Kunst dieser Landschaft sowie an der römischen Antike. Mit diesem Gebilde von barock-römischen Arkaden, Bogen, Säulen, Balustraden und Skulpturen verlor Venedig seine spezielle Architekturform. Denn fast alle Bauten, die nun entstanden, nahmen sich dieses 'Wunderwerk' zum Vorbild. Darüber hinaus wurde dieser Architekturstil durch Scamozzis Lehrbuch "Idea dell architettura universale" (Idee von einer universalen Architektur; 1615) in ganz Europa bekannt. Für sich selbst ist die Bibliothek ein einzigartiges Kunstwerk, elegant, ausgewogen und doch von majestätischer Pracht.

Biblioteca Marciana (Besichtigung nach Voranmeldung, Tel. 5208788)

Die Markusbibliothek geht auf eine 1468 gestiftete Handschriftensammlung von Kardinal Bessarion zurück. Durch das 1533–1554 von Alessandro Vittoria ausgeführte Mittelportal gelangt man ins Treppenhaus, ebenfalls von Vittoria ausgeschmückt. Das Deckengemälde "Weisheit" (1560) im Vestibül stammt von Tizian. 21 Allegorien schmücken die Decke vom Goldenen Saal, drei davon ("Geometrie", "Arithmetik", "Musik") sind Werke Veroneses. Von den 12 Philosophenporträts an den Wänden des Raumes schuf Tintoretto fünf. Die Schauräume bieten erstaunliche Kostbarkeiten, Gemmen, Handschriften, Kalligraphien, Buchmalereien, u.a. auch das Breviarium Grimani (1510–1520), das allein 831 Blätter flämische Miniaturen enthält. Die eigentliche Markusbibliothek mit über 750000 Bänden ist heute in der ebenfalls von Sansovino erbauten ehemaligen Münze (Zecca) untergebracht, sie ist jedoch mit den Schauräumen verbunden.

*Ponte di Rialto K 4

Lage
Canal Grande

Die Rialtobrücke war lange Zeit einzige Fußgängerverbindung über den Canal Grande – erst 1854 entstand die Akademiebrücke, und im 20. Jh.

◀ *Nobles Entree der Lagunenstadt: die Piazzetta mit dem Campanile*

Ponte di Rialto (Fortsetzung)

Anlegestelle
Rialto

wurde die Barfüßerbrücke in der Nähe des Bahnhofs hinzugefügt. Der Brückenname leitet sich von 'Rivus Altus' (Hochufer) ab, der ersten Bezeichnung für die früheste Inselsiedlung. Eine erste Holzbrücke wurde an dieser Stelle schon im Jahre 1180 vermutlich von Nicolò Barattieri gebaut, später ersetzte man sie durch eine Zugbrücke, die aber 1444 unter dem Gewicht einer Volksmenge zusammenbrach: Die Leute hatten sich auf der Brücke versammelt, um einer Bootsprozession beizuwohnen.

Auf der stets bevölkerten Rialtobrücke kann man zwischen Schmuck- und Souvenirgeschäften wählen oder nur die herrliche Aussicht genießen.

Gegen Mitte des 16. Jh.s wurden Vorschläge namhafter Baumeister eingeholt, um eine Steinbrücke zu errichten. Unter den Entwürfen waren auch Arbeiten von Sansovino, Vignola und Andrea Palladio. Schließlich erhielt aber Antonio da Ponte 1588 für seine einbogige Lösung den Zuschlag, und schon Anfang September 1590 konnte die 28 m lange Brücke aus istrischem Marmor überschritten werden. Sie ruht auf jeweils 6000 Eichenpfählen, die zu beiden Seiten in den schlammigen Untergrund getrieben wurden. Die Spannweite beträgt 48 m, die Durchfahrtshöhe 7,50 m. Zwei Ladenzeilen mit Leder-, Schmuck- und Souvenirgeschäften verteilen den Fußgängerverkehr auf drei Wege. Von der oberen Brückenplattform genießt man einen herrlichen Blick auf das Leben und Treiben am und auf dem Canal Grande.

San Bartolomeo K 4

Lage
Campo San Bartolomeo

Für die Hauskirche der deutschen Kaufleute in Venedig malte Albrecht Dürer sein berühmtes "Rosenkranzfest" (1506), das ein Jahrhundert später von Kaiser Rudolf II. erworben wurde. Dieser ließ es nach Prag bringen, wo es heute in der Nationalgalerie im Palais Sternberg ausgestellt ist. Das im 12. Jh. dem hl. Bartholomäus geweihte Gotteshaus wurde zu Beginn des

18. Jh.s umgebaut, heute werden hier Wechselausstellungen gezeigt. Sehenswert sind das Hochaltarbild "Marter des hl. Bartolomeo" von Palma d. J. und im Chor die ehemaligen Orgelflügel, die vier Heilige darstellen, ein Werk von Sebastiano del Piombo (um 1485–1547).

San Bartolomeo (Fortsetzung)

Anlegestelle
Rialto

*San Francesco della Vigna — N 4

Wie der Name schon andeutet, wurde auf dem Gelände einst Weinbau betrieben, bevor es 1253 an die Franziskaner überging, die hier ein Kloster anlegten. Mit dem Bau der großen Kirche begann Sansovino (⟶ Berühmte Persönlichkeiten) um 1543, fertiggestellt wurde das Gotteshaus jedoch erst 30 Jahre später durch Andrea Palladio (⟶ Berühmte Persönlichkeiten). Er gestaltete vor allem die Fassade (1568–1572) als epochemachende antikisierende Tempelfront unter Verwendung von Säulen, Gebälk und Dreiecksgiebel, die auch bei Palladios weiteren Kirchen ⟶ San Giorgio Maggiore und Il Redentore (⟶ La Giudecca) als Nachfolgebauten ein zentrales Gestaltungselement bildet.
Im saalartigen Innern mit Seitenkapellen ist im rechten Querschiff das Tafelbild "Thronende Madonna" (um 1470) von Antonio da Negroponte zu bewundern, in der Cappella Santa (Zugang vom linken Querschiff aus) eine "Madonna mit Heiligen" (1507) von Giovanni Bellini (⟶ Berühmte Persönlichkeiten). Die Sakristei birgt ein Triptychon von Antonio Vivarini (15. Jh.), die fünfte Kapelle links enthält eine Madonna mit Heiligen (1551) von Paolo Veronese (⟶ Berühmte Persönlichkeiten). Der Skulpturenzyklus (um 1500) in der Cappella Giustiniani links neben dem Hochaltar wird Pietro Lombardo zugeschrieben.

Lage
Campo San Francesco della Vigna

Anlegestelle
San Zaccaria

San Giacomo dell' Orio — H 4

Der Grundstein für die Kirche, deren Name vermutlich eine Ableitung von Lauro (= Lorbeer) ist, wurde im 9. oder 10. Jh. gelegt, um 1225 erfolgte eine völlige Umgestaltung und der Bau des romanischen Campanile. Seine heutige Gestalt erhielt der von einem hübschen, platanenbestandenen Platz umgebene Sakralbau zu Beginn des 15. Jh.s., das Presbyterium entstand erst Mitte des 16. Jh.s.
Im Innern ist die Kirche mit einer reich geschnitzten Holzdecke ausgestaltet. Besonders hervorzuheben ist das Hochaltarbild von Lorenzo Lotto, "Sacra Conversazione", von 1546. In der alten Sakristei sind Werke von Palma d. J. zu sehen. Die neue Sakristei liegt außerhalb des Kirchengebäudes und besitzt herrliche Deckengemälde von Paolo Veronese.

Lage
Campo San Giacomo dell' Orio

Anlegestelle
San Staè

*San Giobbe — F 2

Die dem Hiob geweihte Kirche San Giobbe liefert ein ausgezeichnetes Beispiel für die venezianische Sakralarchitektur der Frührenaissance. Ihre Baumeister waren ab 1450 Antonio Gambello, der die Kirche mit dem Campanile noch im spätgotischen Stil begann, und Pietro Lombardo, der das Portal, die Chorkuppel und und die Cappella Martini ab 1471 im Renaissancestil fortführte.
Besondere Beachtung verdienen am vierten Seitenaltar rechts der "hl. Petrus" von Paris Bordone aus dem 16. Jh. und die kunstvoll gearbeitete Grabplatte für den Dogen und Kirchenstifter Cristoforo Moro (Dogat: 1462–1471) vor dem Hochaltar. In der Sakristei ist ein Triptychon von Antonio Vivarini (um 1445) zu bewundern (Besichtigung auf Anfrage), die glasierten Terrakotten in der Cappella Martini stehen der Werkstatt der Florentiner della Robbia nahe.

Lage
Campo San Giobbe

Anlegestelle
Ferrovia (Bahnhof)

*San Giorgio Maggiore L/M 6/7

Anlegestelle
San Giorgio

Bereits Ende des 10. Jh.s entstand im Rahmen einer Benediktiner-Klostergründung die erste, dem hl. Georg geweihte Kirche. Der bestehende Kirchenbau geht allerdings auf ein von Andrea Palladio (→ Berühmte Persönlichkeiten) 1563 gefertigtes Modell zurück. 1566 erfolgte die Grundsteinlegung und 1579 war die Kirche bis auf die Fassade fertiggestellt, die viele Jahre nach dem Tode Palladios 1597–1610 von Simon Sorella nach leicht abgewandelten Vorgaben vollendet wurde. San Giorgio Maggiore bildet einen wichtigen auf Fernsicht angelegten städtebaulichen Akzent in der Lagune von Venedig mit einer malerischen Baugruppe aus Campanile, Kuppel, Langhaus und Fassade, die v.a. von der Piazzetta und vom Dogenpalast aus ihre große optische Wirkung auch aufgrund des reizvollen Spiels von Licht und Schatten entfaltet. Bei der Fassadengestaltung verwendete Palladio wie bei seinen anderen venezianischen Kirchen, → San Francesco della Vigna und Il Redentore (→ La Giudecca), eine antikisierende Tempelfront mit kolossaler Säulenordnung und Dreiecksgiebel, die sich aus der Nahsicht allerdings als etwas unproportional erweist.

Inneres

In Anlehnung an römisch-antike Baugedanken gestaltete Palladio den weißgrauen Innenraum reliefartig unter Verwendung von Säulen, Pfeilern, Pilastern und Gebälk als dreischiffige Basilika mit halbrund abschließenden Querhausarmen und einer Zentralkuppel im Vierungsbereich, dem sich ein quadratisches Presbyterium östlich anschließt, das von einem apsidialen Mönchschor abgeschlossen wird. Blickfang der Innenausstattung ist der Hochaltar (1591–1593) im Presbyterium, ein Meisterwerk von Girolamo Compagna, einem Schüler Sansovinos. Die Weltkugel, Last und Anstrengung des irdischen Daseins verkörpernd, wird von einer Statue Gottvaters bekrönt. Darunter symbolisiert eine Taube den Hl. Geist. Vier Evangelisten flankieren das Kruzifix als Zeichen Christi. Die Seitenwände des Altarraumes schmücken zwei großformatige Alterswerke von Tintoretto. Die Darstellung des "Mannaregen" (1594) links zeigt eine ländliche Idylle mit Menschen, die unterschiedlichen Beschäftigungen nachgehen, z. B. waschende und spinnende Frauen, einen Schmied und einen Schuster, während das Mannawunder eher nebensächlich erscheint, wohl aber auf die von Gott gespendete Nahrung ganz allgemein hindeuten soll. Moses, zugleich Christus ähnlich, ist dabei in die rechte untere Bildecke gerückt in Begleitung seines Bruders Aaron und eines Stifters. Tintorettos Abendmahlsdarstellung (1594), die letzte von zahlreichen Fassungen, zeichnet sich durch die ungewöhnliche Perspektive mittels eines diagonal den Raum erschließenden Tisches aus. Zugleich steigert flackerndes Licht die Dramatik der Handlung. Während die Gruppe der Diener rechts im Bild noch auf Alltag und Diesseits verweist, ist links im Bild die gestaffelte Abfolge erregter Apostelfiguren zu erkennen mit selbstleuchtenden Heiligenscheinen, die auf Christi lichtumstrahlte ruhige Gestalt zuführen und den Gottessohn als Erscheinung des Überirdischen in den Mittelpunkt rücken. Im Mönchschor fällt das prächtige Gestühl (1594–1598) aus Nußbaumholz ins Auge, das mit Szenen aus dem Leben des hl. Benedikt verziert ist.

Campanile

Links vom Mönchchor gelangt man durch einen Gang zum Aufzug des Campanile. Der Glockenturm war ursprünglich Teil der Vorgängerbauten von 1470, stürzte allerdings später ein und wurde 1791 nach dem Vorbild des Markusturmes wiedererrichtet. Der Blick vom Glockengeschoß über die Lagune ist überwältigend.

Kreuzgänge

Das Klosterareal ist heute Teil der Fondazione Cini und nicht öffentlich zugänglich. Von den beiden Kreuzgängen wurde der hintere zwischen 1520 und 1540 errichtet, während der vordere noch 1579 von Andrea Palladio begonnen und schließlich von Baldassare Longhena vollendet wurde, der auch das frühbarocke Treppenhaus und die Bibliothek (1641) hinzufügte. Das Dormitorium ist dagegen ein älterer Bau von 1488–1521.

Die harmonische Baugruppe von San Giorgio Maggiore bildet einen wichtigen auf Fernsicht angelegten städtebaulichen Akzent in der Lagune.

San Giovanni in Bragora M 5

Ihre heutige spätgotische Gestalt erhielt die Kirche 1475–1479, das Presbyterium entstand zwischen 1485 und 1494. Das dreischiffige Innere mit Holzdachgestühl birgt drei Höhepunkte der venezianischen Malerei der Frührenaissance: In der Chorapsis die "Taufe Christi" von Cima da Conegliano (1494) in einem Marmorrahmen, das in hervorragender Weise eine stimmungsvolle Landschaftswiedergabe mit harmonischer Figurenanordnung vereint. In der linken Chorkapelle ein Triptychon mit Maria, Johannes dem Täufer und dem hl. Andreas (1478) von Bartolomeo Vivarini. In der ersten linken Seitenkapelle neben dem Eingang eine "Auferstehung" (1498) von Alvise Vivarini. Über dem Eingang ist außerdem ein Werk von Palma d. J., "Christus vor Kaiphas" (1600), beachtenswert. Die Chorwände schmücken "Fußwaschung" und "Abendmahl" des Tizianschülers Paris Bordone (1500–1571).

Lage
Campo Bandiera e Moro

Anlegestelle
Arsenale

San Giovanni Crisostomo K 4

Die dem hl. Chrysostomus, einem der vier griechischen Kirchenväter, geweihte Kreuzkuppelkirche im Renaissancestil ist ein Meisterwerk Mauro Coduccis, der sie 1497–1504 auf den Fundamenten einer älteren Kirche errichtete. Sehenswert im Innern ist das Spätwerk Giovanni Bellinis "Hll. Hieronymus, Christophorus und Augustin" (1513) in der ersten Seitenkapelle rechts sowie das Hochaltarbild von Sebastiano del Piombo "Madonna mit Heiligen" (darunter der hl. Chrysostomus; 1509–1511). Beachtung verdient auch am zweiten Altar links der Marmoraufsatz, den Tullio Lombardo schuf.

Anlegestelle
Rialto

San Moisè K 5/6

Lage
Calle Largo 22 Marzo

Anlegestelle
San Marco

Auch wenn die 1668 von Alessandro Tremignon ausgeführte Fassade für manchen Kunstkenner zu reich und überladen wirkt, die Venezianer lieben ihre im 9. Jh. dem Moses geweihte und 1632 umgebaute Kirche San Moisè mit dem typisch venezianischen Glockenturm. Im Innern ist eine "Fußwaschung" von Tintoretto und ein "Abendmahl" von Palma d. J. zu sehen sowie am Sakristei-Altar ein Bronzerelief, das die Grablegung darstellt und 1633 von den Brüdern Roccatagliata gestaltet wurde. Die von Heinrich Meyring gefertigte Barockskulptur am Hochaltar zeigt, wie Moses am Berg Sinai die Gesetzestafeln entgegennimmt.

San Nicolò S 3

Lage
Lido

Anlegestelle
San Nicolò

Die Kirchengründung auf dem → Lido fällt auf das Jahr 1044, der Bau wurde jedoch im 17. Jh. im barocken Stil umgestaltet und besitzt eine unvollendete Fassade. Hier ruhten die Gebeine des hl. Nikolaus – dachte man wenigstens –, die venezianische Seefahrer aus dem Dom der Stadt Myra – die damals noch zum Kaiserreich von Byzanz gehörte – an der kleinasiatischen Südküste geraubt hatten. Einige Zeit nach der gefeierten Rückkehr und der Gründung von Kloster und Kirche mußten die Venezianer jedoch feststellen, daß ihnen die Leute von Bari in Apulien zuvorgekommen waren: Diese hatten die sterblichen Überreste des 'echten' hl. Nikolaus entführt. Das schöne Chorgestühl (1635) von Giovanni da Crema erzählt die überlieferte Heiligenlegende. In dieser Pfarrkirche wurde bis zum Ende der Republik 1797 alljährliche mit einem Festgottesdienst die Zeremonie der 1177 erstmals gefeierten 'Vermählung des Dogen mit dem Meer' beendet.

*San Nicolò da Tolentino F 4

Lage
Campo dei Tolentini

Anlegestelle
Piazzale Roma

Erbaut wurde die Kirche 1591–1601 unter Leitung von Vinzenzo Scamozzi, der sich bei der Ausführung von Chor und Kuppelvierung auf Pläne Andrea Palladios stützte. Die Fassade stammt aus dem 18. Jahrhundert. Beachtung verdienen im Innern links vom Eingang "Der hl. Lorenz" von Bernardo Strozzi (1581–1644) und links vom Chorbogen "Die Eingebung des hl. Hieronymus", ein bedeutendes Spätwerk des Oldenburgers Johann Liss (1597–1630).

San Pietro di Castello Q 5

Lage
Campo San Pietro

Anlegestelle
Giardini

Auf der am Ostrand der Stadt durch zwei Brücken mit Venedig verbundenen Insel San Pietro di Castello, wo eine der ersten Siedlungen in der Lagune (Olivolo) lag, entstand die gleichnamige Bischofskirche von Venedig. Einer Legende zufolge soll im 7. Jh. dem Bischof Magnus von Altinum der hl. Petrus erschienen sein, der ihm befahl, dort, "wo er Schafe und Ziegen weidend" vorfände, eine Kirche zu errichten. San Pietro diente dann ab 775 als Bischofskirche, zwischen 1451 und 1807 war sie die Kirche des Patriarchen von Venedig. Erst nach dem Untergang der Republik übernahm die → Basilica di San Marco diese Funktion.

Der jetzige Sakralbau entstand im 17. Jh., seine Fassade soll auf Pläne Andrea Palladios (→ Berühmte Persönlichkeiten) zurückgehen. Den Campanile schuf Mauro Coducci in den Jahren 1482–1488 im Stil der Frührenaissance. Die ursprüngliche Turmhaube stürzte 1670 ein. Im Innern der dreischiffigen Basilika mit Vierungskuppel sind neben dem barocken

San Pietro di Castello (Fortsetzung)

Hochaltar (1649) die Chorfresken (1735) von Girolamo Pellegrini, das Veronese zugeschriebene Altarbild mit den heiligen Johannes Evangelista, Petrus und Paulus sowie die sogenannte "Cattedra di San Pietro", der Sessel des hl. Petrus, von Bedeutung. Auf diesem Marmorthron soll Petrus laut Überlieferung in Antiochia gesessen haben. Die Cappella Vendramin verdankt ihre reiche skulpturale Ausstattung Baldassare Longhena.

San Polo · San Paolo H 4

Lage
Campo San Polo

Anlegestelle
San Silvestro

Die ursprünglich spätgotische Kirche wurde im 19. Jh. umgebaut und stark verändert. Nur der Campanile (14. Jh.) zeugt als unverändert erhalten gebliebenes Relikt aus früherer Zeit. Sehenswert sind im Inneren das "Abendmahl" Tintorettos (⟶ Berühmte Persönlichkeiten) von 1568/1569. Es handelt sich um die dritte Fassung des Abendmahlthemas, eine erste von 1547 befindet sich in der Kirche San Marcuola (s. S. 90), eine zweite in ⟶ San Trovaso; im hohen Alter schuf Tintoretto noch eine Fassung für ⟶ San Giorgio Maggiore. Die Bronzestatuen (16. Jh.) beim Hochaltar stammen von Alessandro Vittoria. Das Gemälde "Muttergottes mit dem hl. Johannes von Nepomuk" (1751) schuf Giovanni Battista Tiepolo (⟶ Berühmte Persönlichkeiten), die Kreuzwegstationen in der Sakristei malte sein Sohn Giandomenico.

*San Salvatore K 5

Lage
Calle Mazzini

Anlegestelle
Rialto

Die Kirche des bereits in karolingischer Zeit gegründeten Augustinerklosters wurde 1507–1534 von Tullio Lombardo und Sansovino im Renaissancestil umgebaut und 1663–1700 von Giuseppe Sardi mit der jetzigen Barockfassade versehen. Man darf mit Recht vermuten, daß die Architekten mit San Salvatore eine Kirche schaffen wollten, die mit der ⟶ Basilica di San Marco in den Dimensionen und der Prachtentfaltung konkurrieren sollte. Doch weist San Salvatore nur drei Kuppeln auf, im Unterschied zu den fünf Kuppeln der Markusbasilika.

Zur kostbaren Renaissanceausstattung gehören u. a. Grabdenkmäler, darunter nach dem zweiten Altar links das prachtvolle Grabmal des Dogen Francesco Venier, das 1556 von Sansovino entworfen wurde, sowie an den Stirnwänden der Querhausarme die Wandgräber der Familie Corner, darunter auch das Grab von Caterina Cornaro (1454–1510), Königin von Zypern. Bei den Gemälden sei auf die beiden Werke Tizians hingewiesen: "Verkündigung" am dritten Altar rechts, mit einem Marmorrahmen von Sansovino, und "Verklärung Christi" am Hochaltar. Ebenso beachtliche Gemälde sind von Paris Bordone "Martyrium des hl. Theodor" und vermutlich von Giovanni Bellini "Christus in Emmaus" an der Wand der rechten bzw. linken Chorkapelle.

*San Sebastiano F 6

Lage
Campo San Sebastiano

Anlegestelle
Ca' Rezzonico

**Veronese-Bilder

In der 1505–1546 erbauten Renaissancekirche liegt links im Chor der Maler Paolo Veronese begraben (⟶ Berühmte Persönlichkeiten), der hier mit dem seit 1553 geschaffenen Bilderzyklus seinen epochalen Ruhm begründete. Zu den bedeutendsten seiner Werke zählen in der Sakristei die Deckengemälde "Marienkrönung" und "Vier Evangelisten" sowie im Langhaus die Szenen aus der Esther-Legende: "Esther wird vor Ahasver geführt", "Esther wird gekrönt", "Mardochai triumphiert". Die Wandmalereien im Langhaus schuf Paolo Veronese gemeinsam mit seinem Bruder Benedetto. Auch der Orgelprospekt wurde von Paolo Veronese entworfen und ausgemalt. Seine Gemälde "Hl. Sebastian vor Diokletian" und "Das

San Sebastiano (Fortsetzung)

Martyrium des hl. Sebastian" im Nonnenchor sind auf die Zeit um 1558 datiert. Am Hochaltar ist das Spätwerk des Künstlers "Thronende Muttergottes mit den Heiligen Sebastian, Petrus, Katharina, Franziskus" zu sehen.

Sant'Angelo Raffaele

*Guardi-Gemälde

Die wenige Schritte nordwestlich aufragende Kirche wurde bereits im 7. Jh. gegründet, der jetzige Sakralbau, der eher schlicht anmutet, geht auf das 17. Jh. zurück. Im Kircheninnenraum ist auf der Orgelempore eine Bilderfolge zur Tobias-Legende zu sehen, ein Meisterwerk Antonio Guardis aus dem 18. Jahrhundert.

San Silvestro J 4

Lage
Campo di San Silvestro

Anlegestelle
San Silvestro

Die in den Jahren 1836–1843 erbaute Kirche geht auf eine Gründung aus dem 9. Jh. zurück, die klassizistische Fassade wurde 1909 vollendet. Im ersten rechten Seitenaltar befindet sich die monumentale "Taufe Christi" (um 1580) von Jacopo Tintoretto (⟶ Berühmte Persönlichkeiten). Im Gegensatz zur Darstelung desselben biblischen Themas in der ⟶ Scuola Grande di San Rocco beschränkt sich dieses Gemälde auf eine sehr persönliche Begegnung zwischen Johannes d.T. und Christus, der von der Taube des Hl. Geistes überstrahlt wird.

San Trovaso · Santi Gervasio e Protasio G 6

Lage
Campo San Trovaso

Anlegestelle
Accademia

Eigentlich ist die Kirche den Heiligen Gervasius und Protasius geweiht, deren Namen schließlich zu Trovaso verkürzt wurden. Im Innern ist das Gotteshaus einfach ausgestaltet, besitzt jedoch einige Gemälde von bekannten Meistern, darunter von Tintoretto im linken Querschiff ein "Abendmahl" als zweite von vier Fassungen dieses Themas und in der linken Chorkapelle die "Versuchung des hl. Antonius" (um 1557) sowie von Michele Giambono das Altarbild "Hl. Chrysogonus" (um 1440) in der rechten Chorkapelle. Besonderes Augenmerk gilt den Altarreliefs im rechten Querschiff, Marmorarbeiten eines unbekannten Meisters, die vermutlich um 1470 entstanden.

*Squero di San Trovaso

Am Rio di San Trovaso stößt man auf eine der letzten Gondelwerften Venedigs, den Squero di San Trovaso, wo bis heute nach alter Tradition die schwarzglänzenden Wahrzeichen der Lagunenstadt gebaut werden (s. hierzu Baedeker Special, S. 82). Die niedrigen Holzhäuschen mit hübschen Blumenbalkonen erinnern an die Herkunft vieler Schiffsbauer aus dem Veneto, die aus den Dolomitentälern in der Nähe von Cortina d'Ampezzo nach Venedig kamen.

*San Zaccaria L/M 5

Lage
Campo San Zaccaria

Anlegestelle
San Zaccaria

Vermutlich wurde die Kirche schon im 9. Jh. gegründet. Der heutige Sakralbau entstand zwischen 1460 und 1500 und wurde von den beiden großen Baumeistern Antonio Gambello und Mauro Coducci errichtet. Die gewaltige Fassade ist ein erstaunliches Beispiel für die Umsetzung der gotischen Grundstruktur in die Formen der beginnenden Renaissance. Sie gehört zu den bedeutendsten Leistungen der venezianischen Renaissance, ehe diese mit Sansovino ihre Eigenständigkeit verlor und die Formen des Festlandes übernahm. Der Campanile ist noch byzantinisch, der Chor schon gotisch, und das Langhaus zählt zum Stil der Frührenaissance. Besonders hervorzuheben sind im Kircheninnern am zweiten Seitenaltar links die großartige "Thronende Madonna mit den Heiligen

San Zaccaria (Fortsetzung)

Petrus, Katharina, Lucia und Hieronymus" (1505), ein Farnjuwel als Spätwerk von Giovanni Bellini (⟶ Berühmte Persönlichkeiten) und die Gewölbefresken (1442) von Andrea del Castagno in der Cappella di San Tarasio. San Zaccaria galt als das weltlichste Kloster im lebenslustigen Venedig des 18. Jh.s. Die Klosterbälle und skandalösen Amouren der frommen Frauen waren Stadtgespräch. Wohl ein Hauptgrund: Vor allem nach San Zaccaria wurden jene bedauernswerten Patriziertöchter geschickt, die von ihren Familien aus dynastischen oder finanziellen Gründen ins Kloster gesteckt wurden – und die um ihr Leben betrogenen Damen rächten sich auf ihre Weise.

Santa Maria della Fava K 4

Lage
Calle della Fava

Anlegestelle
Rialto

Die überkuppelte Saalkirche aus dem 18. Jh. weist im Innern Reliefs und Statuen von Giuseppe Bernardi auf, der Lehrer von Antonio Canova war, sowie in der ersten Seitenkapelle rechts ein Frühwerk Giambattista Tiepolos "Anna, Joachim und Maria" und im zweiten Seitenaltar links ein Hauptwerk Piazzettas, "Der hl. Filippo Neri bittet für die Armen".

*Santa Maria Formosa L 4/5

Lage
Campo Santa Maria Formosa

Anlegestelle
Rialto

Zwischen 1492 und 1500 baute Mauro Coducci die Kirche auf den Fundamenten eines älteren, wahrscheinlich aus dem 11. Jh. stammenden Gotteshauses – die Fassade am Campo und der barocke Glockenturm wurden im 17. Jh. hinzugefügt. Der fast freistehende Renaissance-Kirchenbau zeigt im Innern auf schlanken Säulen ruhende kleine Kuppeln und Tonnengewölbe, die über und über von ausgezeichneten Renaissance-Orna-

Idyllische Kulisse: Campo Santa Maria Formosa

Santa Maria Formosa (Fortsetzung)

menten überzogen sind. Hauptaugenmerk gilt dem Flügelaltar von Bartolomeo Vivarini mit dem Tafelbild "Madonna der Barmherzigkeit" (1473) sowie der "Hl. Barbara" (frühes 16. Jh.) von Palma d. Ä. am Flügelaltar in der Kapelle rechts vom Hochaltar. Der Beiname 'Formosa', der auf venezianisch soviel wie 'dick' bedeutet, geht auf die Legende zurück, daß dem Bischof Magnus die Muttergottes in Gestalt einer dickleibigen Matrone erschienen sein soll und ihn zur Kirchengründung aufgefordert habe.
Bis zum Ende der Republik war es außerdem Tradition, daß der Doge alljährlich zur Lichtmeß die Kirche besuchte. Seinen Ursprung hatte dieser Brauch in folgender Begebenheit: Im Jahre 944 wurde eine Gruppe Mädchen beim Kirchgang von Dalmatinern überfallen und entführt. Die Zunft der Truhenschreiner aber, die in der Kirche ihre Scuola hatte, befreite die Mädchen. Zum Dank erbaten sie vom Dogen dessen jährlichen Besuch am Lichtmeßtag. "Und was tue ich, wenn es regnet?" antwortete der Doge. "Wir werden Euch einen Hut geben." "Und was, wenn mich dürstet?" "Wir werden Euch Wein geben." Von da an bekam der Doge jedes Jahr am Lichtmeßtag in Santa Maria Formosa einen Strohhut und einen Krug Wein überreicht. Einer der Hüte befindet sich im ⟶ Museo Civico Correr.

Campo Santa Maria Formosa

Auf dem weiten Platz um die Kirche findet jeden Vormittag der Obstmarkt statt. Auf zwei Seiten ist der von schönen Palastfassaden umgebene Platz von Kanälen gerahmt.

**Santa Maria Gloriosa dei Frari · I Frari — G 4/5

Lage
Campo San Rocco

Anlegestelle
San Tomà

Öffnungszeiten
Mo.–Sa. 9.00–12.00, 14.30–18.00; So. 15.00–18.00

Da das San Marco- und Rialto-Viertel nur wenig Platz bot für die Errichtung der großen Bettelordenskirchen der Franziskaner und Dominikaner, überließen Mitte des 13. Jh.s die venezianischen Dogen den beiden bedeutenden Predigerorden Grundstücke im dünn besiedelten Westen und Norden der Stadt für den Bau ihrer monumentalen gotischen Kirchen. Den Franziskanern (venez. frari = italien. frati) erschien ihre erste Ordenskirche bald nicht mehr ausreichend, und so begannen sie um 1340 mit einem Neubau im Chor und Querschiffbereich. Das Langhaus wurde erst im Verlauf des 15. Jh.s durch eine dreischiffige basilikale Konstruktion ersetzt, und mit der Weihe des Hochaltars 1469 war der schlichte gotische Ziegelsteinbau, das Armutsideal der Franzikaner widerspiegelnd, vollendet. Das weiträumige, hallenartig wirkende Innere teilt sich in ein eher dunkel anmutendes dreischiffiges Langhaus, ein einschiffiges Querhaus und einen geraden Chorschluß mit der durchlichteten Wand der Hauptchorkapelle, die zu beiden Seiten von drei schmalen niedrigen Kapellen gerahmt wird. Die prachtvolle Innenausstattung, vor allem die Grabmonumente und Altarbilder mit ihren Stiftern, bietet sich wie ein Pantheon der venezianischen Geschichte dar.

Mittelschiff

Über dem Hauptportal prangt an der Fassadeninnenseite in schwarzweißer Marmorgestaltung das Wandgrab des 1688 im Türkenkrieg gefallenen Girolamo Garzoni. Der von einem Genius bekrönte Verstorbene wird von den Personifikationen der Religion (links) und der Venezia (rechts) flankiert. Das Grabmal rechts davon ehrt den Prokurator Pietro Bernardo († 1538), während links davon der Prokurator Alvise Pasqualino († 1528) ruht.
Im zweiten Joch des linken Seitenschiffs befindet sich der pyramidenförmige Grabbau für Antonio Canova (1757–1822), nach eigenen Entwürfen von Schülern ausgeführt. Das Herz des bedeutendsten Bildhauers des Klassizismus wurde hier beigesetzt, während sein Körper im Mausoleum seines Geburtsortes Possagno begraben ist. Das folgende Grabdenkmal für den Dogen Giovanni Pesaro († 1659) geht auf einen Entwurf von Baldassare Longhena zurück. Der nächste Altar zeigt ein berühmtes Bild von Tizian, die sogenannte Pesaro-Madonna (1519/1526), eine herausragende

◀ *Tizians "Mariä Himmelfahrt" in der Hauptchorkapelle der Frarikirche*

Mittelschiff (Fortsetzung)

Komposition durch effektvoll eingesetzte Diagonalen und Farbverklammerungen, die zugleich eine Verbindung von religiösem Andachtsbild und profanem Gruppenporträt ermöglichen. Von einem Bannerträger und einem gefangenen Türken umrahmt, erscheint links der Stifter Jacopo Pesaro kniend im Bild, der in päpstlichen Diensten gegen die Türken kämpfte und vom Apostel Petrus der Madonna empfohlen wird. Ihm gegenüber treten sein Bruder Francesco und jüngere Familienmitglieder auf, die der heilige Franziskus der Gottesmutter empfiehlt.
Im Mittelschiff fallen nunmehr die Chorschranken ins Auge, die zwischen 1468 und 1475 von Bartolomeo Bon und Pietro Lombardo geschaffen wurden in einem Übergangsstil von der Spätgotik zur Frührenaissance, besonders auffällig im Vergleich der feinlinigen Prophetenreliefs mit den naturalistischen, paarweise angeordneten Kirchenvätern.

Hauptchorkapelle

In der Hauptchorkapelle erstrahlt in flammenden Rotfarben Tizians monumentales Altarbild der Himmelfahrt Mariens (1518; Abb. S. 154). In unterschiedlichster Weise reagieren in der unteren Bildzone die kraftvollen Apostelgestalten auf das Unfaßbare, während im Bildzentrum die anmutige Gottesmutter in einer sonnengleichen Gloriole auf einem von Scharen geflügelter Putten gebildeten Bogen gen Himmel schwebt, wo sie Gottvater empfängt. Unter den Dogengrabmälern in der Hauptchorkapelle ist besonders das spätgotische Grabdenkmal von Antonio und Paolo Bregno für Francesco Foscari († 1457) an der rechten Wand bemerkenswert, der Venedigs Herrschaft auf das Festland (terra ferma) ausdehnte. Zwei Schildknappen haben den Baldachin zur Seite gezogen und geben den Blick frei auf die Liegefigur des Verstorbenen, die von Herrschertugenden umrahmt ist. Das Grabmal für den Dogen Nicolò Tron († 1473) an der linken Wand schuf Antonio Rizzo im Frührenaissancestil mit antikisierenden Nischenfiguren.

Linker Querhausarm

Im linken Querhausarm beeindruckt in der Capella San Francesco das unter dem Einfluß Tizians stehende Altarbild der thronenden Madonna mit Heiligen (1. Hälfte 16. Jh.) von Bernardino Licinio. Die angrenzende Capella Trevisan enthält das Grabmal (Anfang 16. Jh.) für Melchiore Trevisan von Lorenzo Bregno. In der Cappella Milanesi erinnert die Grabplatte an den Komponisten Claudio Monteverdi (1567–1634), erster Kapellmeister von San Marco und Begründer der venezianischen Oper mit Werken wie “Orfeo” (1607) und “L’incoronazione di Poppea” (1642). Auf dem Altar befindet sich das Tafelbild “Hl. Ambrosius mit Heiligen” und eine Marienkrönung (um 1503) von Alvise Vivarini. Die Cappella Corner schmücken ein Weihwasserbecken mit der Figur Johannes des Täufers (um 1554) von Jacopo Sansovino sowie das Triptychon “Hl. Markus zwischen Heiligen” (um 1474) von Bartolomeo Vivarini.

Rechter Querhausarm

Im rechten Querhausarm fasziniert in der Cappella Fiorentini die ausdrucksvolle farbig gefaßte Holzstatue Johannes des Täufers (1451), des Stadtpatrons von Florenz, die der große Meister Donatello in starkem Naturalismus schuf, wobei er den asketischen Johannes in eindringlicher Predigthaltung wiedergibt. In der angrenzenden Cappella del Sacramento befindet sich das Wandgrab des Florentiner Gesandten Duccio degli Alberti († 1336), und in der nächsten Cappella Bernardo überrascht eine mehrteilige Altartafel (1488) mit der Muttergottes und Heiligen in schönem Renaissancerahmen von Bartolomeo Vivarini.
Über dem Durchgang zur Sakristei befinden sich das triumphbogenartige Grabdenkmal für den Admiral Benedetto Pesaro († 1503) und rechts davon an der Wand die Grabdenkmäler für den General Jacopo Marcello († 1484) im Stil der Frührenaissance sowie das Reiterdenkmal, das erste in Venedig, für den General Paolo Savelli († 1405).

Sakristei

Die Sakristei birgt in ihrer Apsis ein Meisterwerk von Giovanni Bellini. Im Jahre 1488 entstand im Auftrag der Familie Pesaro für ihre Familiengruft Bellinis Triptychon, dessen Mitteltafel die thronende Gottesmutter mit dem

Santa Maria Gloriosa dei Frari

1 Hauptportal
2 Grabmal von Alvise Pasqualino († 1528)
3 Grabmal von Girolamo Garzomi († 1688)
4 Grabmal von Pietro Bernardo († 1538)
5 Kruzifix-Altar
6 Weihwasserbecken mit Statuetten von G. Campagna (1593)
7 Grabmal von A. Canova († 1822)
8 Denkmal für Tizian († 1576)
9 Grabmal des Dogen Giovanni Pesaro († 1659) am Seitenportal
10 Altar der Läuterung
11 „Madonna di Ca' Pesaro", Tizian (1526)
12 Grabmal des Bischofs Iacopo Pesaro († 1547)
13 Altar des hl. Josef von Copertino
14 Altar der hl. Katharina
15 Chorgestühl von 1468
16 Monumente für Genero Orsini
17 Grabmal des Generals I. Marcello († 1484)
18 Grabmal des Admirals Benedetto Pesaro († 1503)
19 Grabmal des Dogen Francesco Foscari († 1457)
20 Grabmal des Dogen Niccolò Tron († 1473)
21 Hochaltar mit Tizians „Mariä Himmelfahrt" („Assunta", 1516–1518)
22 „Thronende Madonna mit Heiligen" von G. Bellini (1488)
23 Kapitelsaal
24 Brunnen der Dreifaltigkeit (1713–1714, G. Trognón)
25 Refektorium

A Glockenturm

KAPELLEN
B Emiliani
C Corner: Marmorstatue Johannes' des Täufers (1554); Altarbild von Bart. Vivarini (1474)
D Milanesi: Grabmal von Claudio Monteverdi († 1643); Altarbild von Al. Vivarini
E Trevisan (Melchiore Trevisan, † 1500)
F San Francesco
G Fiorentini: Holzstatue Johannes' des Täufers von Donatello (1451)
H Sacramento: Wandgrab des Florentinischen Gesandten Duccio degli Alberti († 1336)
I Bernardo: Altargemälde von Bart. Vivarini (1488)

Santa Maria Gloriosa dei Frari (Fortsetzung)

Christuskind zeigt, während auf den Flügeln (links) die Heiligen Nikolaus und Petrus sowie (rechts) Benedikt und Markus als Namenspatrone für Pietro Pesaro, den Vater, und für seine Söhne Nicolò, Marco und Benedetto dargestellt sind. Die individuell erfaßten, lebensvollen, raumfüllenden Heiligengestalten strahlen Würde, Klugheit und Welterfahrung aus. Geschickt hat Bellini auch die äußere rahmende Pfeiler- und Bogenarchitektur in die Malerei integriert und hinterfängt die Muttergottes heiligenscheinartig durch eine gemalte goldene Kuppelwölbung. Die Harmonie und Ruhe, die von diesem Altarbild in seinen glänzenden satten Farben ausgeht, hat auch Albrecht Dürer fasziniert, der die Tafel 1495 in Venedig sah und sie später zum Vorbild für seine berühmten "Vier Apostel" (1526; München, Alte Pinakothek) nahm.

*Santa Maria dei Miracoli — K/L 4

Lage
Calle delle Erbe

Anlegestelle
Rialto

Santa Maria dei Miracoli ist ein Meisterwerk der Frührenaissance, 1481 bis 1489 von Pietro Lombardo errichtet zur Verehrung eines angeblich wundertätigen Marienbildes. Außen verwendete der illustre Baumeister statt Skulpturenschmuck farblich klug abgestimmten bunten Marmor, den er in Form von Rosetten, Kreisen, Oktogonen und Kreuzen in die Fassade verarbeitete. Dem Äußeren entsprechend ist auch das saalartige, tonnengewölbte Innere gestaltet, wodurch sich über den grauroten Marmorwänden die goldene Kuppelschale um so wirkungsvoller ausnimmt. Der erhöht liegende Chor ist durch eine vollendet gestaltete Balustrade im Frührenaissancestil mit Halbfiguren abgetrennt. Der Kirchenraum zählt zum Schönsten, was Venedig aus der Renaissanceepoche zu bieten hat. Die gefährdete Kirche wurde seit 1970 mit Geldern des "Stifterverbandes für die Deutsche Wissenschaft" restauriert.

*Santa Maria del Rosario · Chiesa dei Gesuati — G/H 6

Lage
Fondamenta Zattere dei Gesuati

Anlegestelle
Accademia

Die Kirche, im 15. Jh. der Ordensgemeinschaft der Gesuati (nicht zu verwechseln mit den Gesuiti genannten Jesuiten) zugehörend, wurde nach deren Auflösung von den Dominikanern übernommen, die den heutigen Kirchenbau 1726–1736 von Giorgio Massari errichten ließen. Bei dem Kleinod des 18. Jh.s handelt es sich um einen Saalbau mit Seitenkapellen und einer Fassade, die an Palladio erinnert.

Im Innern besticht das Gotteshaus durch Deckenfresken (1738) von G. B. Tiepolo (⟶ Berühmte Persönlichkeiten) mit den Themen "Aufnahme des hl. Dominikus in den Himmel", "Einsetzung des Rosenkranzes durch Maria", "Verherrlichung des Dominikanerordens" sowie dem Altargemälde "Thronende Muttergottes mit den heiligen Dominikanerinnen Katherina von Siena, Rosa von Lima und Agnes". Von Piazzetta stammt am zweiten Altar rechts das Tafelbild "Hl. Dominikus" (um 1743) und am dritten Altar rechts das Bild mit den Dominikanerheiligen Vinzenz Ferrer, Ludovico Bertrando und Giacinto. Sebastian Ricci schuf das Altarbild "Papst Pius V. und der Dominikanerheilige Thomas von Agnin und Petrus Martyr" (um 1733) am ersten Altar links, und Tintoretto (⟶ Berühmte Persönlichkeiten) lieferte das Gemälde "Kreuzigung" (um 1560) am dritten Altar links.

**Santa Maria della Salute — J 6

Lage
Fondamenta della Salute

Die großartige barocke Kuppelkirche wurde als Gelöbnis für die Erlösung von der Pestepidemie des Jahres 1630 errichtet, die allein in Venedig 40000 Todesopfer gefordert hatte. Mit dem Kirchenbau wurde Baldassare Longhena beauftragt, der 1631 auf einem Fundament von über einer Mil-

lion Holzpfählen mit den ersten Arbeiten begann. Die Fertigstellung erfolgte erst 1687 – fünf Jahre nach dem Tod des Baumeisters. Longhenas Entwurf wurde vom Senat nur angenommen, weil er eine "außerordentliche dekorative Wirkung erzielt, ohne viel zu kosten".
Die Marienkirche stellt Maria als "Gebieterin des Meeres" (Capitana del Mar) dar: Die Immaculata-Statue auf der Spitze der Kuppel trägt den Kommandostab eines venezianischen Großadmirals.

Anlegestelle
Salute

Meisterwerk des Barock: Santa Maria della Salute

Durch seine Freitreppe und zwei gewaltige Kuppeln erreicht der Sakralbau nicht nur eine erstaunliche Weite, sondern auch eine Steigerung des gesamten Stadtbildes. Santa Maria della Salute ist vom Meer her gesehen – dem eigentlichen 'Venedigblick' – das vollendete Pendant zur ⟶ Basilica di San Marco, dem ⟶ Palazzo Ducale und dem Campanile.
Die acht Pfeiler des monumentalen Zentralraums tragen eine mächtige Tambourkuppel. Von den vielen Plastiken – es sollen am gesamten Bauwerk über 120 Figuren sein – ist die Hochaltargruppe von Giusto Le Court wohl die bedeutendste Arbeit: Die Muttergottes erfüllt die flehentliche Bitte der Venezia und vertreibt die Pest. Alljährlich am Salute-Fest (21. November) gedenken die Gläubigen in einem feierlichen Gottesdienst des Endes der Pest und der Stiftung der Kirche. Beachtung verdienen ferner in der großen Sakristei links vom Chor: Von Tintoretto an der Längswand "Die Hochzeit von Kana" und von Tizian die Deckengemälde "Kain und Abel", "Das Opfer Abrahams" und "David und Goliath" (1542–1544).

Santa Maria Zobenigo · Santa Maria del Giglio J 6

Gegründet wurde die Kirche im 9. Jh. von der Familie Zubanico, nach der das Gotteshaus auch benannt ist. Das Innere wurde 1660 erneuert, die Barockfassade schuf 1678–1683 Giuseppe Sardi im Auftrag von Antonio

Lage
Campo Santa Maria Zobenigo

Santa Maria Zobenigo (Fortsetzung)

Anlegestelle
San Marco

Barbaro, der sich als Gegenleistung in der Außenfront verewigen ließ: Er steht in Stein gehauen über dem Hauptportal, darunter einige seiner Ahnen. Die unteren Sockel sind mit Reliefs geschmückt, die Panoramen der Städte zeigen, in denen Antonio Barbaro gedient hatte: Padua, Chania (Kreta), Zadar (links), Rom, Korfu und Split (rechts). Das Innere ist ein von Kapellen gerahmter Saal mit einem "Abendmahl" von Palma Giovane über dem Eingang und einer Pietà auf dem Hauptaltar von Giuliano dal Moro. In der Sakristei sind Frühwerke von Tintoretto (⟶ Berühmte Persönlichkeiten) zu bewundern: die ehemaligen Orgelflügel mit den vier Evangelisten (1552–1557).

Santi Apostoli K 4

Lage
Campo dei Santi Apostoli

Anlegestelle
Ca' d'Oro

Bemerkenswert ist die im 14. Jh. geweihte und im 18. Jh. umgestaltete Kirche wegen der herrlichen Grabkapelle der Familie Corner im rechten Seitenschiff. Als quadratischer überkuppelter Raum wurde sie gegen Ende des 15. Jh.s von Mauro Coducci geschaffen und zählt zu den schönsten Beispielen der venezianischen Renaissance-Architektur – ursprünglich sollte sie Caterina Cornaro, der Königin von Zypern, als Grabstätte dienen. Die reichgeschmückten Säulen und die leichte Kuppel schaffen eine überraschende Harmonie. Auch das Altarblatt von Giambattista Tiepolo (⟶ Berühmte Persönlichkeiten), die "Kommunion der hl. Lucia" (1748), fügt sich ausgezeichnet ein.

**Santi Giovanni e Paolo · San Zanipolo L 4

Lage
Campo Santi Giovanni e Paolo

Anlegestelle
Rialto

Die imposante Backsteinkirche des Dominikanerordens, den unter Kaiser Decius Mitte des 3. Jh.s hingerichteten Märtyrern Johannes und Paulus geweiht und verkürzt Zanipolo genannt, bildet zusammen mit der angrenzenden Scuola Grande di San Marco, die immer noch als Hospital genutzt wird, und dem Colleoni-Reiterdenkmal auf dem Vorplatz ein herausragendes Bauensemble aus Gotik und Renaissance. Wohl Ende des 13. Jh.s begonnen, ist die Dominikanerkirche mit 101,5 m Länge der größte Sakralbau Venedigs, an dem bis in das 15. Jh. hinein gebaut wurde. Das basilikale Langhaus war entsprechend einer Inschrift 1369 vollendet, gegen Ende des 14. Jh.s war auch das Querhaus errichtet, der steil proportionierte und lichterfüllte Chor entstand erst in der ersten Hälfte des 15. Jh.s, die Vierung wurde schließlich um 1450 eingewölbt. Dem Armutsideal der Dominikaner entsprechend, ist das Äußere schlicht, aber dennoch monumental, wobei auf einen Glockenturm und auf besonderen Fassadenschmuck verzichtet wurde. Staatspolitische Bedeutung gewinnt der Kirchenbau dadurch, daß insgesamt 27 Dogen hier bestattet wurden.

Inneres

Hohe Rundpfeiler stützen im dreischiffigen, hallenartigen Langhaus die Kreuzgratgewölbe, auch im Querhaus, in der Kuppel und in den Chorkapellen herrscht das typisch gotische Vertikalstreben vor. Ursprünglich trennte ab dem vierten Pfeilerpaar (Stützenwechsel) eine Chorschranke den Mönchschor ab, so daß erst nach der Abtragung der Einfriedung die Blickachse zum lichtdurchfluteten Chor mit seinen zwei Kapellen auf beiden Seiten frei wurde.
An der Fassadeninnenwand prangen über dem Portal sowie rechts und links davon die Grabdenkmäler der Dogen Pietro, Giovanni und Alvise Mocenigo. Das sich bis auf den Boden herabziehende Renaissance-Grabmal (um 1481) mit Herkulesstatuen als Sockelreliefs für Pietro Mocenigo, ein Werk des Pietro Lombardo, zeigt den Dogen nicht mehr traditionell als Liegefigur, sondern in der Pose des Helden. Das um 1500 von Tullio Lombardo vollendete Grabmal für Giovanni Mocenigo bestimmt klassische Strenge, und das Triumphbogenmotiv wird durch eine Säulenarchitektur

San Zanipolo
Santi Giovanni e Paolo

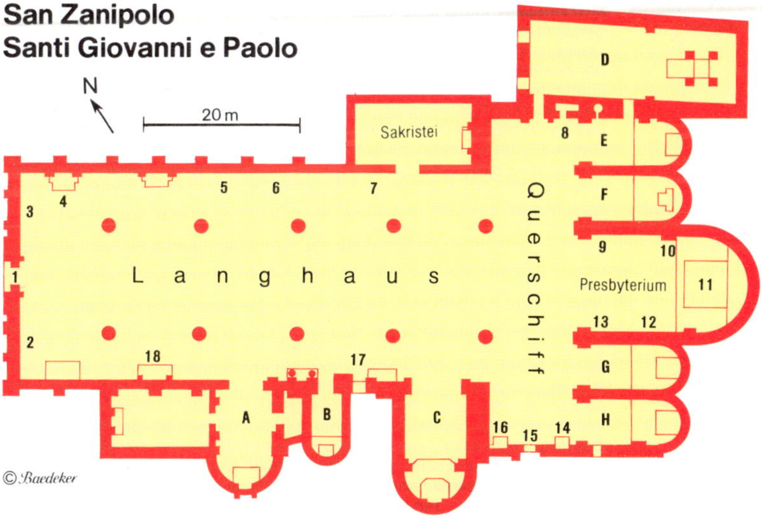

1 Hauptportal und Grabmal des Dogen Alvise Mocenigo († 1577)
2 Grabmal des Dogen Pietro Mocenigo († 1476)
3 Grabmal des Dogen Giovanni Mocenigo († 1485)
4 A. Vittoria: Hl. Hieronymus
5 Denkmal für den Dogen Nicolò Marcello († 1474)
6 Denkmal für den Dogen Tommaso Mocenigo († 1423)
7 Wandgrab des Dogen Pasquale Malipiero († 1462)
8 Grabmal des Dogen Giovanni Dolfin († 1361)
9 Grabmal des Dogen Marco Corner († 1368)
10 Grabmal des Dogen Andrea Vendramin († 1478)
11 Hochaltar von 1619
12 Grabmal des Dogen Leonardo Loredan († 1521)
13 Grabmal des Dogen Michele Morosini († 1382)
14 Altarbild von Rocco Marconi
15 Altarbild von Lorenzo Lotto
16 Tafelbild von A. Vivarini
17 Grabmal des Dogen Silvestro Valier († 1700)
18 Altar mit Tafelbild von Giovanni Bellini

A Cappella dell' Addolorata
B Cappella della Pace
C Cappella di S. Domenico
D Cappella del Rosario (1867 ausgebrannt, 1912–28 renoviert)
E Cappella Cavalli (di S. Pio V)
F Cappella della Trinità
G Cappella della Maddalena
H Cappella del Crocifisso

Inneres (Fortsetzung)

ersetzt. Dagegen trägt das zwischen 1580 und 1646 unter Einbeziehung des Kirchenportals gestaltete Kolossalgrab des 1577 verstorbenen Alvise Mocenigo Züge dekorativer barocker Inszenierung.

Linkes Seitenschiff

Die Marmorstatue des knienden hl. Hieronymus auf dem ersten Seitenschiffaltar entwarf Alessandro Vittoria (1525–1608). Auf der Höhe des zweiten Rundpfeilers befindet sich das 1481 von Pietro Lombardo geschaffene, mit Sockel, Säulen, Pilaster und Gebälk durchformte Grabmal für den Dogen Nicolò Marcello. Es schließt sich das Grabdenkmal von toskanischen Bildhauern für den Dogen Tommaso Mocenigo an im Übergangsstil von der Spätgotik zur Renaissance unter erstmaliger Verwendung des Stoffbaldachin, mit Muschelnischen und der porträthaften Liegefigur des Verstorbenen. Wenig weiter folgt das Wandgrab des Dogen Pasquale Malipiero im Frührenaissancestil von Pietro Lombardo, verziert mit Pietàrelief, Greifen und Stoffbaldachin. Der angrenzende Sakristeiraum (Ende 16. Jh.) mit Ausstattung des frühen 17. Jh.s besitzt schöne Wandschnitzereien aus Nußbaumholz und ein Deckenbild von Marco Vecellio mit den "hll. Dominikus und Franziskus in Anbetung der Gottesmutter" sowie ein Altarbild mit "Kreuzigung" von Palma dem Jüngeren. Im linken Querhausarm befinden sich an der Stirnwand nahe dem Eingang zur Cappella del Rosario drei Grabmäler für die Dogen der Familie Venier mit Antonio (Dogat: 1382–1400), Francesco (1554–1556) und Sebastiano

Portalschmuck der Scuola Grande di San Marco

Santo Stefano H/J 5

Lage
Campo Santo Stefano

Anlegestelle
Accademia

Die dem hl. Stephan geweihte spätgotische Backsteinkirche am oberen Ende des Campo Santo Stefano wurde um 1374 vollendet. Der bedrohlich schiefe Glockenturm, die Fassadengiebel, die Chorteile und das eindrucksvolle hölzerne Mittelschiffgewölbe kamen eineinhalb Jahrhunderte später hinzu.

Im Innern der schlicht gehaltenen Kirche liegen zwei bedeutende Venezianer begraben: Im Mittelschiff befindet sich die Grabstätte des Dogen Francesco Morosoni (Dogat: 1688–1694), der den Peloponnes für Venedig zurückeroberte, dabei aber durch einen Schuß den Parthenon auf der Akropolis zerstörte – in dem Tempel war das türkische Pulvermagazin untergebracht. Vor dem ersten Altar links liegt Giovanni Gabrieli (um 1555 bis 1612) begraben. Der Komponist war 1575–1579 an der Hofkapelle in München und seit 1586 an der ⟶ Basilica di San Marco als Organist tätig und gilt als bahnbrechend für die frühbarocke Musik.

Auch birgt Santo Stefano wertvolle Gemälde venezianischer Künstler. In der Sakristei stammen von Tintoretto (⟶ Berühmte Persönlichkeiten) das "Abendmahl", die "Fußwaschung" und "Christus auf dem Ölberg", von Paolo Veronese (⟶ Berühmte Persönlichkeiten) ein Kruzifix (um 1330), von Bartolomeo Vivarini "Die hll. Nikolaus und Lorenz". In der Kirche selbst sollte man das spätgotische Chorgestühl im Presbyterium und die Fragmente einer Chorschranke, beides um 1488, beachten. Den schönen Klosterhof umgibt ein Kreuzgang aus dem 16. Jh. (Zugang vom linken Seitenschiff).

Campo San Vidal
Palazzo Loredan

Das untere Ende des weiten Campo Santo Stefano geht in den Campo San Vidal über, auf der Ostseite begrenzt durch den langgestreckten Loredan-Palast, der zu Beginn des 16. Jh.s für den Dogen Leonardo Loredan (Dogat: 1501–1521) erbaut wurde und heute das Istituto Veneto di Scienze,

Tommaseo-Denkmal

Lettere e Arti beherbergt. Die frühbarocke Schmalseite wurde 1618 von Grapiglia ergänzt. Vor dem Palazzo erinnert ein Denkmal an den Schriftsteller Niccolò Tommaseo (1802–1874).

Palazzo Morosini Gatterburg

Gegenüber erhebt sich der Palazzo Morosini Gatterburg, der für den 1688 bis 1694 amtierenden Dogen Francesco Morosini erbaut wurde, von dessen Siegen über die Türken der Portalschmuck an Haupt- und Seiteneingängen künden.

Palazzo Pisani

Wenige Schritte weiter südlich erhebt sich der jüngst restaurierte, prächtige Barockpalast der Pisani, dessen Anfänge Bartolomeo Monopola um 1614 ausführte. 1728 nahm Girolama Frigimelica einige Veränderungen vor. So wurde ein zweites Obergeschoß ergänzt und ein neuer Hof angelegt, der mit dem ersten durch offene Loggien verbunden wurde. Heute hat hier das Städtische Konservatorium seinen Sitz.

San Vidal

Der Campanile der 1084 gegründeten Kirche stammt noch aus dem 12. Jh., der einschiffige Kirchenraum mit Apsidenkapellen und Altären an den Seitenwänden wurde im 17. Jh. von Antonio Gaspari ausgeführt. Im Auftrag der Familie Contarini erfolgte zwischen 1734 und 1737 durch Andrea Tirali die Fassadengestaltung. Das heute als Galerie genutzte Gotteshaus birgt kostbare Gemälde, darunter Arbeiten von Carpaccio und Piazzetta.

***Campo Sant'Angelo**
Oratorio Annunziata

Nördlich des Campo Santo Stefano liegt der malerische Campo Sant'Angelo, der seinen Namen einer Kirche des Erzengels Michael verdankt, die im 19. Jh. abgerissen wurde. Erhalten blieb nur das von der Familie Morosini ins Leben gerufene kleine Oratorio Annunziata. Die Nordostecke des Platzes beherrscht die schmucke Fassade des Palazzo Duodo, wo der Komponist Domenico Cimarosa (1749–1801), Meister der 'Opera buffa', seine letzten Lebensjahre verbrachte.

Schmucke Palastfassaden zieren den idyllischen Campo Sant'Angelo.

*Scuola Grande dei Carmini F 5

Lage
Campo Santa Margherita

Anlegestelle
Ca' Rezzonico

Öffnungszeiten
Mo.–Sa. 9.00–12.00, 15.00–18.00

Die Scuola der Karmeliter zählte einst zu den sechs bedeutenden Bruderschaften Venedigs. Die Scuole waren keine Schulen, sondern Versammlungs- und Bethäuser religiöser Bruderschaften, in denen sich venezianische Bürger zusammenschlossen. Sie waren entweder landsmannschaftlich oder beruflich verbunden, bestimmten religiösen oder wohltätigen Zielen verpflichtet und dienten vor allem gegenseitiger Hilfeleistung bzw. gemeinnützigen Zwecken. Sie waren oftmals sehr wohlhabend, was auch in ihren prachtvoll ausgestatteten Gebäuden zum Ausdruck kam.
Die Scuola dei Carmini gehörte einer Laienbruderschaft des Karmeliterordens, der im 13. Jh. aus einer in Palästina von Kreuzfahrern gegründeten Einsiedlergemeinschaft hervorgegangen war. Auch die Karmeliter konnten es sich leisten, zur Ausschmückung ihres Bruderschaftsgebäudes so bedeutende Künstler wie Giambattista Tiepolo und Nicolò Bambini heranzuziehen. Im flachgedeckten Parterresaal malte in monumentaler Farbgebung Bambini Szenen zur Mariengeschichte.

*Deckengemälde von Tiepolo

Im Saal des Obergeschosses schuf G. B. Tiepolo (→ Berühmte Persönlichkeiten) zwischen 1739 und 1744 neun Deckengemälde, darunter sein reifstes Werk überhaupt: "Maria übergibt dem seligen Simon das Skapulier der Karmeliter", das die Muttergottes strahlend in einer Engelsgruppe zeigt. In den Eckfeldern erscheinen Tugendpersonifikationen und Szenen aus dem Leben des seligen Simon Stock. Tiepolo erhielt für dieses Fresko das kleine Honorar von 400 Zechinen. Beachtenswert ist auch Piazzettas Gemälde "Judith und Holofernes" (um 1743) im Durchgang vom Herbergssaal zum Archiv.

Santa Maria del Carmine (I Carmini)

Die gegenüberliegende gotische Kirche mit hohem Campanile aus dem 17. Jh. entstand um die Wende vom 13. zum 14. Jahrhundert. Auch sie gehörte, ebenso wie die Scuola Grande dei Carmini, den Karmelitern. Im Innern besitzt das Gotteshaus sehr schöne Gemälde, die auch Szenen aus der Geschichte des Ordens zum Thema haben. Zu den wertvollsten Kunstwerken zählen Cima da Coneglianos "Anbetung der Hirten" (um 1504) am zweiten Wandaltar rechts und Lorenzo Lottos "Hl. Nikolaus mit Johannes d. T. und der hl. Lucia" (um 1523) im linken Seitenschiff.

Palazzo Zenobio

Unweit westlich erreicht man am Fondamenta den Barockpalast Zenobio, der von dem Architekten Antonio Gaspari in den Jahren 1680–1685 erbaut wurde. In ihrer schlichten Gliederung weist die barocke Fassade bereits klassizistische Stilelemente auf. Der Palast ist heute Sitz des armenischen Priesterkollegs Moorat-Raphael. Eine Besichtigung des von Tiepolo ausgemalten Festsaals ist nur nach Voranmeldung möglich (Tel. 5228770).

**Scuola Grande di San Rocco G 4/5

Lage
Campo San Rocco

Anlegestelle
San Tomà

Öffnungszeiten
tgl. 9.00–17.30

In unmittelbarer Nähe zur Kirche San Rocco befindet sich das von Bartolomeo Bon 1517 begonnene und 1549 von Antonio Abbondi in Hochrenaissanceformen vollendete Versammlungsgebäude der Laienbruderschaft des hl. Rochus, die 1489 zum Zwecke der Krankenpflege von mittelständischen Bürgern, Handwerkern und Kaufleuten gegründet wurde unter dem Patrozinium des Pestheiligen San Rocco, dessen Reliquien 1485 nach Venedig kamen. Der Maler Tintoretto, selbst Mitglied der Scuola, erhielt von 1564 an den Auftrag zur Innendekoration und schuf dabei bis 1588 einen der umfangreichsten biblischen Zyklen der italienischen Malerei in der Darstellung des heilsgeschichtlichen Kosmos von Adam und Eva bis zur Menschheitserlösung durch den Opfertod Christi.

Erdgeschoß

Man betritt die Scuola im Erdgeschoß durch die weiträumige, der Armenspeisung und Krankenversorgung dienenden Säulenhalle mit flacher Holz-

Erdgeschoß (Fortsetzung), ** Tintorettos Marienzyklus

decke, in der Tintorettos Gemäldezyklus zum Marienleben an der linken Längswand mit der Verkündigung an Maria beginnt. Vor dem geschichtlichen Hintergrund der Gegenreformation betont Tintoretto in seiner Malweise durch spannungsreiche Helldunkeleffekte, aufwühlende Farbgebung und dramatische Gebärdensprache das Mystische, Wunderbare und Geheimnisvolle. So bricht beispielsweise inmitten einer stürmischen Engelschar der Erzengel Gabriel wolkenumhüllt in blendendem Lichtschein in das zur Ruine verwandelte irdische Gemach der Maria herein. Die folgende Anbetung der Weisen ist eine komplizierte Diagonalkomposition, wobei Maria mit dem Christuskind lichtumstrahlt auf einer Art Brückenbogen sitzend die Huldigung entgegennimmt. Die Ruhe auf der Flucht zeigt noch am ehesten eine zwar ins Dämmerlicht getauchte, aber dennoch naturalistische Landschafts- und Figurengestaltung. Der Kindermord in Bethlehem, dessen Einzelheiten eher im Dunkeln bleiben, ist wiederum dramatisch gesteigert durch eine wirbelartige Kompositionsführung. Die hochformatigen Bilder der Maria Magdalena und Maria Ägyptica geben eine melancholisch-ernste Stimmung wieder, unterstützt durch die landschaftliche Wildnis, die die beiden weltentrückten Gestalten umgibt. Den Marienzyklus beenden die Darstellungen der Beschneidung Jesu und der Himmelfahrt Mariens.

Scuola Grande di San Rocco

Deckengemälde im großen Saal des Obergeschosses

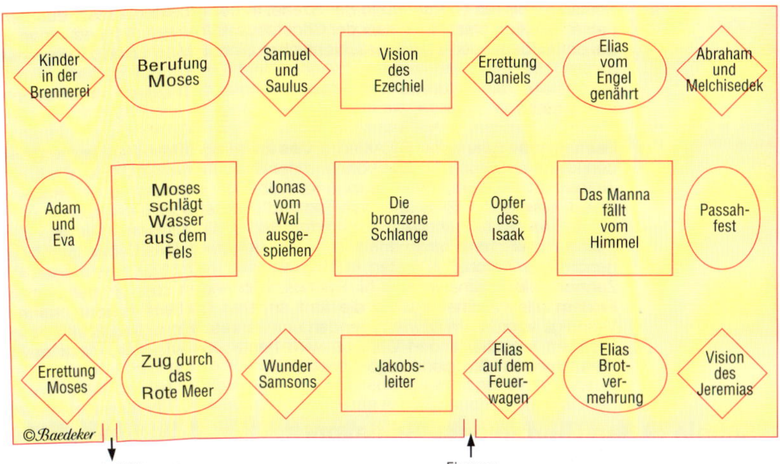

Obergeschoß
** Großer Saal

Durch das Treppenhaus mit Bildern vom Wüten der Pest in Venedig gelangt man in den prachtvollen großen Saal des Obergeschosses. An den Wänden setzt sich zunächst der neutestamentliche Zyklus fort mit Szenen aus dem Leben Jesu, beginnend mit der Geburt Christi an der Längswand. In die volkstümliche Geburtsszene ist auch die Anbetung der Hirten eingefügt mit einer psychologisch einfühlsamen Darstellung der Einzelpersonen, beispielsweise bei der nachdenklichen Haltung des älteren und der freudigen Erregung des jüngeren Hirten. In Abänderung des herkömmlichen Bildschemas findet die Taufe Christi hier inmitten einer großen Menschenmenge statt, wobei der tief gebeugte Heiland, dessen Antlitz dunkel überschattet ist, bereits auf seine spätere Kreuztragung verweist. Die Auferstehung Christi wird dagegen zur großen visionären Lichterscheinung. In der Ölbergszene erscheint abweichend von der Bildtradition Christus im Schlaf der Engel als Traumgebilde, während Petrus aufwacht und

* Torcello

R 1

Anlegestelle
Torcello (Linie 12 ab Fondamenta Nuove)

Torcello ist die eigentliche Vorgängerin von Venedig und war vermutlich schon in römischer Zeit bewohnt. Die gleichnamige Stadt entstand im 7. Jh. und galt noch im 12. Jh. als blühende Handels- und Bischofsstadt mit Palästen und Kirchen, Werften und Häfen, eigenen Gesetzen und einer hohen Einwohnerzahl. Weshalb dann diese große Stadt wieder verschwand und nur zwei Kirchen und eine Handvoll Häuser blieben, auf der ganzen großen Insel verstreut, ist ein Geheimnis der Geschichte.

*** Santa Maria Assunta**

Nur noch die ehemalige Kathedrale, eine dreischiffige Säulenbasilika in venezianisch-byzantinischem Stil, zeugt von der einstigen Bedeutung Torcellos. Das zwischen 639 und 641 der Mariä Himmelfahrt geweihte Gotteshaus wurde in karolingischer Zeit umgebaut, erhielt im 9. Jh. eine Krypta, eine Vorhalle und die beiden Nebenapsiden. Zu Beginn des 11. Jh.s wurden die Schiffe erhöht und der Glockenturm ergänzt. Auf dem Vorplatz der Kirche sind noch die Grundmauern des ehemaligen Baptisteriums zu erkennen. Der größte Schatz sind die Mosaiken im Innern der Basilika.

* Mosaiken

Aus chronologischen Gründen sollte man mit der Betrachtung in der rechten Nebenapsis beginnen, wo sich die ältesten Mosaiken aus dem 11. Jh. befinden. Die Engel, die ein Medaillon mit dem Gotteslamm tragen (Apsiswölbung), stehen byzantinischen Vorbildern noch sehr nahe. Der Figurenstil der Kirchenväter Gregor, Hieronymus, Ambrosius und Augustinus sowie des thronenden Christus zwischen zwei Erzengeln (Apsiskonche) fällt bereits in eine etwas spätere Zeit. Die Hauptapsis mit einer stufenförmigen Priesterbank aus der Umbauphase von 834 ziert Mosaikschmuck aus dem 12. Jh.: die Muttergottes mit Christuskind, darunter die Aufreihung der zwölf Apostel. Ihre unkörperliche, stark gedehnte Gestalt auf funkelndem Goldgrund vermittelt den Eindruck des Überirdischen.

Ausschnitt aus dem Weltgerichtsmosaik: die betende Jungfrau, der gute Hirte, die Himmelspforte und der kniende Petrus mit dem Schlüssel

Bedeutender Zentralbau des 11. Jahrhunderts: Santa Fosca

Presbyterium

Die Einfriedung des Presbyteriums zeigt noch schöne Reliefplatten mit Pfauen und Löwen (11. Jh.), die Ikonostasis aus dem 15. Jh. stellt die Jungfrau Maria und die zwölf Apostel dar. Der Hauptaltar gehört ursprünglich dem 7. Jh. an, wurde aber 1929 restauriert. Die Kanzel ist aus älteren Teilen schon im 13. Jh. zusammengefügt worden.

*Weltgerichtsmosaik

Die gesamte Westwand der Kirche bedeckt das große Weltgerichtsmosaik (um 1200) in mehreren Horizontalstreifen aus der Werkstatt byzantinischer Künstler. Von oben gesehen zeigt das erste Band die Anastasis, Christi Auferstehung und Niederstieg zur Hölle, wo er die Seelen befreit. Mit dem Kreuzstab in der Hand tritt Christus auf die von ihm zerbrochenen Pforten der Vorhölle und führt Adam und Eva heraus, dahinter David und Salomo, während Johannes der Täufer, umringt von Propheten, auf Christus zeigt. An den Rändern erscheinen groß die Erzengel Gabriel und Michael. Das zweite Band zeigt Christus thronend in der Mandorla auf zweifachem Regenbogen, assistiert von Maria und Johannes dem Täufer, umrahmt von Aposteln und Heiligen, wie er die Gesegneten von den Verdammten trennt. Zwischen zwei Rädern hindurch geht der Feuerstrom von Christi Füßen in Richtung Hölle. In der Mitte des dritten Streifens ist der leere Herrscherthron Christi erkennbar mit den knienden Adam und Eva sowie den posauneblasenden Engeln. Die Bänder seitlich des Portalbogens mit betender Maria und dem seelenwägenden Michael darüber stellen die Seligen (bekleidet) sowie die Verdammten (nackt) dar.

Santa Fosca

Neben der Basilika steht die kleine Kircha Santa Fosca, ein bedeutender Zentralbau aus dem 11. Jh., umgeben von einem Arkadengang des 12. Jh.s. Der quadratische Innenraum – analog zu antiken Grabbauten – mit angeschlossenem rechteckigen Chor dient als Gedenkstätte der hl. Fosca, einer Märtyrerin aus Ravenna, und besticht durch eine ungewöhnlich harmonische Raumwirkung.

Museo dell' Estuario

Das benachbarte Museum präsentiert archäologische Funde von Torcello, darunter Grabstelen des 1. Jh.s v. Chr. und die silberne Altarverkleidung der ehemaligen Domkirche (geöffnet: tgl. 10.00–12.30, 14.00–17.30 Uhr).

Praktische Informationen von A bis Z

Praktische Informationen von A bis Z

Anreise

Mit dem Auto

Auch wenn Venedig über den Brenner, den St. Gotthard oder von Kärnten aus gut über das mitteleuropäische Autobahnnetz erreichbar ist und eine knapp 4 km lange Straßenbrücke (Ponte della Libertà) die Lagunenstadt mit dem Festland verbindet, ist die Anreise mit dem Auto weniger zu empfehlen, da man seinen Pkw bis auf den Lido nicht benutzen kann.

Parkplätze

Zudem muß man hohe Parkgebühren zahlen – wegen Diebstahlsgefahr sollte man sein Auto nur auf bewachten Plätzen abstellen. Widerrechtlich abgestellte Fahrzeuge werden abgeschleppt. Während der Hauptreisezeit sind die Parkplätze auf der Isola del Tronchetto (Tel. 5207555) und die zentrumsnahen, ziemlich teuren Parkhäuser an der Piazzale Roma (Tel. 5222308, 5232213) meistens ausgebucht. Es ist daher günstiger, das Auto auf dem Festland nahe der Straßenbrücke in den Parkhäusern von San Giuliano und Fusina abzustellen oder bei längerem Aufenthalt in Punta Sabbioni, Treporti, Mestre oder Marghera. Von dort fährt man per Bus oder Boot in die Stadt.

Pannendienst

ACI, Piazzale Roma, Tel. 5206235

Mit dem Bus

Eine große Anzahl von Veranstaltern bietet Autobusreisen an, die entweder Venedig direkt als Ziel haben oder einen Venedig-Aufenthalt innerhalb einer Rundreise vorsehen. In der Regel handelt es sich um Gruppenreisen.

Touring-Linien/ Europabus

Für Einzelreisende kommen die Touring-Busse in Frage, die im Linienverkehr von vielen Städten der Bundesrepublik Deutschland, Österreichs und der Schweiz verkehren. Zumeist handelt es sich um Fahrten mit Umsteigen, auch mit Übernachtungen (Auskünfte über Reisebüro). Auskunft erteilt die Deutsche Touring GmbH, Am Römerhof 17, 60486 Frankfurt am Main, Tel. (069) 790353, Fax 706059.

Mit der Eisenbahn

Gute Direktverbindungen bestehen von allen wichtigen Städten Deutschlands, Österreichs und der Schweiz. Die Züge laufen im Bahnhof Stazione Santa Lucia ein, der seit 1846 durch eine Eisenbahnbrücke mit dem Festland verbunden ist und direkt am Nordende des Canal Grande liegt. Hier kann man auf ein Linienboot umsteigen und ohne Transportprobleme bis zur Piazza San Marco fahren.

Ermäßigte Bahntickets

Die italienischen Staatsbahnen offerieren günstige Angebote im internationalen Reiseverkehr, so u. a. für Minigruppen, für Senioren (carta res) und für Jugendliche (Eurotrain Twen Tickets; Inter Rail; BIJ). Euro-Domino-Netzfahrscheine (bzw. Euro Domino Junior für Jugendliche unter 26 Jahre) berechtigen an je 3, 5 oder 10 frei wählbaren Tagen zu unbeschränkten Fahrten in Italien; zusätzlich erhält man 25 % Ermäßigung auf den Fahrpreis ab Wohnort bis zur Grenze.

Mit dem Schiff

Mit dem Schiff erreicht man Venedig von allen wichtigen Adriahäfen und auch von Rhodos und Piräus. Auskunft erteilen Hafenbehörde (Tel.

◀ *Carnevale – das Fest der historischen Masken und Phantasiegewänder*

Anreise, mit dem Schiff (Fortsetzung)

5203044) und Hafenzollamt (Tel. 5200938). Venedig ist darüber hinaus ein beliebter Anlauf- und Ausgangspunkt für Kreuzfahrten; Zattere und Riva degli Schiavoni sind die bevorzugten Anlegeplätze. Wer mit dem eigenen Schiff kommt, kann die Häfen von S. Elena oder S. Giorgio anlaufen.

Mit dem Flugzeug

Aeroporto Marco Polo

Der 13 km nordöstlich von Venedig gelegene Internationale Flughafen Marco Polo-Tessera (Auskunft: Tel. 2609260) wird täglich von Berlin, Dresden, Düsseldorf, Frankfurt/M., Hamburg, Leipzig/Halle, München, Stuttgart, Genf, Lugano, Zürich und Wien angeflogen. Die Zubringerdienste nach Venedig versehen Autobusse zur Piazzale Roma (Linie 5) und Motorboote (Motoscafo) zur Piazza San Marco. Schnellste, aber auch teuerste Verbindung sind die Wassertaxis (Tel. 5235775, 5222303, 716124, 5221265).
Der Sportflughafen Nicelli in San Nicolò di Lido kann nur von Kleinflugzeugen angeflogen werden (Motorboot-Zubringerdienst von San Nicolò zum Riva degli Schiavoni).

Fluggesellschaften

Alitalia
Aeroporto Marco Polo, Tel. 2609260
Piazzale Roma, Tel. 5205530
Via Sansovino 7, Mestre, Tel. 2581333, Fax 5216246

Lufthansa
Aeroporto Marco Polo, Tel. 5415347
Reservierungszentrale: Tel. 58372251/2, Fax 58372268

Swissair/Crossair
Aeroporto Marco Polo, Tel. 2606450, Fax 2606459

Apotheken

Öffnungszeiten

Apotheken haben in der Regel Mo.–Fr. 9.00–13.00 und 16.00–20.00 Uhr geöffnet. Sie schließen wechselweise mittwochs oder samstags.

Farmacie di turno

In der Veranstaltungsbroschüre "Un Ospite di Venezia – a Guest in Venice" und in der Lokalzeitung "Il Gazzettino" werden unter der Rubrik "Farmacie di turno" der turnusmäßige Nachtdienst sowie der Dienst an Sonn- und Feiertagen aufgeführt.

Sprachhilfe

Geben Sie mir bitte	Mi può dare
ein Fieberthermometer	un termometro
ein Heftpflaster	un cerotto
ein Medikament gegen ...	una medicina per ...
Bauchschmerzen	mal di pancia
Durchfall	diarrea
Fieber	febbre
Grippe	influenza
Halsschmerzen	mal di gola
Husten	tosse
Kopfschmerzen	mal di testa
Sonnenbrand	scottatura solare
Verstopfung	costipazione
Zahnschmerzen	mal di denti

Ärztliche Hilfe

Notruf

Einheitlich in ganz Italien:
Tel. 113

Ärztliche Hilfe (Fortsetzung)	Pronto Soccorso (Erste Hilfe) Tel. 5230000 (Venedig), Tel. 988988 (Mestre)
Krankenhäuser	Ospedale Civile, Venezia, Fondamenta dei Mendicanti/Campo dei SS. Giovanni e Paolo, Tel. 5294516/7 Ospedale al Mare, Lido, Lungomare d'Annunzio 1, Tel. 5261750 Ospedale di Mestre, Via Circonvallazione 50, Tel. 988988
Notdienste	→ dort

Krankenversicherung

Nach Verordnung der EU haben Versicherte deutscher Krankenkassen im Falle einer Erkrankung in Italien Anspruch auf eine Behandlung. Voraussetzung ist, daß man sich vor Reiseantritt eine Anspruchsbescheinigung (Vordruck E 111) besorgt.
Die ärztliche Behandlung bei den Vertragsärzten und -krankenhäusern der staatlichen Krankenversicherung (Unità Sanitaria Locale, U.S.L.) wird nach den in Italien gültigen Vorschriften gewährt. Die Anschrift der zuständigen U.S.L.-Dienststelle erfährt man im Hotel, bei der Gemeindeverwaltung oder im Verkehrsamt. Gegen Vorlage des ausgefüllten und unterschriebenen Formulars E 111 erhält man von der U.S.L. ein Gutscheinheft mit Krankenscheinen, mit denen man sich von den Vertragsärzten behandeln lassen kann. Im allgemeinen muß ein Teil der Kosten für ärztliche Behandlung und verordnete Arzneimittel bezahlt werden (Quittungen zur Vorlage bei der Krankenkasse aufbewahren). Weitere Informationen sind den Merkblättern der Krankenkassen zu entnehmen.
Österreichische Reisende verfahren analog (Formular SE 100–07). Schweizer müssen ihre Krankheitskosten selbst bezahlen; privat Versicherte legen zur Kostenerstattung ihrer Krankenversicherung die Arzt- und Apothekenrechnungen vor.

Ausflüge

*Chioggia

→ Sehenswürdigkeiten, Chioggia

**Lagune

→ Sehenswürdigkeiten, Inseln in der Lagune, Burano, La Giudecca, Lido, Murano, San Giorgio Maggiore, Torcello

***Veneto-Villen**

Sie sind das sinnlichste und lebendigste Erbe der Antike: die Landhäuser im Hügelland hinter Venedig und am schiffbaren Brentakanal, der ca. 30 km langen Verbindung nach Padua, parallel zur A 4 zwischen Mestre/Marghera und der Regionshauptstadt Venetiens.
Der besondere Reiz der venetischen Villen (Auskunft: Istituto Ville Venete, Tel. 5235606) ist die Verschmelzung römischer Stilelemente mit der Architektur der Renaissance. Ihr größter Zauber: die Einbettung in Weinberge und Obsthaine – am Fuß der Dolomiten. Auch heute noch, da das Veneto eine der wirtschaftlich erfolgreichsten Regionen Italiens ist, spürt man die aristokratische Gelassenheit, das opulente Behagen jener Zeit, als die Dogen Venedigs im Sommer hierher kamen, um sich zu erholen. Längst hat sich im Hinterland Venedigs viel Industrie angesiedelt; Mestre und Marghera sind abstoßende Beispiele dafür, wieviel Häßlichkeit damit verbunden ist. Zwischen Treviso und Vicenza wuchern Neubauten, Fabriken und Tankstellen um die Städte, deren Weichbild noch den Grundriß römischer Kastelle erkennen läßt. Aber nur wenige Kilometer weiter schwingen in den Hügeln schattenspendende Platanenalleen und Rebengirlanden zwischen Maulbeerbäumen, locken üppige Sandsteingöttinnen in verwucherte Gärten mit Teichen und Grotten.

**Villa Barbaro

Ein Teil der venetischen Villen kann besichtigt werden wie die Villa Barbaro in Maser, die wegen der Fresken von Paolo Veronese und der schönen Stuckarbeiten von Alessandro Vittoria berühmt ist (geöffnet: März–Okt. Di., Sa., So. 15.00–18.00 Uhr; Nov.–Feb. Sa., So. 14.30–17.00 Uhr). Die

Ausflüge, Venetische Villen (Fortsetzung)

Villa, die als Wohnhaus für die Familie Barbaro bestimmt war, spiegelt die für die Landhäuser Palladios charakteristische Anordnung wider: einen Eingang mit hohen ionischen Säulen, seitlich Wirtschaftstrakte mit einer Säulenhalle. Manche Villen kann man nur von außen bewundern wie Palladios La Rotonda mit ihren vier Tempelfassaden.
In einigen Villen läßt sich – keineswegs nur zu Luxuspreisen – das 'süße Leben' der Renaissancepatrizier nachempfinden: Sie sind als Hotel oder Restaurant hergerichtet, als Refugien für Genießer. Die Villen, in denen man als Tourist wohnen kann, sind in der heißen Zeit ein angenehmer Stützpunkt für Venedig-Exkursionen. Abends, wenn ein feuchtheißer Dunst über der Lagune liegt, kehrt man in die luftige Villa auf dem Land zurück. Für den Preis, den ein gutes Villenhotel auf dem Festland verlangt, bekommt man zudem in Venedig meist nur ein recht mittelmäßiges Zimmer. Durchaus erschwinglich sind die Villa Revedin bei Osoppo, zu der ein gutes Fischlokal gehört, die Villa Ducale in Dolo am Brentakanal, die Villa Michelangelo in Arcugnano bei Vicenza. Luxuriös und entsprechend teuer: die Villa Cipriani in Asolo, die Villa Al Toulà in Ponzano Veneto bei Treviso (mit erstklassigem Restaurant). In der Villa Giustinian, die in Portobuffolé bei Treviso liegt, kann man in kleinen, erschwinglichen Zimmern oder aber in Luxussuiten wohnen und dabei die Freuden eines eleganten Restaurants genießen. Die Villa ist von einer zinnenbekrönten Mauer und Türmen umgeben, Merkmalen mittelalterlicher Baukunst.

*Brentakanal

Man kann die reizvolle Brenta-Landschaft mit dem Auto oder dem Ausflugsboot, dem Burchiello, erforschen. Rund 70 feudale Landhäuser konzentrieren sich auf wenige Kilometer am Kanalufer. Dazu zählt auch die Villa La Malcontenta, die Palladio 1550–1560 für die Familie Foscari erbaute. An diesen Ort soll der Überlieferung nach im 14. Jh. eine Edelfrau aus dem Hause Foscari verbannt worden sein, um in der Einsamkeit für ein ausschweifendes Leben zu büßen. Auf diese Weise kam es zu dem Namen 'die Unzufriedene' (geöffnet: April–Okt. Di., Sa. 9.00–12.00 Uhr oder nach Vereinbarung, Tel. 5470012). In Stra in der prachtvollen Villa Nazionale, dem Repräsentationsbau des Dogen Alvise Pisani mit über 100 Räumen (18. Jh.), logierte einst Napoleon; Mussolini und Hitler hatten hier ihre erste Begegnung (geöffnet: Di.–So. 9.00–16.00 Uhr). Bei Thiene liegt hoch über den Hügeln Andrea Palladios erste Villa: 'Piovene Porto Godi' heißt sie nach der Gründerfamilie, deren Nachkommen die Villa noch heute besitzen. Schlicht und elegant liegt sie in einem herrlichen Garten aus dem 19. Jh. und vermittelt noch immer einen der größten Luxusgüter der Venezianer: viel Platz zu haben.

*Villa La Malcontenta

**Villa Nazionale (Villa Pisani)

Villa Piovene Porto Godi

Auskunft

Außerhalb Italiens

Deutschland

Staatliches Italienisches Fremdenverkehrsamt
ENIT (Ente Nazionale Italiano per il Turismo)
Kaiserstr. 65, D-60329 Frankfurt am Main,
Tel. (069) 237434, Fax 232894
Goethestr. 20, D-80336 München,
Tel. (089) 531317, Fax 534527
Reiseunterlagen-Service: Tel. 0190/799090
Internet-Adresse: http://www.ipzs.it/enit/enitel.html

Österreich

ENIT
Kärntner Ring 4, A-1010 Wien,
Tel. (01) 5051639, Fax 5050248

Schweiz

ENIT
Uraniastr. 32, CH-8001 Zürich,
Tel. (01) 2113633, Fax 2113885

Auskunft in Venedig

Fremdenverkehrsamt Zentrale

Azienda di Promozione Turistica di Venezia
Castello 4421
Tel. 5298711, Fax 5230399

Weitere Auskunftsbüros

Uffici Informazioni Assistenza Turistica (I.A.T.)
Venezia, San Marco, Tel. 5226356, Fax 5298730
Venezia, Ferrovia Santa Lucia, Tel./Fax 719078
Lido, Viale Santa Maria Elisabetta, Tel. 5265721, Fax 5298720
Marghera, Rotatoria autostradale, Tel./Fax 937764
Ca' Savio, Via Fausta 79/G (Mitte April–Mitte Okt.), Tel./Fax 966010
Dolo, Arino Sud, Autostrada Padova–Venezia, Tel. 413995

Fremdenführer

Autorisierte Fremdenführer (Guide Turistiche) vermittelt die Associazione Guide Turistiche, Castello, Tel. 5209038, 5239902.

Behindertenhilfe

Anreise

Über Bahn- und Flugreisen (behindertengerechte Einrichtungen, Ermäßigungen) informieren die Reisebüros. Der Bundesverband Selbsthilfe Körperbehinderter (BSK) organisiert Gruppenreisen und vermittelt Reisehelfer (Altkrautheimerstr. 17, D-74238 Krautheim/Jagst, Tel. 06294/68-112).

Unterkunft

Behindertengerechte Unterkünfte nennt der Hotel- und Reiseratgeber für Rollstuhlfahrer/Behinderte aus dem FMG-Verlag (Postfach 1547, D-53005 Bonn, Tel. 0228 / 616133).

Weitere Kontaktadressen

Bundesarbeitsgemeinschaft der Clubs Behinderter und ihrer Freunde
Eupener Str. 5, D-55131 Mainz, Tel. (06131) 225514
Verband aller Körperbehinderten Österreichs
Lützowgasse 24–28, A-1014 Wien, Tel. (01) 9113225 und 945562
Mobility International Schweiz
Hard 4, CH-8408 Winterthur, Tel. (052) 2226825

Venezia per tutti

Der kostenlos vom Fremdenverkehrsamt (Auskunft) herausgegebene mehrsprachige Stadtplan zeigt die leichtesten Verbindungen für Rollstuhlfahrer, behindertengerechte Toiletten und günstig gelegene Hotels.

Bibliotheken und Kulturstätten

Accademia di Belle Arti, Accademia, Tel. 5225396
Archivo di Stato, San Polo 3002, Tel. 5222281
Archivo Storico della Biennale d'Arte Contemporaneo, Santa Croce 2214, Tel. 5242062
Ateneo Veneto, San Fantin, Tel. 5224459
Biblioteca Correr, San Marco, Tel. 5225625
Biblioteca della Fondazione Giorgio Cini
→ Sehenswürdigkeiten, San Giorgio Maggiore, Tel. 5289900
Biblioteca di Casa Goldoni, San Tomà, Tel. 5236353
Biblioteca Nazionale Marciana
→ Sehenswürdigkeiten, Piazzetta, Libreria Vecchia, Tel. 5208788
Biblioteca Querini-Stampalia
→ Sehenswürdigkeiten, Palazzo Querini-Stampalia, Tel. 5225235
Centro Europeo di Formazione degli Artigiani, Isola di San Servolo, Tel. 768546
Circolo Artistico, San Marco. Tel. 5225707
Ente la Biennale di Venezia, San Marco, Tel. 5209311

Istituto Veneto di Scienze, Lettere e Arti, Campo Santo Stefano, Tel. 5210177
UNESCO, San Marco, Tel. 5209988
Venice Committee/WMF, Chiesa della Pietà, Tel. 5237614

Bibliotheken und Kulturstätten (Fortsetzung)

Cafés

Der erste, der in Italien von Kaffee sprach beziehungsweise schrieb, war Gian Francesco Morosini, von 1582 bis 1585 Botschafter der Serenissima beim Sultan von Konstantinopel: "In der Türkei pflegen sie ein schwarzes Wasser zu trinken, das aus einem 'cave' genannten Samen gewonnen wird, der, wie sie sagen, die Fähigkeit besitzt, den Menschen wachzuhalten." Das erste Café der Lagunenstadt soll bereits 1647 seinem Publikum den bittersüßen türkischen Trank serviert haben. Die Mode, Kaffee zu trinken, breitete sich dann im Venedig des 18. Jh.s dermaßen aus, daß sich allein auf dem Markusplatz acht Kaffeehäuser etablierten. Wer heute durch Venedig bummelt, findet an allen größeren Plätzen eine Caffè-Bar, in der das Leben pulsiert und jene wohlig wärmende, goldbraune Flüssigkeit serviert wird, die den müden Körper umgehend mit neuen Energien versorgt. Zudem lockt hier duftendes Backwerk, eine unwiderstehliche Auswahl an köstlichen Cremetörtchen, Biscottini, Pasticcini und anderen Süßigkeiten, die ebenso wie kleine Snacks zu jeder Tageszeit bei einer Tasse Kaffee oder einem Glas Wein genossen werden.

Piazza San Marco

Heute wie einst gehören die berühmten, allerdings auch teuersten Kaffeehausinstitutionen um die Piazza San Marco zu den schönsten Salons der Welt. Der Reigen illustrer Persönlichkeiten, die ihren Kaffee im Florian, Quadri oder Lavena nahmen, reicht von Goethe, Stendhal und Proust bis zu Thomas Mann und Richard Wagner (s. S. 142).
*Florian, Piazza San Marco 56, Tel. 5285338
*Lavena, Piazza San Marco 133, Tel. 5224070
*Quadri, Piazza San Marco 120, Tel. 5222105

Weitere Cafés, Konditoreien und Eisdielen (Auswahl)

Causin, Dorsoduro, Campo Santa Margherita 2996, Tel. 5236091 (unwiderstehliche Eissorten)
Chioggia, Piazzetta San Marco 11, Tel. 5285011 (mit Blick auf den Dogenpalast)
Dal Col, San Marco, Calle dei Fabbri, Tel. 5205529 (Sa. duftende Strudel und warme Croissants)
*Harry's Dolci, Giudecca, Fondamenta San Biagio 773, Tel. 5224844 (erstklassige Auswahl an venezianischem Backwerk)
*Nico, Dorsoduro, Zattere ai Gesuiti 922, Tel. 5225293 (unnachahmliche Eisspezialitäten)
*Rosa Salva, San Marco, Campo San Luca 4589, Tel. 5225385 (ein Muß für Cappuccino-Fans und Naschkatzen)
*Zorzi, San Marco, Calle dei Fuseri 4357, Tel. 5225350 (probieren Sie die Brandteigtäschchen oder die süßen Baicoli mit heißer Schokolade)

Camping (Campeggi)

Ca' Noghera

****Camping Alba d'Oro, Via Triestina 214/B, Tel. 5515102 (geöffnet: Mitte April–Mitte Okt.)

Fusina

**Campeggio Fusina, Via Moranzani 79/bis, Tel. 5470064, Fax 5470050 (ganzjährlich geöffnet)

Malcontenta

**Campeggio Serenissima, Via Padena 338, Tel. 920286 (geöffnet: April–Okt.)

Camping (Forts.), Marghera	*Camping Jolly, Via A. De Marchi 7, Tel./Fax 920312 (geöffnet: März–Okt.)
Mestre	**Campeggio Venezia, Via Orlanda 8, Loc. Campalto, (4 km östl. von Mestre), Tel. 975928 (geöffnet: Mai–Sept.) *Campeggio Rialto, Via Orlanda 16, Loc. Mestre, Tel. 900785 (geöffnet: Juni–Sept.)
Tessera	*Campeggio Marco Polo, Via Triestina 164, Tel. 5415346 (geöffnet: Feb.–Nov.)
Cavallino	Fast 30 Campingplätze befinden sich auf der Halbinsel Cavallino gegenüber der Nordspitze des Lido. Detaillierte Informationen über diese Plätze enthält die Jahresbroschüre "Venezia, Hotels · Camping" vom Fremdenverkehrsamt (⟶ Auskunft) und der jährlich neu überarbeitete ADAC Campingführer (Bd.1 Südeuropa).

Diplomatische und konsularische Vertretungen

Vertretungen der Italienischen Republik

In Deutschland	Botschaft: Karl-Finkelnburg-Str. 49, D-53173 Bonn, Tel. (0228) 82006-0 Generalkonsulate in Berlin, Frankfurt am Main, Hamburg, Hannover, Köln, Leipzig, München und Stuttgart
In Österreich	Botschaft: Rennweg 27, A-1030 Wien, Tel. (01) 7125121-0, 7138920, 7138930, 7153670 Generalkonsulate in Graz und Salzburg
In der Schweiz	Botschaft: Elfenstr. 14, CH-3000 Bern 16, Tel. (031) 444151 Generalkonsulate in Basel, Genf, Lausanne, Lugano und Zürich

Vertretungen in Venedig

Bundesrepublik Deutschland	Honorarkonsulat Campo San Sofia, Cannaregio 4201, Tel. 5237675, Fax 5289606
Republik Österreich	Honorarkonsulat Piazzale Roma 461/4, Santa Croce 252, Tel. 5240556
Schweizerische Eidgenossenschaft	Generalkonsulat Campo S. Agnese, Dorsoduro 810 Tel. 5203944, 5225996

Einkäufe und Souvenirs

Einkaufen	Venedig ist berühmt für seine Masken, schönes Marmorpapier, feine Burano-Spitze und kunstvolles Glas aus Murano. Außergewöhnlich vielfältig sind aber auch die Angebote an exklusiver Mode, hochwertigen Lederwaren und teurem Schmuck, nicht zu vergessen die renommierten Antiquitätengeschäfte und Delikatessenläden, die Leckereien aus ganz Italien anbieten. Haupteinkaufszonen sind die Mercerie (⟶ Sehenswürdigkeiten, Mercerie) zwischen Piazza San Marco, Accademia und Rialtobrücke. Hier hat man reiche Auswahl an Mitbringseln aller Art, wird aber auch bald merken, daß das Preisniveau der Lagunenstadt vergleichsweise recht hoch ist.

Schaufensterbummel durch die Lagunenstadt: Karnevalmotive haben das ganze Jahr Saison

Antiquitäten

Casellati, San Marco, Calle Larga XXII Marzo, Tel. 5230966 (größter Antiquitätenhändler der Lagunenstadt)

Frezzati, San Marco, Calle Larga XXI Marzo 2070, Tel. 522 77 89 (venezianische Maler des 14.–19. Jh.s)

Francesco Saverio Mirate, San Marco, Calle della Verona 1904, Tel. 5227600 (schöne Bilderrahmen und Vasen)

Grafica Antica, San Marco, Calle Larga XXII Marzo 2089, Tel. 5227199 (alte Stiche und historische Stadtansichten von Venedig)

Scarpa, San Marco, Calle Larga XXII Marzo 2089, Tel. 5227199 (Alte Meister italienischer Schulen)

Luisa Semanzato und Patrizia Walcher, San Marco, Mercerie San Zulian 732, Tel. 5231412 (alte Stiche, Majolika und Porzellan)

Veneziartigiana, San Marco, Calle Larga San Marco 412/413, Tel. 5235032 (in einer ehemaligen Apotheke stellen verschiedene Händler traditionelle Masken, altes Glas und antiken Schmuck aus)

Bücher

Arsenale Punto Libri, Santa Croce, Calle dei Vinanti 29, Tel. 5229495 (gute Auswahl an Kunst- und Architekturbüchern; nahe der Universität)

Bertoni, San Marco, Calle della Mandola 3637b, Tel. 5229583 (Secondhand-Ausgaben)

Fantoni Libri d'Arte, San Marco, Salizida San Luca 4121, Tel. 5220700 (Kunstbücherkataloge und -zeitschriften)

Goldoni, San Marco, Calle dei Fabbri 4742, Tel. 5222384 (große Auswahl an Venedig-Literatur)

Sansovino, San Marco, Bacino Orseolo 84, Tel. 5222623 (Venedig-Bücher und gutes Antiquariat)

Santi Giovanni e Paolo, Castello, Campo Santi Giovanni e Paolo 6358, Tel. 5229659 (fremdsprachige Literatur)

Toletta, Dorsoduro, Sacca della Toletta 1214, Tel. 5232034 (lohnende Sonderangebote)

Fleischgerichte (Fortsetzung)

Fegato alla veneziana: Kalbsleber auf venezianische Art mit Zwiebelringen, in Öl gedünstet
Museto: Schweinskopfwürste, die meist mit Linsen und Kartoffelbrei zubereitet werden.

Fischgerichte

Bacala manteca: getrockneter Stockfisch mit Milch und Sahne gekocht und zu einer Crememasse verrührt
Caparosoli = Vongole: Venusmuscheln
Cape sante: Jakobsmuscheln
Caragoli: Meerschnecken
Coda di rospo ai ferri: gegrillter Seeteufelschwanz
Filetti di San Pietro fritti: in Ei und Mehl gewendete, fritierte Filets des Peterfischs
Go: venezianischer Lagunenfisch
Granseola: Meeresspinne
Mansanete: in Öl gebackene Krabben
Molèche col pien: Krebse nach dem Schalenwechsel, in Eierteig fritiert
Sarde in saor: in Fett ausgebackene Sardinen, die in Essig mit Zwiebeln, Rosinen und Pinienkernen mariniert werden.
Sepe nere con polenta: Tintenfisch in Tinte gekocht mit Maisbrei
Sogliola alla casseruola: Seezungenfilet mit Champignons gedünstet.

Süßspeisen

Baicoli: venezianische Spezialität – dünner, süßer Zwieback, den man in seinen Kaffee oder die heiße Schokolade tauchen kann.
Buraneli: kringelförmige Eierteigplätzchen aus Burano, die in Wein getunkt verzehrt werden.
Bussolai ciosoti: kringelförmige Eierteigplätzchen aus Chioggio (ähnlich denen aus Burano)
Croccantini: eine Karamel-Mandel-Mischung, die man zu süßem Wein und Keksen ißt.
Crostoli: Karnevalsgebäck
Fritole: Karnevalskrapfen mit Rosinen und Pinienkernen
Fugassa: Hefeteigkuchen
Nicolota: Kekse mit Rosinen und Anis
Persegada: Am Martinsfest gereichtes Quittenbrot in Form eines Reiters
Pinsa: früchtebrotähnliche Süßigkeit für das Fest der Hl. Drei Könige

Getränke
Weine

Selbstredend werden in Venedig Weine aus ganz Italien kredenzt. Venezianische Spezialität ist der sog. 'spriz' als Aperitif, eine Mischung aus Weißwein, Campari, Aperol und Selters. Die bekanntesten Weißweine aus Venetien sind die trockenen Sorten Breganze bianco, Bianco di Conliano und Gambellara, die blumigen Sorten Barbarano bianco, Tocai und Verdiso, der halbsüß-trockene Soave und der liebliche Recioto. Zu den trockenen Rotweinsorten des Veneto zählen Barbarano rosso, Breganze rosso, Cabernet di Treviso, Friularo, Bardolino, Merlot, Ricioto Amarone und Valpantena, ein eher blumiges Bukett besitzen Redioto rosso, Rubino della Marca und Rubino del Piave. Zum Dessert wird gerne der süße Moscato di Arqua gereicht. Serviert wird der Tischwein offen in Liter-, Halbliter- und Viertelliterkaraffen (un litro, mezzo litro, un quarto) und im Glas (un bicchiere). – Wer zum Essen keinen Wein trinken möchte, kann sich auch ein Bier (besser frisches aus der Flasche als abgestandenes vom Zapfhahn) bestellen oder Mineralwasser (mit Kohlensäure: Acqua gassata).

Caffè und Cappuccino

Zum Abschluß einer Mahlzeit trinkt man wie überall in Italien den Caffè espresso – ein guter Caffè ist wie wir: "Heiß, stark und süß", sagen die Italiener in ihrer männlichen Bescheidenheit. Viel beliebter noch als der Caffè ist bei ausländischen Venedigreisenden der Cappuccino, ein starker Caffè mit viel heißer Milch und dem berühmten Milchschäumchen obenauf. Mit-

Getränke, Caffè (Fortsetzung)

telpunkt der Caffè-Bar ist eine Espressomaschine. Die Sitzgelegenheiten drumherum sind rar, man steht an der Theke, die Ausstattung ist spärlich – dafür ist die Wahl des richtigen Kaffees eine Wissenschaft für sich. Den 'Espresso', der in Italien schlicht 'caffè' heißt, gibt es doppelt ('doppio'), 'korrigiert' ('corretto') mit Grappa, Cognac oder Bitter, sogar schwach und verlängert ('ristretto'). Noch variantenreicher ist der besagte Cappuccino: man kann ihn hell oder dunkel ('chiaro' oder 'scuro'), in den verschiedenen Temperaturen und mit mehr oder weniger Schaum zu sich nehmen. Ein einfacher Milchkaffee ist ein Caffelatte oder Macchiato (gefleckt).

Grappa

Eine Grappa setzt einem reichen Mal den gehörigen Schlußpunkt. Sie muß stark sein, trocken, und angenehm fruchtig riechen. Die besten Sorten kommen aus Südtirol, Trentino, Friaul, Veneto oder Piemont.

Restaurants

→ dort

Speisekarte

deutsch	*italienisch*
Speisekarte	listino
Weinkarte	lista dei vini
Fleischbrühe	brodo
Dicke Gemüsesuppe	minestrone
Vorspeisen	antipasti
Fleischgerichte	piatti di carne
Braten	arrosto
Kalb	vitello
Kaninchen	coniglio
Lamm	agnello
Schwein	maiale
Schnitzel	scaloppina
Wiener Schnitzel	costoletta alla milanese
Leber	fegato
Ente	anatra
Gans	oca
Huhn	pollo
Wildschwein	cinghiale
Wurst	salsiccia
Schinken	prosciutto
Fisch	pesce
Fritierte Fische	fritto di pesce
Gekocht	bollito
Meeresfrüchte	frutti di mare
Garnelen	granchi
Krebs	gambero
Lachs	salmone
Languste	aragosta
Miesmuscheln	cozze
Venusmuscheln	vongole
Seezunge	sogliola
Tintenfisch	calamare
Gemüse	verdure, legumi
Auberginen	melanzane
Blumenkohl	cavolfiore
Bohnen (weiß)	fagioli
Bohnen (grün)	fagiolini
Erbsen	piselli
Kartoffeln	patate
Paprika	peperoni
Pilze	funghi

Speisekarte (Fortsetzung)

deutsch	*italienisch*
Gemischter Salat	insalata mista
Spinat	spinaci
Tomaten	pomodori
Nudeln	pasta
Reis	riso
Klößchen aus Kartoffelteig	gnocchi
Nachtisch	dessert, dolce
Eis	gelato
mit Früchten	con frutta
Eis mit kandierten Früchten	cassata
Fruchtsalat	macedonia
Käse	formaggio
Schlagsahne	panna montata
Weinschaumspeise	zabaglione
Obst	frutta
Apfel	mela
Apfelsine	arancia
Banane	banana
Birne	pera
Erdbeeren	fràgole
Kirschen	ciliege
Pfirsich	pesca
Pflaumen	prugne
Wassermelone	cocómero
Weintrauben	uva
Getränke	bevande, bibite
Bier	birra
Fruchtsaft	succo di frutta
Frisch gepreßter Orangensaft	spremuta d'arancia
Kaffee	
Espresso	caffè
Limonade	aranciata
Milch	latte
Mineralwasser	acqua minerale
Sahne	crema
Tee	tè
Wasser	acqua
Wein	vino
Weißwein	vino bianco
Rotwein	vino rosso
herb, trocken	secco
lieblich	amabile
Brot	pane
Weißbrot	pane bianco
Brötchen	panino
Gebäck, Kekse	biscotti
Kuchen	torta
Makronen	amaretti
Marmelade	marmelata
Honig	miele
Salz	sale
Pfeffer	pepe

deutsch	*italienisch*	
Butter	burro	Essen und Trinken, Speisekarte (Fortsetzung)
Zucker	zùcchero	
Essig	aceto	
Öl (Oliven-)	olio (d'oliva)	
Weiches Ei	un uovo alla coque	
Eierkuchen	frittata, omeletta	
Rühre i	uovo strapazzato	
Spiegelei	uovo al tegame	

Feiertage

Gesetzliche Feiertage

1. Januar	Neujahr (Capo d'anno)
6. Januar	Hl. Drei Könige (Epifania)
	Ostermontag (Pasqua)
25. April	Tag der Befreiung 1945 (und Patronatsfest von San Marco)
1. Mai	Tag der Arbeit (Festa del primo maggio)
15. August	Mariä Himmelfahrt (Ferragosta; Familienfeiertag, Höhepunkt der inneritalienischen Ferienvölkerwanderung)
1. November	Allerheiligen (Ognissanti)
8. Dezember	Mariä Empfängnis (Immaculata Concezione)
25./26. Dezember	Weihnachten (Natale)

Flugverkehr

⟶ Anreise

Fundbüros (Uffici oggetti smarriti)

Städtisches Fundbüro, Riva del Carbon, Palazzo Farsetti (Rathaus), Campo S. Luca, Tel. 2708225
Städtische Verkehrsbetriebe (ACTV), Tel. 780310, 984144
Bahnhof (Stazione Santa Lucia), Tel. 716122, 716211
Flughafen (Aeroporto Marco Polo), Tel. 661266

Galerien

Werke italienischer bzw. venezianischer Künstler der Moderne finden Kunstliebhaber u.a. in folgenden Galerien:

Il Capricorno, San Marco, San Fantin 1994, Tel. 5206920 (renommierte Avantgarde-Galerie)
Cavallino, San Marco, Frezzeria 1725, Tel. 5210488 (Italiener der Moderne, Kunstbibliothek, Theater und Musik)
Grazuissi, San Marco, Campo San Fantin 1998, Tel. 5285081 (venezianische Avantgarde)
Naviglio, San Marco, Calle della Piscina 1625, Tel. 5227634 (Klassiker der Moderne)
Santo Stefano, San Marco, Campo Santo Stefano 2953, Tel. 5234518 (venezianische Meister wie De Chirico)

Galerien (Fortsetzung)	Totem – Il Canale, Dorsoduro, Accademia 878/b, Tel. 5223641 (zeitgenössische Arbeiten aus Norditalien) Il Traghetto, San Marco, Campo Santa Maria del Giglio 2460, Tel. 5221188 (moderne Kunst aus Italien und Nordamerika)

Geld

Währung	Die Währungseinheit ist die italienische Lira (Lit; Mehrzahl Lire). Es gibt Banknoten zu 1000, 2000, 5000, 10000, 50000 und 100000 Lit; gebräuchlich sind Münzen zu 50, 100, 200 und 500 Lit.
Wechselkurse (schwankend)	1000 Lit = 1,03 DM — 1 DM = 970 Lit 1000 Lit = 7,24 öS — 1 öS = 138 Lit 1000 Lit = 0,84 sfr — 1 sfr = 1185 Lit
Devisenbestimmungen	Die Einfuhr von Lire und ausländischen Zahlungsmitteln nach Italien ist frei; jedoch empfiehlt es sich (wegen der mitunter strengen Devisenkontrolle bei der Ausreise), größere Mengen von Devisen mit dem an der Grenze erhältlichen Formblatt "Modulo V 2" zu deklarieren. Die Ausfuhr von Lire und Devisen ist ohne Deklaration bei der Einreise bis zu einem Gesamtbetrag von 20000000 Lit gestattet.
Geldwechsel	Bargeldumtausch in Italien ist etwas günstiger als in Deutschland. Für die ersten Ausgaben in Italien (z.B. Autobahngebühren) sollte man aber ausreichend Bargeld in Landeswährung dabeihaben. Auch an den Grenzen, in größeren Hotels und an Bahnhöfen kann man Geld umtauschen. Die Wechselstuben in Reisebüros sind durch ihre Bearbeitungsgebühren weniger empfehlenswert. Am einfachsten ist jedoch die Nutzung der Geldautomaten (s.u.). Jede Umtauschquittung sollte man – wie alle anderen Belege – unbedingt aufbewahren, andernfalls drohen Geldbußen.
Reiseschecks, Eurocheques	Die Mitnahme von Eurocheques und Reiseschecks unterliegt keinen Beschränkungen. Eurocheques können bis zu einem Betrag von 300000 Lit ausgestellt werden. Pro Scheck wird eine Auszahlungsgebühr berechnet.
Verlust der Eurocheques/ Scheckkarte	Bei Verlust von Eurocheques oder Scheckkarte verständige man sofort den rund um die Uhr erreichbaren Zentralen Annahmedienst für Verlustmeldungen von eurocheque-Karten in Frankfurt am Main. Tel. aus Italien: 0049/69/740987.
Kreditkarten	Banken, größere Hotels, Restaurants der gehobenen Kategorien, Autovermieter und viele Einzelhandelsgeschäfte akzeptieren die meisten internationalen Kreditkarten, vorzugsweise Visa, gefolgt von Eurocard, American Express und Diners Club. Bei Verlust der Kreditkarte sollte unbedingt sofort die jeweilige Zentrale benachrichtigt werden (Adresse vor der Abreise notieren).
Banken	Während Banken Mo.–Fr. vormittags 8.30–13.30 Uhr geöffnet sind, variieren die Öffnungszeiten nachmittags (ca. 14.30–15.30 Uhr). Am Tag vor Feiertagen (prefestivi) schließen die Banken um 11.20 Uhr.
Geldautomaten	In den meisten Banken sind Geldautomaten vorhanden (Bancomat), die für die Abhebung per ec-Karte bzw. Kreditkarte eingerichtet sind (auf das entsprechende Zeichen achten). Auch beim Bancomat können per ec-Karte maximal 300000 Lit abgehoben werden. Kreditkarten unterliegen höheren (individuell unterschiedlichen) Grenzen.
Postsparkasse	Inhaber von Sparbüchern der Deutschen Bundespost können bei italienischen Postämtern Geld abheben. Vorgelegt werden müssen der Personalausweis, die blaue Ausweiskarte sowie das Postbank-Sparbuch.

Hotels

Kategorien

Die italienischen Hotels sind amtlich in fünf Kategorien eingeteilt. Die Skala reicht vom Luxushotel (5 Sterne) bis zum Hotel bzw. bis zur Pension für bescheidene Ansprüche (1 Stern). Die in der folgenden Aufstellung berücksichtigten Hotels sind in vier Preiskategorien eingeteilt. Die Kategorie 'III' bezeichnet Häuser der unteren Preisklasse (DZ ab 120000 Lit; **), die Kategorie 'II.' weist auf die mittlere Preisklasse hin (DZ ab 180000 Lit; ***) und die Kategorie 'I.' auf Hotels der oberen Preisklasse (DZ ab 260000 Lit; ****). Luxushotels (DZ ab 350000 Lit; *****L) sind mit L. klassifiziert. Die Übernachtungspreise variieren je nach Jahreszeit, in der Hochsaison bezahlt man mitunter das Doppelte. "Z." bedeutet Zimmer, "Sb."= Schwimmbad, "St."=Privatstrand.

Buchung

Da Venedig das ganze Jahr über gut besucht ist, vor allem natürlich während der Hauptsaison, zum Karneval und zu großen Veranstaltungen, ist eine rechtzeitige Zimmerreservierung unerläßlich. Gebucht werden können die Hotels direkt oder über Reisebüros und Reiseveranstalter wie z. B. Airtours, DER-Tours, Hetzel, Italiatour, ITS oder Mentzel-Reisen.

Ausgewählte Hotels in Venedig

Luxushotels *****L

Cipriani, Giudecca 10, Tel. 5207744, Fax 5203930; 98 Z., Sb. (eine der ersten Adressen Venedigs mit bezauberndem Garten, Yachthafen und privatem Bootsservice zum Markusplatz)

Danieli, Riva degli Schiavoni, Castello 4196, Tel. 5226480, Fax 5200208; 235 Z., Sb., St. (Nobelherberge mit prunkvoller Innenausstattung im gotischen Palazzo Dandolo aus dem späten 14. Jh.; wer im vielgepriese-

Berühmte Luxusoase im neo-maurischen Stil: das Cigahotel Excelsior mit weitem Sandstrand auf der Südseite des Lido

Nobelherbergen: Hotel Europa ...

... und Hotel Bauer Grünwald

Luxushotels
*****L
(Fortsetzung)

Hotel Danieli (Fortsetzung): nen Panoramarestaurant speist, genießt einen unvergeßlichen Blick über die Lagune nach San Giorgio Maggiore und zum Lido)

Europa & Regina, Via XXII Marzo, San Marco 2159, Tel. 5200477, Fax 5231533; 199 Z., Sb., St. (eines der traditionsreichsten Stadthotels; beliebter Treffpunkt der Prominenz; Romantik pur: ein Abendessen bei Kerzenschein im eleganten Tiepolo-Restaurant mit Blick auf die vorbeigleitenden Gondeln vor der Kulisse von Santa Maria della Salute)

Excelsior, Lungomare Marconi 41, Lido, Tel. 5260201, Fax 5267276; 222 Z., Sb., St. (Luxusoase im neo-maurischen Stil an der Südseite des Lido; Bootstransfer der Ciga-Hotels vom Lido zum Markusplatz; Abb. S. 191)

Gritti Palace, Campo Santa Maria del Giglio, San Marco 2467, Tel. 794611, Fax 5200942; 96 Z., Sb., St. (der Doge Andrea Gritti ließ den Palast zu Beginn des 16. Jh.s erbauen, 1585 erhielt Papst Sixtus V. den prachtvollen Bau zum Geschenk und machte ihn zum Wohnsitz seiner Botschafter; von berühmten Schriftstellern wie Hemingway beschriebene Hotellegende mit dem exquisiten Restaurant Club del Doge)

Kategorie I
****

Bauer Grünwald & Grand Hotel, San Marco, 1465, Campo San Moisè, Tel. 5207022, Fax 5207557; 219 Z. (nur wenige Schritte trennen die am Canal Grande gelegene Luxusherberge von der Piazza San Marco; Panoramarestaurant)

Cavalletto & Doge Orseolo, Calle Cavalletto, San Marco 1107, Tel. 5200955, Fax 5238184; 82 Z. (Topadresse in romantischer Lage an einem Gondelhafen hinter den Alten Prokuratien)

Des Bains, Lungomare Marconi 17, Lido, Tel. 5265921, Fax 5260113; 195 Z., Sb., St. (Nobelherberge im Stil der Belle Epoche, berühmt geworden durch Thomas Manns Novelle "Tod in Venedig", die Visconti hier grandios verfilmt hat; im Liberty-Restaurant finden Feinschmecker eine exquisite Speisekarte; Bootstransfer der Ciga-Hotels vom Lido zum Markusplatz)

Das Regina gehört zu den traditionsreichsten Stadthotels von Venedig.

Kategorie I
****
(Fortsetzung)

Gabrielli-Sandwirth, Riva degli Schiavoni, Castello 4110, Tel. 5231580, Fax 5209455; 102 Z. (historischer Palazzo mit stilvollem Mobiliar; 5 Gehminuten vom Markusplatz)

Londra Palace, Riva degli Schiavoni, Castello 4171, Tel. 5200533, Fax 5225032; 71 Z. (elegantes Stadthotel mit britischer Atmosphäre; hier komponierte Tschaikowskij seine vierte Symphonie; Blick über die Uferpromenade auf die Lagune)

Luna Baglioni, Calle Vallaresso, San Marco 1243, Tel. 5289840, Fax 5287160; 123 Z. (ältestes Hotel Venedigs mit prunkvoller Ausstattung; absoluter Komfort und perfekter Service)

Metropole, Riva degli Schiavoni, Castello 4149, Tel. 5205044, Fax 5223679; 64 Z. (Geheimtip für Romantiker; stilvolles Ambiente in einem ehemaligen Kornspeicher des 18. Jh.s)

Monaco & Grand Canal, Calle Vallaresso, San Marco 1325, Tel. 5200211, Fax 5200501; 77 Z. (charmantes Hotel für gehobene Ansprüche mit Gourmetrestaurant)

Saturnia & International, Via XXII Marzo, San Marco 2398, Tel. 5208377, Fax 5207131; 109 Z. (stilvoller Palast eines venezianischen Admirals aus dem 14. Jh.; schöner Innenhof und Dachterrasse)

Kategorie II
***

Ala, Campo Santa Maria del Giglio, San Marco 2494, Tel. 5208333, Fax 5206390, 78 Z. (nettes Mittelklassehotel nahe dem Markusplatz)

Ateneo, San Fantin, San Marco 1876, Tel. 5200777, Fax 5228550; 20 Z. (hübsches kleines Hotel mit familiärer Atmosphäre)

Bisanzio, Calle della Pietà, Castello 3651, Tel. 5203100, Fax 5204114; 41 Z. (elegantes Hotel in einem historischen Gebäude aus dem 16. Jh.; nur 300 m vom Markusplatz)

Concordia, Calle Larga, San Marco 367, Tel. 52068566, Fax 5206775 (gemütliches Komforthotel neben der Markusbasilika)

Flora, Via XXII Marzo, San Marco 2283/a, Tel. 5205844, Fax 5228217; 43 Z. (romantisches Hotel mit verträumtem Garten)

Hotels, Kategorie II ✻✻✻ (Fortsetzung)

Pausania, Dorsoduro 2824, Tel. 5222 0836, Telex 421078 PAUVCE; 27 Z. (liebevoll renovierter Adelspalast aus dem 14. Jh.; Frühstücksveranda im Garten)

Rialto, San Marco 5149, Tel. 520 9166, Fax 5238958; 63 Z. (sympathisches Mittelklassehotel direkt neben der Rialtobrücke)

Im Herzen der Lagunenstadt: Hotel Rialto

Kategorie III ✻✻

Centauro, Calle della Vida 4297, Tel. 5225832, Fax 5239151; 30 Z. (kleines Hotel mit Zimmern im venezianischen Stil, unweit vom Markusplatz)

La Residenza, Campo Bandiera e Moro, Castello 3608, Tel. 5285315, Fax 5238859; 14 Z. (stilvoll möblierter Patrizierpalast)

Seguso, Zattere 779, Tel. 5286858, Fax 5222340; 28 Z. (Schauplatz von Patricia Highsmiths "Venedig kann sehr kalt sein"; Blick auf die Erlöserkirche von La Giudecca)

Wildner, Riva degli Schiavoni 4161, Tel. 5227463, Fax 5265615; 23 Z. (zentrale Lage zum günstigen Preis)

Jugendliche

Rolling Venice

Der ganzjährig gültige Ausweis für junge Menschen zwischen 14 und 29 Jahren bietet in Venedig einen Jugendrabatt für die öffentlichen Verkehrsmittel, Museen, Ausstellungen, Theater, Kino und Sport sowie ermäßigte Übernachtungs- und Verpflegungsmöglichkeiten für Jugendliche in angeschlossenen Gästeheimen. Auskunft: Assessorato alla Gioventù, San Marco 1529, Tel. 5346268, Fax 5342293; Informationsbüros im Bahnhof Santa Lucia und in den Neuen Prokuratien am Markusplatz.

Jugendherberge (Albergho della Gioventù)

Venezia, Fondamenta Zitelle 86, La Giudecca
Tel. 5238211, Fax 5235689
Geöffnet: 7.00–9.00, 16.00–23.00 Uhr (16.1.–31.1. geschlossen)

Kraftstoff

Das Mitführen von Reservekraftstoff sowie das Auffüllen von Kanistern an Tankstellen ist verboten! Es gibt flächendeckend bleifreies Benzin (benzina senza piombo oder benzina verde; 95 Oktan), Superbenzin (97 Oktan) sowie Dieselkraftstoff (gasolino). Die Benzinpreise liegen derzeit insgesamt über dem europäischen Durchschnitt.
Während Tankstellen an Autobahnen rund um die Uhr geöffnet sind, bleiben sie in Ortschaften und an Landstraßen in der Regel zwischen 12.00 und 13.30 Uhr sowie von 22.00 bis 7.00 Uhr geschlossen. Achtung: Viele Tankstellen sind auch in größeren Orten an den Wochenenden nicht geöffnet. Automatische Tanksäulen nehmen Geldscheine ab 10000 Lire.

Museen

Hinweis

Da sich die Öffnungszeiten der Museen außergewöhnlich oft ändern, ist es trotz größter Bemühungen nicht möglich, derartige Angaben immer auf dem aktuellen Stand zu halten. Wer 'Pannen' in jedem Fall ausschließen möchte, erkundige sich vor Ort nach eventuell geänderten Öffnungszeiten.

Aquarium
Calle Albanesi, Tel. 5207770
Geöffnet: tgl. 9.00–19.00 Uhr

Biblioteca Manfrediana
⟶ Sehenswürdigkeiten, Piazza San Marco, Piazzetta

Casa Goldoni (Palazzo Centani)
Campo San Tomà, San Polo 2793
Derzeit wegen Restaurierung geschlossen
Auskunft: Tel. 5236353
Das Geburtshaus des Komödiendichters Carlo Goldoni (1707–1793) beherbergt Erinnerungsstücke und Interessantes zur Theatergeschichte. Außerdem ist in dem Bau das Theater-Institut untergebracht.

Collezione Cini (Palazzo Cini)
San Vio, Dorsoduro 1050
Geöffnet: Aug.–Nov. Di.–So. 14.00–18.00 Uhr
Sammlung toskanischer Kunst des 13.–16. Jh.s, darunter kostbare Stilmöbel, Elfenbeinschnitzereien sowie Gemälde von Taddeo Gaddi, Piero della Francesca und Filippo Lippi und Lorenzo di Niccolò.

Collezione Peggy Guggenheim
⟶ Sehenswürdigkeiten, Collezione Peggy Guggenheim

Galleria d'Arte Moderna
⟶ Sehenswürdigkeiten, Ca' Pesaro

Gallerie dell' Accademia
⟶ Sehenswürdigkeiten, Gallerie dell' Accademia

Galleria Franchetti
⟶ Sehenswürdigkeiten, Ca' d'Oro

Museo Archeologico
⟶ Sehenswürdigkeiten, Piazza San Marco

Museo d'Arte Orientale
⟶ Sehenswürdigkeiten, Ca' Pesaro

Museumsliste
(Fortsetzung)

Museo d'Arte Vetrario
⟶ Sehenswürdigkeiten, Murano

Museo Civico Correr
⟶ Sehenswürdigkeiten, Piazza San Marco

Museo Comunità Ebraica
⟶ Sehenswürdigkeiten, Il Ghetto

Museo Diocesano
Ponte della Canonica (im ehem. Kloster Sant' Apollonia), Castello 4312
Geöffnet: Mo.–Sa. 10.30–12.30 Uhr
Zu den Kostbarkeiten des Museums gehören u. a. liturgisches Gerät, Silberarbeiten und Gemälde. Die Exponate der Abteilung 'Zeitgenössische Sakralkunst' reichen von Architekturentwürfen bis zu Glasmalereien.

Museo Dipinti Sacri Bizantini, Ist. Ellenico, Ponte dei Greci
Geöffnet: Mo.–Sa. 9.00–13.00, 14.00–17.00 Uhr
Ein beschaulicher Spaziergang führt durch das sogenannte Griechenviertel mit volkstümlichen Trattorien und versteckten Bars, alles überragt vom schiefen Glockenturm der orthodoxen Kirche San Giorgio dei Greci. Vom Mittelalter bis zum Ende der Republik spielten die Griechen aufgrund der venezianischen Besitzungen – Kreta, Zypern, Ionische Inseln – immer eine bestimmende Rolle; heute umfaßt die Gemeinde kaum noch 300 Einwohner. Links neben der Kirche ist in der ehemaligen Scuola di San Niccolo dei Greci im Palazzo Flangini (17. Jh.) von Longhena ein kleines Ikonenmuseum untergebracht (Ist. Ellenico, Ponte dei Greci). Außer rund 80 Ikonen aus dem 14.–18. Jh. werden prachtvolle Liturgiegewänder mit reichen Stickereien sowie eine Sammlung liturgischer Geräte gezeigt.

Museo dell' Estuario
⟶ Sehenswürdigkeiten, Torcello

Museo Fortuny
⟶ Sehenswürdigkeiten, Palazzo Pesaro degli Orfei

Museo Marciano
⟶ Sehenswürdigkeiten, Basilica di San Marco

Museo del Risorgimento
⟶ Sehenswürdigkeiten, Piazza San Marco

Museo del Settecento Veneziano
⟶ Sehenswürdigkeiten, Ca' Rezzonico

Museo di Storia Naturale
⟶ Sehenswürdigkeiten, Fondaco dei Turchi

Museo Storico Navale
Riva S. Biagio
Geöffnet: Mo.–Sa. 9.00–13.00 Uhr
Am Rio dell'Arsenale gegenüber der Kirche San Biagio zeigt das Marinemuseum eindrucksvolle Beutestücke aus den unzähligen Seekriegen der Republik und vermittelt mit Schiffsmodellen, Navigationsinstrumenten, Uniformen und Dokumenten einen interessanten Überblick über Schiffsbau und Schiffstypen vom Beginn der Seemacht Venedig bis zu ihrem Ende 1797. Zu sehen sind u. a. die geschmückten Flanken einer Galeere aus dem 16. Jh. und die Reste eines 'Bucintoro' aus dem 17. Jh. – die prächtige Staatsgaleere des Dogen brannte 1798 aus.

Palazzo Ducale
⟶ Sehenswürdigkeiten, Palazzo Ducale

Museen (Fortsetzung)

Palazzo Mocenigo
Centro Studi di Storia del Tessuto e del Costume
San Staè 1992
Geöffnet: Di.–Do. 8.30–13.30 Uhr
Das Kostümmuseum in dem originalgetreu eingerichteten Patrizierpalast zeigt erlesene Stoffe.

Pinacoteca Querini-Stampalia
→ Sehenswürdigkeiten, Palazzo Querini-Stampalia

Scuola di Merletti
→ Baedeker Special über Burano-Spitze, S. 72

Musik

Oper/Ballett

Opern und Ballettaufführungen werden bis zur Wiedereröffnung des 1996 abgebrannten Teatro La Fenice (Eröffnung voraussichtlich 1998; → Sehenswürdigkeiten, Teatro La Fenice) in provisorischen Räumlichkeiten gegeben. Auskunft erteilt das Fremdenverkehrsamt (→ Auskunft).

Konzerte

Konzerte bietet die Lagunenstadt das ganze Jahr über; oft stellen sie die einzige Möglichkeit dar, eine Reihe sonst nicht zugänglicher Stadtpaläste einmal von innen zu sehen. Seit 1930 findet zudem alljährlich im September das Festival für zeitgenössische Musik (Festival di Musica Contemporaneo) statt.

Gondelserenaden

Als Inbegriff venezianischer Romantik gelten Gondelfahrten mit Musik auf dem Canal Grande und den verwinkelten Seitenkanälen der Lagunenstadt, was allerdings auch seinen Preis hat; Standplätze: → Verkehrsmittel.

Nachtleben

Allgemeines

Die meisten Lokale schließen spätestens um Mitternacht. Nachtschwärmer haben dennoch die Wahl zwischen verschiedenen Restaurants, den Bars der großen → Hotels, einigen Nachtklubs und Diskotheken sowie dem Spielcasino. Die von der Stadtverwaltung herausgegebene Broschüre "Fuori orario" enthält eine Adressenliste von Pubs, Discos und Kneipen, in denen auch nach 22 Uhr noch etwas los ist.

Casino Municipale (Spielkasino)

Oktober bis März: Palazzo Vendramin-Calergi, Calle Larga Vendramin, Cannaregio 2040, Tel. 720044 (tgl. 16.00–4.00 Uhr)
April bis September: Palazzo del Casino, Lungomare G. Marconi 4, Lido, Tel. 5297111 (tgl. 16.00–3.00 Uhr)

Bars, Nachtklubs und Diskotheken (Auswahl)

Acropolis, Lungomare Marconi 22, Lido, Tel. 5260466 (Szenetreff für Diskothekenfans)
*Antico Martini e Martini Scala, San Marco, Campo San Fantin 1983, Tel. 5224121 (Pianobar; bis 3.30 Uhr bekommt man hier kleine Snacks)
Club El Souk, Dorsoduro, Calle Contarini Corfù 1056a, Tel. 5200371 (gestylte Disco mit aktuellen Hits)
Devils' Forest, Rialto, Campo San Bartolomeo, Tel. 5236651 (Pub mit Livemusik)
*Harry's Bar, San Marco, Calle Vallaressa 1323, Tel. 5285777 (von Giuseppe Cipriani und Harry Pickering 1931 eröffnetes Lokal, dem der trinkfeste Ernest Hemingway in seinem Roman "Über den Fluß und in die Wälder" ein literarisches Denkmal setzte; in der bis 2 Uhr geöffneten legendären Cocktailbar und im Gourmetrestaurant im ersten Stock des Gebäudes gibt sich illustre Prominenz ein Stelldichein – Cocktails und

Ein Muß für Cocktailfreunde: Harry's Bar

Nachtleben, Harry's Bar (Fortsetzung)	Häppchen haben also ihren Preis) Taverna La Fenice, San Marco 1938, Tel. 5223856 (Künstlertreff neben dem Teatro La Fenice, wo man noch nach der Vorstellung dinieren kann)

Notdienste

Notruf	Tel. 113 (polizia soccorso pubblico)
Polizei	Tel. 112 (carabinieri)
Feuerwehr	Tel. 115 (vigili del fuoco)
Pannenhilfe	Tel. 116 (soccorso stradale ACI)
Ärztliche Hilfe	⟶ dort
Notrufdienste In Deutschland	ACE-Notrufzentrale Stuttgart (Kranken- und Fahrzeugrückholdienst) Aus Italien: Tel. (0049711) 5303-111 ADAC-Notrufzentrale München Aus Italien: Tel. (004989) 222222; rund um die Uhr (Unfallberatung) Tel. (004989) 767676; 8.00–20.00 Uhr, in der Hauptreisezeit 7.00 bis 23.00 Uhr (Krankenrücktransport und Telefonarzt) DRK-Flugdienst Bonn Aus Italien: Tel. (0049228) 230023 Deutsche Rettungsflugwacht Stuttgart Aus Italien: Tel. (0049711) 701070 (Alarmzentrale)
In Österreich	ÖAMTC-Notrufzentrale Wien Aus Italien: Tel. (00431) 9821304 (ÖAMTC-Euronotruf)
In der Schweiz	Schweizerische Rettungsflugwacht Zürich Aus Italien: Tel. (00411) 3831111

Öffnungszeiten

Einzelhandel

Für Einzelhandelsgeschäfte läßt sich kaum eine verbindliche Öffnungszeit angeben, da dies unterschiedlich gehandhabt wird. Im allgemeinen kann man aber davon ausgehen, daß die Geschäfte außer an Sonn- und Feiertagen 9.00–13.00 und 16.00–20.00 Uhr geöffnet sind.

Apotheken

⟶ dort

Banken

⟶ Geld

Postämter

⟶ Post

Post

Allgemeines

Die Postämter sind nur für den reinen Post- und Postbankdienst zuständig, telefonieren kann man dort nicht (⟶ Telefon). Geöffnet sind sie in der Regel Mo. bis Sa. 8.10–13.25 Uhr, das Hauptpostamt 8.10 bis 19.25 Uhr.

Briefkästen

Briefkästen sind in Italien rot. Außer auf den Postämtern kann man Briefmarken (Francobolli) auch in Tabakgeschäften kaufen, erkennbar an einem Schild mit einem 'T' über dem Eingang.

Porto

Postkarten innerhalb Italiens, nach Deutschland, Österreich und in die Schweiz: 700 Lit. Briefe (bis 20 g) innerhalb Italiens, nach Deutschland, Österreich und in die Schweiz: 750 Lit.

Telegramm

Telegrammaufnahme: Tel. 186.

Reisedokumente

Personalpapiere

Seit dem 1. Januar 1993 entfallen Paßkontrollen für EU-Bürger (also auch für deutsche und österreichische Staatsbürger). Da dennoch Stichproben gemacht werden und Ausweispflicht auf Flughäfen und in Schiffshäfen zunächst weiterhin besteht, sollten Besucher aus Deutschland, Österreich und der Schweiz zur Einreise nach Italien den Personalausweis oder Reisepaß unbedingt mitnehmen. Kinder unter 16 Jahre müssen einen Kinderausweis besitzen oder im Elternpaß eingetragen sein. – Es ist ratsam, von den Reisedokumenten Fotokopien anzufertigen, da sie bei Verlust der Originale die Beschaffung von Ersatzpapieren wesentlich erleichtern.

Fahrzeugpapiere

Nationaler Führerschein und Kraftfahrzeugschein sind mitzuführen; die Internationale Grüne Versicherungskarte wird unbedingt empfohlen. Kraftfahrzeuge müssen das ovale Nationalitätskennzeichen tragen – das Fehlen wird mit hohen Bußgeldern geahndet!

Haustiere

Wer Haustiere (Hund, Katze) nach Italien mitnehmen will, benötigt ein amtstierärztliches Gesundheitszeugnis (gültig für 30 Tage ab dem Tag der Ausstellung) sowie ein mindestens 20 Tage und höchstens 11 Monate altes Tollwut-Impfzeugnis. Größere Hunde müssen einen Maulkorb tragen und an der Leine geführt werden.

Reisezeit

Venedig hat eigentlich fast das ganze Jahr über Saison. Die Hauptreisezeit im Sommer bringt der Lagunenstadt wahre Touristenströme und entspre-

Baedeker Special

Venezianische Bacari – eine Ombra mit Cicheti –

Ihren Namen führen die Venezianer bekanntlich auf die Veneter zurück, einer Ableitung von Eneter (griech. 'Enos'= Wein), und verstehen sich demnach als Weinvolk par excellence. **Bacari**, die an den sinnesfreudigen Weingott Bacchus erinnern, heißen die typischen venezianischen Weinschenken, wo man Landweine und einfache **Cicheti** serviert, wie die schmackhaften Häppchen aus heimischen Zutaten bezeichnet werden. In diesen Lokalen sind die Venezianer unter sich, trinkt man an uralten Holztheken den Wein 'schattenweise' aus dem 100-ml-Gläschen, der **Ombra**, und ißt dazu wunderbare kleine Sachen. Ein Bacaro ist eine zutiefst demokratische Veranstaltung. Hier ist ein Gast so gut wie der andere, gelten keine Standesunterschiede, gibt es keine Sprachprobleme, keine Anmache, dafür jede Menge Kommunikation. Wer sich auf einen 'Ombre-Rundgang' (Giro de Ombre) begeben und in das wahre Herz der Stadt vordringen will, dem seien die folgenden Bacari empfohlen:

Al Bacaretto, San Marco, Calle delle Boteghe, Tel. 5289336 (unweit des Palazzo Grassi mit heißbegehrten Tischen drinnen und draußen; gemischtes Publikum; fantasievolle Cicheti)

Al Mascaron, Castello, Calle Lunga Santa Maria Formosa 5225, Tel. 5225995 (eine der originellsten Weinschenken; Empfehlung: Spaghetti mit Heuschreckenkrebsen und die traditionelle 'castradina con verze sofegae'= geräuchertes Hammelfleisch mit geschmortem Speckwirsing)

Al Volto, San Marco, San Luca, Calle Cavalli 4081, Tel. 5228945 (beliebter Treffpunkt der venezianischen Jugend; bestsortierter Weinkeller und Superauswahl an Crostini)

Antiche Cantine Ardenghi, Cannaregio, Calle della Testa 6369, Tel. 5237691 (ein Stammlokal der Gondolieri; versuchen Sie die venezianische Kalbsleber mit süßen Zwiebeln und das 'Risi e bisi')

Antico Dolo, San Polo, Ruga Vecchia San Giovanni 798, Tel. 5226546 (Bruno Ruffinis urgemütliche Weinschenke beim Rialtomarkt besitzt drei Tische; in der winzigen Küche werden heimische Köstlichkeiten gezaubert, darunter eine deftige 'tripa rissa', Kürbisgnocchi und sauer eingelegte Sardinen)

Da Alberto, Castello, San Lio 6015, Tel. 5229038 (schöner Bacaro mit erstklassigem Erbsenrisotto und unwiderstehlichen 'baicoli' zu süssem 'vino passito')

Do Mori, San Polo, Calle dei do Mori 429, Tel. 5225401 (eine der ältesten und besten Bacari beim Rialtomarkt; probieren Sie den prickelnden Lagenprosecco Cartizze und und wählen Sie unter bis zu 90 verschiedenen Schmankerln wie eingelegte Sardinen, gedünstete Artischockenböden und Stockfischtramezzini)

Do Spade, San Polo, Sottoportego del le Do Spade 860, Tel. 5210574 (die uralte Weinschenke 'zu den zwei Schwertern' liegt ebenfalls neben dem Rialtomarkt; 1744 soll Casanova während der Karnevalstage im gleichnamigen Zimmer des Bacaro eine unvergeßliche Liebesnacht mit einer Schönen aus dem Volke verbracht haben; probieren Sie die gefüllten Schweinsfüße, geräuchertes Nackenfilet vom Stier oder die pikanten Tramezzini)

Fiore, San Marco, Calle delle Botteghe 3461, Tel. 5235310 (reichliche Cicheti-Auswahl, darunter pikante Fleischklößchen und fritierter Fisch)

Restaurants, untere Preisklasse (Fortsetzung)

*Ai Gondolieri, Dorsoduro, Fondamenta delle Torreselle 366, Tel. 5286396 (gut sortierter Weinkeller; probieren Sie die Leberpastete, das Hirschfilet in Madeira und die hausgemachten Konfektsorten)

Al Mondo Novo, Castello, Salizzada San Lio 5409, Tel. 5200698, C (gemütlich eingerichtet mit kleinem Garten; Fischspezialitäten)

Boldrin, Cannaregio, Salizzida San Canciano, Tel. 5237859, C (vielbesuchter Stehimbiß mit kulinarischen Leckereien)

Canottieri, Cannaregio, Fondamenta del Marcello 690, Tel. 715408, C (leckere Pastagerichte; dienstags Kabarett und donnerstags Konzerte)

*L'Olandese Volante, Castello, Campo San Lio 5658, Tel. 5289349, C (man sitzt auf dem kleinen Campo, nippt an seinem Aperitiv oder Bier – Riesenauswahl – und bestellt sich dazu eines der fantasievollen Sandwiches, Salat oder Pasta)

Da Zorzi, San Marco, Calle dei Fuseri 4359, Tel. 5225350, C (vegetarisches Restaurant mit traumhafter Crème Caramel)

Burano

*Galuppi, Via B. Galuppi 468–470, 30012 Burano, Tel. 730081, B (ausgezeichnete Fischgerichte und lokale Spezialitäten)

Murano

Antica Trattoria Muranese, Fondamenta Cavour (neben dem Glasmuseum), Tel. 739610, C (sympathische Trattoria mit hübschem Garten)

Torcello

*Locanda Cipriani, Tel. 730150, A (in Giuseppe Ciprianis Gourmettempel für höchste Ansprüche verkehrt internationale Prominenz)

Sport

Lido

Wer nach ausgiebigem Stadtbummel und Kulturprogramm ausspannen möchte, fährt an die weiten Sandstrände des Lido, wo sich in den Sommermonaten ein Sonnenschirm an den anderen reiht. Zwischen den Badeanstalten und Privatstränden der Hotels gibt es auch freie Zugänge zum Meer. Wassersportler finden zudem Gelegenheit zum Wasserski fahren und Segeln, ferner bietet der Lido Möglichkeiten zum Reiten, Tennis und Golf spielen (Golfplatz in Alberoni, Lido, Tel. 731015). Sportflieger können auf dem kleinen Flugplatz San Nicolò landen.

Sport (Forts.), Sportcenter

Club Venezia, Lido, Via Malamocco, Loc. Bassanello, Tel. 770801
Eurotel, Lido, Lungomare Marconi, Tel. 5268797

Pellestrina

Ein neues Baderevier bietet seit 1997 die nahe Insel Pellestrina, wo fast 5 Mio. Kubikmeter feinsten weißen Sandes aufgeschüttet worden sind, um den Ort und die Lagune vor der Meereserosion zu schützen.

Sprache

Allgemeines

In den größeren Hotels, Restaurants und Geschäften von Venedig kann man sich in der Regel in Deutsch oder Englisch verständigen, ansonsten helfen schon einige Redewendungen, wie die unten aufgeführten.

Italienisch

Das Italienische ist die geradlinige Fortsetzung der lateinischen Sprache, der es von allen romanischen Sprachen am nächsten steht. Nicht zuletzt infolge der früheren politischen Zerrissenheit des Landes entstanden zahlreiche Mundarten, aus denen die großen Dichter des 13.–14. Jh.s, v.a. Dante, das Toskanische als noch heute gültige Schriftsprache heraushoben. Die Sprache der gebildeten Florentiner gilt als das reinste Italienisch.

Venezianischer Dialekt

Die Venezianer sprechen eine Mundart, die sich vom Hochitalienischen unterscheidet. Abgesehen davon, daß das Venezianische als der weichste Dialekt Italiens gilt, werden auch die Wörter selbst verändert wie z.B. Frari statt frati (Brüder), ca' statt casa (Haus), anzelo statt angelo (Engel), pesse statt pesce (Fische). Das Venezianische tritt auch schriftlich überall, insbesondere bei der Benennung von Straßen, Gebäuden etc., in Erscheinung.

Italienische Aussprache

Der Ton liegt meist auf der vorletzten Silbe. Wird der Endvokal betont, trägt dieser stets einen Akzent (Perchè, città). Bei Betonung auf der drittletzten Silbe steht in der offiziellen Rechtschreibung (außer in Zweifelsfällen) kein Akzent. Vielfach wird ein solcher jedoch als Aussprachehilfe hinzugesetzt (chilòmetro, sènapa), é bzw. ó bedeuten den geschlossenen, è bzw. ò den offenen Laut. Diphthonge sind getrennt zu sprechen: causa wie 'ka-usa', sei wie 'ßä-i'. Ein e ist nie stumm, auch nicht im Auslaut.
C oder cc wird vor e und i wie 'tsch', g oder gg vor e und i wie 'dsch' gesprochen; c und g vor den übrigen Vokalen sowie ch und gh wie 'k' und 'g'; gn und gl zwischen Vokalen wie 'nj' und 'lj'. H ist stumm, r ein Zungenlaut; qu wie 'kw'. Das s ist am Wortanfang vor einem Vokal stimmlos, vor b, d, g, l, m, n und v sowie zwischen zwei Vokalen jedoch stimmhaft; sc vor e und i wie 'sch'; z wie 'ds'.

Grundzahlen

0	zero	19	diciannove
1	uno, una, un, un'	20	venti
2	due	21	ventuno
3	tre	22	ventidue
4	quattro	30	trenta
5	cinque	31	trentuno
6	sei	40	quaranta
7	sette	50	cinquanta
8	otto	60	sessanta
9	nove	70	settanta
10	dieci	80	ottanta
11	undici	90	novanta
12	dodici	100	cento
13	tredici	101	cento uno
14	quattordici	153	centocinquantatré
15	quindici	200	duecento
16	sedici	1000	mille
17	diciassette	5000	cinquemila
18	diciotto	1 Mio.	un milione

Ordnungszahlen

1.	primo (prima)	7.	settimo
2.	secondo	8.	ottavo
3.	terzo	9.	nono
4.	quarto	10.	decimo
5.	quinto	20.	ventesimo/vigesimo
6.	sesto	100.	centesimo

Bruchzahlen

1/2	un mezzo (mezza)	1/4	un quarto
1/3	un terzo	1/10	un decimo

Wichtige Redewendungen

Guten Morgen, guten Tag!	buon giorno!
Guten Abend!	buona sera!
Auf Wiedersehen!	arrivederci!
Ja, nein!	si, no!
Entschuldigen Sie	scusi
Bitte (um Gefälligkeit)!	per favore!
Bitte (nach Entschuldigung oder Dank)!	prego!
Danke (sehr)!	(tante, molte, mille) grazie!
Sprechen Sie deutsch?	parla tedesco?
Ein wenig, nicht viel	un poco, non molto
Ich verstehe nicht	non capisco
Wie heißt auf italienisch?	come si dice in italiano
Wie heißt diese Kirche?	come si chiama questa chiesa?
Der Dom	il duomo
Der Platz	la piazza
Der Palast (das Gebäude)	il palazzo
Das Theater	il teatro
Wo ist die Straße X?	dov'è la via X?
die Straße (Autobahn) nach ...?	la strada (l'autostrada) per...?
Links, rechts	a sinistra, a destra
Immer geradeaus	sempre diritto
Oben, unten	sopra, sotto
Wann geöffnet?	quando è aperto?
Heute	oggi
Gestern	ieri
Vorgestern	l'altro ieri
Morgen	domani
Sind Zimmer frei?	ci sono camere libere?
Ich möchte gern...	vorrei avere...
Ein Zimmer mit Bad (Dusche)	una camera con bagno (doccia)
Mit Vollpension	con pensione completa
Was kostet es?	qual'è il prezzo? quanto costa?
Kellner zahlen!	cameriere, il conto!
Wo ist die Toilette?	dove si trovano i gabinetti? (il servizi, la ritirata)
Wecken Sie mich um sechs!	può svegliarmi alle sei!
Wo gibt es einen Arzt?	dove sta un médico?
einen Zahnarzt?	un dentista?

Auf der Post

Adresse	indirizzo
Brief	lettera
Briefkasten	buca delle lettere
Briefmarken	francobolli
Luftpost	posta aerea
Postkarte	cartolina

Auf der Reise

Abfahrt	partenza
Abflug	partenza, decollo
Ankunft	arrivo
Anschluß	coincidenza

Auf der Reise (Fortsetzung)	Aufenthalt	sosta
	Bahnhof	stazione
	Bahngleis	binario
	Fahrkarte	biglietto
	Fahrplan	orario
	Fahrpreis	prezzo del biglietto, tariffa
	Flug	volo
	Flughafen	aeroporto
	Gepäck	bagagli
	Gepäckträger	portabagagli, facchino
	Haltestelle	fermata
	Nichtraucher	non fumatore
	Raucher	fumatori
	Schaffner	conduttore
	Schalter	sportello
	Umsteigen	cambiare treno
	Wartesaal	sala d'aspetto
Wochentage	Montag	lunedi
	Dienstag	martedi
	Mittwoch	mercoledi
	Donnerstag	giovedi
	Freitag	venerdi
	Samstag	sabato
	Sonntag	domenica
	Tag	giorno
	Wochentag	giorno feriale
	Feiertag	giorno festivo
	Woche	settimana
Monate	Januar	gennaio
	Februar	febbraio
	März	marzo
	April	aprile
	Mai	maggio
	Juni	giugno
	Juli	luglio
	August	agosto
	September	settembre
	Oktober	ottobre
	November	novembre
	Dezember	dicembre

Sprache, Krankheit

⟶ Apotheken

Gastronomie

⟶ Essen und Trinken

Wörterbücher und Sprachführer

Für detailliertere Informationen sei auf die Wörterbücher und Sprachhilfen des Verlages Langenscheidt KG, Berlin und München, hingewiesen.

Stadtbesichtigung

Stadtrundgänge

Organisierte Stadtrundgänge werden von vielen Veranstaltern angeboten, nicht zuletzt vom venezianischen Fremdenverkehrsamt, das auch deutschsprachige Führer für individuell zusammengestellte Touren vermittelt (⟶ Auskunft).

Baedekers
Vorschläge für Rundgänge auf eigene Faust:
s. S. 54 ff.

Stadtbesichtigung mit dem Vaporetto

Zu jedem Venedigbesuch gehört mindestens eine Stadtrundfahrt mit dem Vaporetto, dem Wasserbus. Die Linien 1 und 82 befahren den Canal Grande (⟶ Sehenswürdigkeiten, Canal Grande) in beide Richtungen zwischen der Piazza San Marco und dem Bahnhof. Unterwegs bleibt genügend Zeit, um die prachtvollen Fassaden der Patrizierpaläste und Kirchen zu bestaunen und gegebenenfalls an einer Station eine Pause einzulegen.

Linien 1, 82

Linie 52

Mit der Linie 52 kann man das Zentrum der Lagunenstadt in ca. zwei Stunden umrunden. Startpunkt ist die Riva degli Schiavoni neben dem Dogenpalast. Von hier aus fährt man durch das Arsenale zum Fondamenta Nuove, wo man einen Abstecher an der Friedhofsinsel San Michele vorbei zu den Laguneninseln Murano, Burano und Torcello einplanen kann. Zurück, umrundet man den Stadtteil Cannaregio mit der Säulenbasilika Madonna dell'Orto und fährt dann durch den Canale di Cannaregio zum Nordende des Canal Grande, den man bei der Piazzale Roma wieder verläßt, um durch die westlichen Hafenanlagen den gleichnamigen Kanal der Insel La Giudecca anzusteuern, der gegenüber von San Giorgio Maggiore wieder die Piazza San Marco erreicht.

Begeisterung für Kinderherzen:
Das Füttern der Tauben auf dem Markusplatz

Gondelfahrten

⟶ Verkehrsmittel.

Schiffsausflüge

⟶ Ausflüge

Telefon

Fernsprechämter

Für das Telefonieren ist in Italien nicht die ⟶ Post, sondern die Staatliche Telefongesellschaft SIP (Società Italiana L'Esercizio Telecomunicazioni)

Telefon (Fortsetzung)

zuständig, in deren Fernsprechämtern gegen Barzahlung auch Ferngespräche geführt werden können.

Öffentliche Fernsprecher

Direktwahl nach Deutschland, Österreich und in die Schweiz ist nur aus öffentlichen Fernsprechern mit orangerotem Telefonhörersymbol möglich. Die öffentlichen Fernsprecher funktionieren sowohl mit Telefonmünzen (Gettoni, Wert: 200 Lit.) als auch mit 100-, 200- und 500-Lire-Stücken. Die meisten öffentlichen Fernsprecher sind für die magnetische Telefonkarte (Carta Telefonica) eingerichtet, die in Bars, an Zeitungskiosken oder in Tabakgeschäften sowie bei der SIP für 5000 oder 10000 Lire erhältlich ist. Zudem gibt es in den meisten Bars Telefonautomaten (Runde gelbe Scheibe über dem Eingang). Billigtarife gelten täglich 22.00–8.00 Uhr sowie an den Wochenenden auch während des Tages.

Venedig

Vorwahl: 041

Telefon-Ländernetz-Kennzahlen

Vorwahl von Deutschland, Österreich und der Schweiz nach Italien: 0039

Vorwahl von Italien
nach Deutschland: 0049
in die Schweiz: 0041
nach Österreich: 0043

Die Null der nachfolgenden Ortsnetzkennzahl entfällt!

Bargeldlos telefonieren

Aus Italien kann man gebührenfrei rund um die Uhr unter Tel. 1720049 die Frankfurter Vermittlungszentrale (Deutschland-direkt-Dienst) anrufen, die den gewünschten Gesprächspartner in Deutschland vermittelt. Die Fernsprechgebühr wird – nach erklärtem Einverständnis – dem Gesprächspartner in Deutschland in Rechnung gestellt.

Theater

Teatro La Fenice
San Marco, Campo San Fantin 1965
Voraussichtliche Wiedereröffnung 1999
⟶ Sehenswürdigkeiten von A bis Z

Teatro Goldoni
San Marco, Calle Goldoni 4650
Tel. 5205422, Fax 5205422
Komödien, wie der Name schon sagt, vor allem von Goldoni

Teatro Avogaria
Dorsoduro, Campo San Sebastiano 1617
Tel. 5206130, Fax 5209270
Experimentiertheater und Dialektstücke

Der Kartenvorverkauf erfolgt über Reisebüros, die Fremdenverkehrsämter (⟶ Auskunft) und die Vorverkaufsstellen der Theater. Angaben über die jeweiligen Vorverkaufsstellen findet man in der Informationsbroschüre "Un Ospite di Venezia".

Trinkgeld (Mancia)

Trinkgeld gibt man bei ähnlichen Gelegenheiten und in vergleichbarer Höhe wie in Deutschland. Es soll eine Anerkennung für besondere Dienste sein; unverlangte Leistungen braucht man nicht zu honorieren. Der nicht zu unterschätzende Preis für venezianische Gepäckträger sollte am besten vor der Beförderung der Koffer ausgehandelt werden.

Veranstaltungskalender

Veranstaltungshinweise

Über Veranstaltungen informieren die Tageszeitung “Il Gazettino”, die Informationsbroschüre “Un Ospite di Venezia” und die Fremdenverkehrsämter (⟶ Auskunft).

Januar

Am frühen Morgen des 1. Januar findet man sich am Strand des Lido ein – beherzte Schwimmer wagen gar das erste Bad im neuen Jahr.
Regate des Befane: ‘Hexenregatta’ auf dem Canal Grande am 6. Januar, dem Tag der Hl. Drei Könige (Epifania).

Februar

Carnevale di Venezia: Der venezianische Karneval beginnt traditionsgemäß am 7. Januar, dem Tag nach Epifania, und dauert bis zum Faschingsdienstag. Die Hauptveranstaltungen mit bunten Umzügen, Maskenbällen, Theateraufführungen und Konzerten konzentrieren sich jedoch auf die letzten 10 Tage vor Aschermittwoch (s. Baedeker Special “Das Fest der Masken”, S. 43ff.). Das Ende des Karnevals symbolisiert die Verbrennung von Pantalone auf dem Scheiterhaufen. Danach geht es im Maskenkostüm an der Riva degli Schiavoni zur Kirche der Barmherzigkeit, wo um Mitternacht das Aschermittwochskonzert (Concerto delle Ceneri) stattfindet – das einzige Konzert, zu dem man maskiert erscheinen darf.

März

Su e zo per i Ponti: Marathon für alle Altersgruppen quer durch die Stadt an einem Sonntag Mitte März.

Ostern

Benedizione del Fuoco: Als ein Höhepunkt der Karwoche gilt die ‘Einsegnung der Flamme’ am späten Nachmittag des Gründonnerstag. Im völlig dunklen Markusdom wird zunächst im Atrium die heilige Flamme angezündet, dann schreitet die Prozession langsam durch die Basilika und entzündet dabei alle Kerzen, bis die ganze Kirche im hellen Licht erstrahlt.

April

Festa di San Marco: Fest des Stadtpatrons St. Markus am 25. April. Zu Zeiten der Republik wurde dieser Tag zum Staatsakt mit feierlichen Prozessionen. Heute begeht man das Fest mit einem Hochamt in der Markusbasilika. Am Nachmittag veranstalten die Gondolieri ihre ‘Regata dei Traghetti’ auf dem Canal Grande. Nach altem Brauch schenken Venezianer an diesem Tag ihrer Angebeteten eine Rosenknospe, den ‘bocolo’.

Mai

La Sensa: Christi Himmelfahrt, 40 Tage nach Ostern. Gemäß der Überlieferung wird an diesem Tag die Vermählung der Serenissima (Stadt Venedig) mit dem Meer gefeiert. Bis zum Ende der Republik 1797 ließ sich der amtierende Doge zu diesem Anlaß auf seiner prunkvollen Staatsgaleere, dem ‘Bucintoro’, vor den Lido hinausrudern, wo er einen kostbaren Goldring in die Fluten warf, als Zeichen der ewigen Verbindung mit dem Meer. Eine 14tägige Messe führte Kaufleute aus ganz Europa in die Stadt, den Abschluß bildete ein Festbankett für die diplomatischen Vertretungen. Heute findet ein historischer Umzug auf dem Markusplatz statt, mit dem Bürgermeister in der Rolle des Dogen, begleitet von Vertretern des Klerus und des Militärs. Vom Riva degli Schiavoni beobachten Tausende die Überfahrt der historischen Flotte zum Lido, wo nun als Symbol ein einfacher Lorbeerkranz versenkt wird.
Vogolanga: Ruderregatta am Sonntag nach Christi Himmelfahrt, die um 8.30 Uhr in der Markusbucht startet und über verschiedene Inseln der Lagune – Sant’ Erasmus–San Francesco del Deserto–Burano–Mazzorbo – wieder in der Bucht von San Marco endet.

Juni

Biennale d’Arte: internationale Kunstausstellung, die alle zwei Jahre stattfindet und bis Okt. dauert (1999, 2001 etc.; s. Baedeker Special, S. 114f.).
Sagra di San Pietro di Castello: in der letzten Juniwoche werden auf dem Platz vor San Pietro kleine Stände mit Weinausschank und venezianischen Spezialitäten aufgebaut; der Sonntag endet mit einer großen Tombola.

Veranstaltungskalender (Fortsetzung), Juli

Il Redentore: das Erlöserfest am dritten Sonntag erinnert an das Ende der Pestepidemie von 1576. Höhepunkt: am Vorabend festlicher Schiffskorso auf dem von einer provisorischen Schwimmbrücke überspannten Canale della Giudecca, wo Hunderte von erleuchteten Barken dümpeln und das große Feuerwerk erwarten. Das Giudecca-Ufer wird von reich gedeckten Tischen gesäumt, wo man traditionelle Gerichte wie gebratener Ente, Weinbergschnecken und eingelegte Sardinen serviert. Die Feier endet in den frühen Morgenstunden am Strand des Lido – singend und tanzend erwartet man hier den Sonnenaufgang.

August

Mostra Internazionale d'Arte Cinematografica: Internationale Filmfestspiele am Lido mit Medienspektakel und viel Prominenz (s. S. 119).
Concerto dell'Assunta: Himmelfahrtskonzert am 15. August in der Basilika Santa Maria Assunta auf Torcello.

September

Regata storica: Die Historische Gondelregatta am ersten Sonntag im September auf dem Canal Grande (⟶ Abb. S. 52/53) gehört zu den Höhepunkten des Jahres. Tribünen-, Balkon- und Fensterplätze am Canal Grande sollten sehr frühzeitig über ein Reisebüro gebucht werden. Vor dem Start findet ein prachtvoller Umzug statt, an dem historische Figuren aus der Glanzzeit der Serenissima teilnehmen wie der Doge, seine Gemahlin, die Dogaressa, die Königin von Zypern und die Botschafter. Zwischen 14.30 und 19.00 Uhr laufen vier verschiedene Rennen: Jugendregatta, Frauenregatta, Regatta mit Caorlina (Bootstyp auf dem benachbarten Caorle) und eine Regatta mit kleinen Gondeln.
Sagra del Pesce di Burano: am dritten Sonntag werden in Burano Fisch- und Weinstände aufgebaut, wo man sich stärken kann, bevor die Burano-Regatta ausgetragen wird.

September bis Oktober

Festival di Musica Contemporaneo:
Festival für zeitgenössische Musik

Oktober

Festival del Teatro: Theaterfestival
Sagra del Mosto di Sant'Erasmo: Weinfest der Insel St. Erasmus am ersten Sonntag mit neuem Wein (Mosto) und kleinen Schmankerln, Musik, Tanz und der einzigen Regatta, an der Männer und Frauen gemeinsam teilnehmen.
Marathon am zweiten Sonntag: Vom Brentakanal nach Venedig zur Salutekirche.

November

Festa dei Morti. Anläßlich des Totensonntags ist es auch üblich, daß Verliebte ihrer Angebeteten sog. 'Fave' schenken, kleine, farbige Mürbeteigkuchen.
Festa di San Martino: Am 11. November, dem St.Martinsfest, ziehen Kindergruppen durch die Stadt, mit Kochlöffeln auf Töpfen trommelnd und von den guten Taten des hl. Martin singend. Man gibt ihnen ein kleines Trinkgeld für ihre Darbietung – oder noch häufiger, damit sie zu trommeln aufhören. In den Bäckereien kann man St. Martin zu Pferde kaufen, ganz aus Mürbeteig mit buntem Zuckerguß.
Festa della Madonna della Salute: Zur Erinnerung an die Errettung von der Pestepidemie im Jahre 1630 findet am 11. November eine große Pilgerprozession von der Markusbasilika über eine Pontonbrücke am Canal Grande auf der Höhe des Campo Santa Maria del Giglio zur Kirche Santa Maria della Salute statt. Traditionelles Gericht für diesen Tag ist das aus Hammelfleisch und Wirsing zubereitete 'Castradina'.

Verkehrsmittel · Öffentlicher Nahverkehr

Linienschiffahrt (Vaporetti)

Vaporetti, wie die Wasserbusse der Städtischen Verkehrsbetriebe ACTV genannt werden, stellen die Verbindung innerhalb der Stadt auf dem Canal

Linienschifffahrt (Fortsetzung)

Grande und zu den Laguneninseln her. Es gibt Einzelfahrscheine, empfehlenswerter sind jedoch die 1-, 3-, 5- oder 7-Tage-Tickets, die für alle Linien gelten und an den Stationen erhältlich sind. Kostenlose Pläne mit den eingezeichneten Schiffslinien sind bei den Fremdenverkehrsämtern (Auskunft) und bei den Städtischen Verkehrsbetrieben (ACTV, Piazzale Roma) erhältlich. Die Vaporetto-Linien verkehren in der Regel zwischen 6.00 und 23.00 Uhr; einige wie die Linie 1 sogar die ganze Nacht hindurch, wenn auch nach 1.00 Uhr nur noch stündlich.

Canal Grande

Die Vaporetti der Linien 1 und 82 (im Sommer vormittags auch Linie 3) befahren die Hauptverkehrsader Venedigs, den berühmten Canal Grande (⟶ Sehenswürdigkeiten, Canal Grande), in beide Richtungen zwischen der Piazza San Marco und dem Bahnhof Santa Lucia (Ferrovia).

Haltestellen auf dem Canal Grande

Piazzale Roma (Linien 1, 82, 52)
Ferrovia (Linien 1, 82, 52)
Riva di Biaso (Linie 1)
S. Marcuola (Linien 1, 82)
S. Staè (Linie 1)
Ca' d'Oro (Linie 1)
Rialto (Linien 1, 82)
S. Silvestro (Linie 1)
S. Angelo (Linie 1)
S. Tomà (Linien 1, 82)
S. Samuele (Linie 82)
Ca' Rezzonico (Linie 1)
Accademia (Linie 1, 82)
S. Maria del Giglio (Linie 1)
Salute (Linie 1)
S. Marco (Linien 1, 82)

Schiffslinien

Linie 1
Piazzale Roma–Ferrovia–Riva di Biaso–S. Marcuola–S. Staè–Ca' d'Oro–Rialto–S. Silvestro–S. Angelo–S. Tomà–Ca' Rezzonico–Accademia–S. Maria del Giglio–Salute–S. Marco–S. Zaccaria–Arsenale–Giardini–S. Elena–Lido

Linie 3 *(nur im Sommer vormittags)*
S. Zaccaria–Canale della Giudecca–Tronchetto–Ferrovia–Rialto–San Samuele–S. Marco–S. Zaccaria

Linie 4 *(nur im Sommer, nachmittags)*
S. Zaccaria–S. Marco–S. Samuele–Rialto–Ferrovia–Tronchetto–Canale della Giudecca–S. Zaccaria

Linie 6
S. Zaccaria–Lido

Linie 10
S. Zaccaria–Grazia–S. Clemente

Linie 12
Fondamenta Nuove–Murano–Mazzorbo–Burano–Torcello

Linie 13
Fondamenta Nuove–Murano–Vignole–S. Erasmo–Treporti

Linie 14
S. Zaccaria–Lido–Punta Sabbioni–Treport–Burano–Torcello

Linie 16 *(nur im Sommer)*
Fusina–Zattere

Schiffslinien (Fortsetzung)

Linie 17(Autofähre)
Tronchetto–Lido–*Punta Sabbioni (nur im Sommer)*

Linie 20
S. Zaccaria–S. Servolo–S. Lazzaro

Linie 52
Piazzale Roma–Ferrovia–Canale di Cannaregio–Fondamenta Nuove–S. Michele–Murano–S. Zaccaria
Ferrovia–Piazzale Roma–Canale della Giudeccai–S. Zaccaria–S. Elena–Lido/S.M. Elisabetta–*Casinò (nur im Sommer)*

Linie 82
Tronchetto–Piazzale Roma–Ferrovia–S. Marcuola–Rialto–S. Tomà–S. Samuele–Accademia–S. Marco
Tronchetto–Sacca Fisola–S. Basilio–Zattere–S. Eufemia–Palanca–Redentore–Zitelle–S. Giorgio–S. Zaccaria–*Giardini–Lido (nur im Sommer)*

Gondelfähren (Traghetti)

Zweite Möglichkeit, den Canal Grande schnellstens zu überqueren, sind die Gondelfähren als Ergänzung zu den nur drei Fußgängerbrücken:
San Marcuola–Fondaco dei Turchi
Santa Sofia/Ca d'Oro–Pescheria
Riva del Carbon–Riva del Vin (Rialto)
Ca' Garzoni–San Tomà
San Samule–Ca' Rezzonico
Santa Maria del Giglio–San Gregorio

Ein unvergeßliches Erlebnis: Gondelfahrten auf dem Canal Grande und durch die verwinkelten Seitenkanäle der Lagunenstadt

Gondeln

Inbegriff der Romantik ist eine Fahrt mit den schlanken, schwarzen Gondeln, die berühmtesten Wahrzeichen der Lagunenstadt (s. Baedeker Special, S. 82f.) Sie präsentieren Venedig von seiner eindrucksvollsten Seite,

Verkehrsmittel, Gondeln (Fortsetzung)

der Wasserseite in den vielbesungenen Kanälen, wo heute Waren und Personen allerdings überwiegend mit dem Motorboot befördert werden. Die Tarife für Gondelfahrten sind festgelegt, trotzdem empfiehlt sich eine Preisabsprache vor Fahrtbeginn (ca. 85000 Lire pro Stunde).

Gondel-Standplätze

Bacino Orseolo, San Marco, Tel. 5200685
Calle Vallaresso, San Marco, Tel. 5206120
Campo San Moisè, San Marco, Tel. 5231837
Campo Santa Sofia, Cannaregio, Tel. 5222844
Danieli, Riva degli Schiavoni, Castello, Tel. 5222254
Ferrovia, San Simeon Piccolo, Santa Croce Tel. 718543
Molo, San Marco, Tel. 5200685
Piazzale Roma, Tel. 5220581
Riva del Carbon, Rialto, Tel. 5224904
Santa Maria del Giglio, San Marco, Tel. 5222073
San Tomà, San Polo, Tel. 5205275
Tronchetto, Tel. 5238919

Wassertaxis (Motoscafi)

Motoscafi sind heute neben den Linienschiffen das meistbenutzte Verkehrsmittel. Sie fahren nach Festtarifen, die an den Standplätzen angeschlagen sind.

Wassertaxistände

Aeroporto Marco Polo, Tel. 5415084
Ferrovia, Tel. 71767286
Fondamenta Nuove, Tel. 5237313
Lido, Viale S.M. Elisabetta, Tel. 5260059
Piazzale Roma, Tel. 716922
Rialto, Tel. 5230575
San Marco, Tel. 5229750
Tronchetto, Tel. 5211444

Busse Zum Festland

Die Verkehrsverbindung zum Festland wird durch Busse wahrgenommen.
Linie 5: Piazzale Roma–Aeroporto Marco Polo
Linien 2, 4, 7, 12: Piazzale Roma–Mestre
Linie 6: Piazzale Roma–Marghera
Linie 19: Piazzale Roma–Favaro

Am Lido

Am Lido verbinden Autobuslinien die Anlegestelle Santa Maria Elisabetta mit dem Casino am Lungomare Marconi und der Via Colombo (Linie A) sowie die Station Santa Maria Elisabetta mit Malamocco und der Haltestelle San Nicolò (Linie B). bzw. mit Alberoni (Linie C). Außerdem gibt es eine Verbindung von Santa Maria Elisabetta mit Alberoni, San Pietro in Volta, Pellestrina und Chioggia (Linie 11).

Taxis

In der autofreien Lagunenstadt verkehren Auto-Taxis nur bis Piazzale Roma (Funktaxi, Tel. 5237774), auf der Strecke zum Festland nach Mestre und Marghera (Funktaxi, Tel. 936222) und am Lido (Funktaxi, Tel. 5265974, 5265975).

Verkehrsvorschriften

Autobahnen

Die allgemeinen Verkehrsvorschriften in Italien entsprechen den internationalen Normen. Die Benutzung der italienischen Autobahnen ist gebührenpflichtig. Bezahlt werden kann entweder bar, mit Kreditkarte oder mit der Viacard, erhältlich bei Automobilclubs, an den Grenzübergängen, den wichtigsten Autobahneinfahrten, in Tabakwarengeschäften sowie an Tankstellen.

Beleuchtung

Auf gut beleuchteten Straßen darf nur mit Standlicht, in Tunnels und Galerien muß jedoch mit Abblendlicht gefahren werden.

Verkehrsvorschriften (Fortsetzung)

Während der Fahrt müssen alle Autoinsassen über 14 Jahre Sicherheitsgurte anlegen. Für Kinder bis vier Jahre sind Kindersitze gesetzlich vorgeschrieben.

Höchstgeschwindigkeit

Innerhalb geschlossener Ortschaften 50 km/h; außerhalb geschlossener Ortschaften 90 km/h. Auf Autobahnen dürfen Personenkraftwagen bis 1100 cm^3 110 km/h und Pkw über 1100 cm^3 130 km/h fahren. Motorräder bis 149 cm^3 sind auf Autobahnen nicht zugelassen, für Motorräder bis 349 cm^3 liegt die Höchstgeschwindigkeit bei 110 km/h, für Motorräder ab 350 cm^3 bei 130 km/h. Ein Pkw mit Anhänger darf auf der Autobahn nicht schneller als 100 km/h, auf der Landstraße nicht schneller als 80 km/h fahren.

Motorräder

Motorräder über 350 cm^3 dürfen erst ab dem 21. Lebensjahr gefahren werden. Das Fahren mit Motorrädern unter 150 cm^3 auf Autobahnen ist nicht erlaubt. Grundsätzlich nicht zugelassen sind Motorrad-Anhänger.

Vorfahrt

Vorfahrt hat der auf den Hauptverkehrsstraßen fließende Verkehr, sofern diese durch ein auf die Spitze gestelltes weißes oder gelbes Quadrat mit roter bzw. schwarz-weißer Umrandung beschildert sind. Sonst gilt grundsätzlich (auch im Kreisverkehr) die Regelung ‘rechts vor links’. Auf schmalen Bergstraßen hat das bergauffahrende Fahrzeug Vorfahrt. Schienenfahrzeuge sind immer bevorrechtigt.

Totalschaden

Bei Totalschaden ist die italienische Zollbehörde zu verständigen, da sonst u. U. für das Schadensfahrzeug Einfuhrzoll bezahlt werden muß.

Notdienste

⟶ dort

Zeit

In Italien gilt die Mitteleuropäische Zeit (MEZ). Von Ende März bis Ende Oktober gilt seit 1996 europaweit die mitteleuropäische Sommerzeit (MESZ = MEZ + 1 Std.).

Zollbestimmungen

EU

Innerhalb der Europäischen Union, ab 1. Januar 1995 auch mit Österreich, ist der Warenverkehr für private Zwecke weitgehend zollfrei. Zur Abgrenzung zwischen privater und gewerblicher Verwendung gelten folgende Höchstmengen: 800 Zigaretten, 400 Zigarillos, 200 Zigarren, 1 kg Rauchtabak; 10 l Spirituosen, 20 l Zwischenerzeugnisse, 90 l Wein (davon max. 60 l Schaumwein) und 110 l Bier. Bei Stichprobenkontrollen ist glaubhaft zu machen, daß die Waren tatsächlich nur für den privaten Verbrauch bestimmt sind.

Duty-Free-Shops

Für Waren, die in den bis Ende 1999 bestehen bleibenden Duty-Free-Shops erworben werden, gelten die Höchstmengen des Warenverkehrs mit Nicht-EU-Ländern.

Einreise nach Deutschland, Italien und Österreich aus Nicht-EU-Ländern

Für Reisende aus Nicht-EU-Ländern (u. a. Schweizer Staatsbürger) liegen die Freigrenzen für Personen über 17 Jahren bei 200 Zigaretten oder 100 Zigarillos oder 50 Zigarren oder 250 g Rauchtabak, ferner bei 2 l Wein und 2 l Schaumwein oder 1 l Spirituosen mit mehr als 22 Vol.-% Alkoholgehalt oder 2 l Spirituosen mit weniger als 22 Vol.-% Alkoholgehalt, 500 g Kaffee oder 200 g Kaffeeauszüge, 100 g Tee oder 40 g Tee-Extrakt, 50 g Parfüm oder 0,25 l Eau de Toilette. Zollfrei sind ferner Geschenkartikel bis zu einem Wert von 350 DM.

Wiedereinreise in die Schweiz

Abgabenfrei für Personen ab 17 Jahren sind 200 Zigaretten oder 50 Zigarren oder 250 g Rauchtabak, an alkoholischen Getränken 2 l mit bis zu 15 Vol.-% Alkoholgehalt und 1 l mit mehr als 15 Vol.-% Alkoholgehalt als Höchstmenge; ferner Geschenke im Wert bis 100 sfr bzw. 50 sfr für Personen unter 17 Jahren. Nähere Auskünfte erteilt die Eidgenössische Oberzolldirektion, Monbijoustr. 40, CH-3000 Bern, Tel. (031) 3226111.

Register

Verzeichnis der Karten, Pläne und graphischen Darstellungen

Bildnachweis

Archiv für Kunst und Geschichte: S. 19, 41, 48, 82, 138
Baedeker Archiv: S. 12, 32, 37, 68, 93, 94, 97 (2 x), 99, 104, 111, 115, 135, 154
Helga Cabos/Dr. Madeleine Reincke: S. 3 (2 x), 7, (3 x), 13, 14, 15, 22, 23, 34, 35, 39, 43, 44, 46, 60, 62, 63, 64, 72 (2 x), 73, 74, 75, 76 (2 x), 77, 79 (2 x), 80, 81, 83, 84, 85, 87 (2 x), 88, 89, 90, 91, 96, 108, 109, 112, 113, 118, 121, 122, 123, 124, 126, 127, 129, 130 (2 x), 140, 141, 146, 149, 153, 159, 162 (2 x), 164, 165, 169, 170, 171, 181, 182, 185, 186, 191, 192 (2 x), 193, 194, 201, 203, 207, 212
Werner Heidt: S. 6 oben
Historia: S. 28, 29 (2 x), 30, 31
Helga Lade: S. 1, 8/9, 45, 198
Mauritius: S. 71
Schuster: S. 6/7
ZEFA: S. 5, 6 oben, 52/53, 144, 172/173

Impressum

Ausstattung:
117 Abbildungen (Bildnachweis s. zuvor)
13 Karten und graphische Darstellungen (Kartenverzeichnis s. zuvor), 1 großer Stadtplan

Text: Dr. Madeleine Reincke (Natur, Kultur, Geschichte anteilig; Specials anteilig; Sehenswürdigkeiten von A bis Z anteilig; Praktische Informationen von A bis Z anteilig)
mit Beiträgen von Evamarie Blattner (Kunstgeschichte; der frühe Buchdruck; Basilica di San Marco; Palazzo Ducale), Helga Cabos (Praktische Informationen anteilig), Rupert Koppold (die Lagunenstadt im Film), Michael Machatschek (Stadtgeschichte) und Reinhard Strüber (Berühmte Persönlichkeiten anteilig; Specials: Die Gondel; das jüdische Ghetto; Biennale der zeitgenössischen Kunst; Sehenswürdigkeiten anteilig)

Bearbeitung: Baedeker-Redaktion (Dr. Madeleine Reincke)

Kartographie: Gert Oberländer, München; Christoph Gallus, Hohberg;
Hallwag AG, Bern (Stadtplan)

Gesamtleitung: Rainer Eisenschmid, Baedeker Stuttgart

8. Auflage 1998

Urheberschaft: Karl Baedeker GmbH, Ostfildern
Nutzungsrecht: Mairs Geographischer Verlag GmbH & Co., Ostfildern

Druck: Mairs Graphische Betriebe GmbH & Co., Ostfildern
Printed in Germany
ISBN 3-87504-142-9

Gedruckt auf 100 % chlorfreiem Papier

Verlagsprogramm

Städte in aller Welt

Amsterdam
Athen
Bangkok
Barcelona
Berlin
Brüssel
Budapest
Dresden
Florenz
Frankfurt/M.
Hamburg
Hongkong
Istanbul
Jerusalem
Köln
Kopenhagen
Lissabon
London
Madrid
Moskau
München
New York
Paris
Potsdam
Prag
Reutlingen · Tübingen
Rom
San Francisco
St. Petersburg
Singapur
Stuttgart
Tokio
Venedig
Weimar
Wien

Reiseländer · Großräume

Ägypten
Australien
Baltikum
Belgien
Brasilien
China
Dänemark
Deutschland
Deutschland Ost
Dominikanische Republik
Frankreich
Griechenland
Großbritannien
Indien
Irland
Israel
Italien
Japan
Kanada
Karibik
Kuba
Luxemburg
Marokko
Mexiko
Motorradtouren in Italien
Namibia
Nepal
Neuseeland
Niederlande
Norwegen
Österreich
Polen
Portugal
Schweden
Schweiz
Skandinavien
Spanien
Südafrika
Thailand
Tschechien · Slowakei
Tunesien
Türkei
Ungarn
USA

Regionen · Inseln · Flüsse

Algarve
Andalusien
Bali
Bodensee
Bretagne
Burgund
Capri
Costa Brava
Deutsche Weinstraße
Elba
Elbe-Kreuzfahrt
Elsaß/Vogesen
Florida
Fuerteventura
Gran Canaria
Griechische Inseln
Harz
Hawaii
Ibiza
Ischia
Istrien · Dalmatinische Küste
Italienische Riviera
Kalifornien
Korsika
Kreta
Kykladen
Lanzarote
Loire
Madeira
Mallorca
Malta
Mecklenburg-Vorpommern
Oberbayern
Provence · Côte d'Azur
Rhodos
Rügen
Ruhrgebiet
Sachsen
Salzburger Land
Sardinien
Schottland
Schwäbische Alb
Schwarzwald
Seychellen
Sizilien
Südtirol
Teneriffa
Tessin
Toskana
Türkische Küsten
Umbrien
USA · Südstaaten
Zypern

Städte in Deutschland und der Schweiz

Augsburg
Bamberg
Basel
Berlin (gr. + kl.)
Bonn
Bremen
Celle
Darmstadt
Freiburg
Hannover
Heidelberg
Konstanz
Leipzig
Lübeck
Mainz
Mannheim
Nürnberg
Regensburg
Trier
Wiesbaden